管得少才能管得好

Management as Simple as Possible

管理越简约 企业越高效

凡禹 ◎ 著

简化管理靠三招：彻底授权、砍掉中层、减少干预

立信会计出版社
LIXIN ACCOUNTING PUBLISHING HOUSE

图书在版编目（CIP）数据

管得少才能管得好 / 凡禹著. -- 上海: 立信会计出版社, 2015.1
（去梯言）
ISBN 978-7-5429-4392-7

Ⅰ.①管… Ⅱ.①凡… Ⅲ.企业管理—通俗读物 Ⅳ.①F270-49

中国版本图书馆CIP数据核字（2014）第263575号

策划编辑　蔡伟莉
责任编辑　蔡伟莉　彭　钦
封面设计　久品轩

管得少才能管得好

出版发行	立信会计出版社
地　　址	上海市中山西路2230号
电　　话	（021）64411389
网　　址	www.lixinaph.com
网上书店	www.shlx.net
经　　销	各地新华书店

邮政编码	200235
传　　真	（021）64411325
电子邮箱	lxaph@sh163.net
电　　话	（021）64411071

印　　刷	固安县保利达印务有限公司
开　　本	720毫米×1000毫米　1/16
印　　张	18.25　　插　页　1
字　　数	234千字
版　　次	2015年1月第1版
印　　次	2015年1月第1次
书　　号	ISBN 978-7-5429-4392-7/F
定　　价	36.00元

如有印订差错，请与本社联系调换

管理要简单,要少制造管理行为,才能把事情做到极致。

有一个管理寓言说的是:

有7个人组成了一个小团体共同生活,其中每个人都是平凡而平等的,没有凶险祸害之心,但不免自私自利。他们想用非暴力的方式,通过制定程序来解决每天的吃饭问题——要分食一锅粥,但并没有称量用具或有刻度的容器。大家实验了不同的方法,发挥了聪明才智,多次博弈形成了日益完善的制度。大体有以下几种:

方法一:拟定一个人负责分粥事宜。很快大家就发现,这个人为自己分的粥最多。于是,又换了一个人,结果总是主持分粥的人碗里的粥最多。大家认为:权力导致腐败,绝对的权力导致绝对的腐败;

方法二:大家轮流主持分粥,每人一天。这样等于承认了个人有为自己多分粥的权力,同时给予了每个人为自己多分的机会。虽然看起来平等了,但是每个人在一周中只有一天吃得饱而且有剩余,其余6天都饥饿难忍。大家认为:这种方式导致了资源浪费;

方法三:大家选举一个信得过的人主持分粥。开始,这位品德属上乘的人还能基本公平,但不久他就开始为自己和溜须拍马屁的人多分。大家认为:不能放任其堕落和风气败坏,还得寻找新思路;

方法四:选举一个分粥委员会和一个监督委员会,形成监督和制约。公平基本上做到了,可是,由于监督委员会常提出多种议案,分粥委员会又据理力争,等到开始分粥,粥早就凉了;

方法五:每个人轮流值日分粥,但是分粥的那个人要最后一个领粥。令人惊奇的是,在这个程序下,7只碗里的粥每次都是一样多,就像用科学仪器量过一样。每个主持分粥的人都认识到,如果7只碗里的粥不相同,他确定无疑将享有那份最少的。

分粥的问题终于解决了，方法五没有分粥委员会或者监督委员会，只是利用了人的本能。最简单的制度，常常也是最有效的。

分粥的故事揭示了一个简单的道理：管理方法很重要，先进的方法使庸才变人才，落后的方法使人才变庸才；管理方法的简化也同样重要，因为只有简单的，才是最有操作性和执行力的，从这个意义上说，简单就不要管太多，管得少才能管得好。

在互联网时代，重构企业战略成长，内在的推动力还是组织与人。许多明星企业在组织和人力资源管理方面做了许多改变，都在朝着简约、速度、极致的方向发展。

华为：打"班长的战争"

任正非提出，"简化组织管理，让组织更灵活，是我们未来组织的奋斗目标"。华为将从"中央集权"变成"小单位作战"，"通过现代化的'小单位作战部队'，在前方去发现战略机会，再迅速向后方请求'强大火力'，用现代化手段实施'精准打击'"，这就是"班长的战争"。在互联网时代，要快速捕捉机会、响应市场，组织就必须精简、简约，要使得每个人都成为价值创造者、每个人都能有价值地工作。

小米：从来没有打卡制度和考核制度

小米的组织完全是扁平化的。雷军说，小米从来没有打卡制度，没有考核制度，就是强调员工自我驱动，强调要把别人的事当自己的事，强调责任感。大家是在产品信仰下、在责任感驱使下去做事，而不是靠管理产生效率。

海尔：进行"三化"改革

张瑞敏近几年一直在研究海尔作为一个传统工业企业在互联网时代如何实现转型。他认为，海尔要实现转型升级就必须"砸碎"旧组织，要用互联网思维来做产品、做服务、做管理。2013年，海尔提倡进行企业平台化、员工创客化、用户个性化的"三化"改革。企业平台化就是总部不再是管控机构，而是一个平台化的资源配置与专业服务组织，并且提出管理无边界、去中心化，后端要实现模块化、专业化，前端强调个性化、创客化。

《管得少才能管得好》从多方面入手，向读者讲述互联网时代企业组织变革和人事管理的发展趋势，内容精彩、案例新颖、理论透彻，是领导者不可多得的参考书。

目录 contents

第1章 管得少，管理就变得很简单 1

　　无为而治是最高境界 2

　　小赢靠智，大赢靠德 4

　　思路决定出路 7

　　将正确的事情做正确 10

　　情商——领导者的必修课 12

第2章 战略定得准确，管理才能到位 17

　　战略失误是最大的失误 18

　　战略眼光决定竞争成败 20

　　战略定位要准确 23

　　标准化是企业管理的重要工具 25

　　打造竞争性蓝海战略 27

第3章 有明确的目标，管理就不会偏向 31

　　任何一项工作都必须以目标为中心 32

　　明确的目标是企业前进的方向 34

　　　　　目标设定的关键是明确与合理 ……………………… 37
　　　　　目标只有切实可行才会有效 ……………………… 39

第4章　开局做得好，管理才能好 ……………………… 43
　　　　　做好首次亮相，成功营造自我 …………………… 44
　　　　　认识自己是领导者永恒的话题 …………………… 46
　　　　　明确领导者的权力基础 …………………………… 48
　　　　　树立领导者的权威 ………………………………… 50
　　　　　领导者应懂得适时的高调 ………………………… 53

第5章　管得少，不等于"拍脑袋决策" ……………… 57
　　　　　从此告别"拍脑袋决策" ………………………… 58
　　　　　善于抓住决策的最佳时机 ………………………… 60
　　　　　两利相权取其重 …………………………………… 63
　　　　　只听到掌声的决策，不会是好决策 ……………… 65

第6章　制度要精，管理层要少 ………………………… 69
　　　　　要防止管理层次过多 ……………………………… 70
　　　　　避免管理错位 ……………………………………… 73
　　　　　小制度也能有大成效 ……………………………… 75
　　　　　用"铁拳"维护秩序和纪律 ……………………… 77
　　　　　改变众人所循的管理规则 ………………………… 80

第7章　把人放在第一位，才能管得好 ………………… 85
　　　　　将恰当的人放在最恰当的位置上 ………………… 86
　　　　　用比自己更强的人 ………………………………… 89
　　　　　不要频繁地撤换员工 ……………………………… 91

别吝啬你的掌声 93

管理从尊重人开始 96

第8章　有效沟通，沟通越简单越有效 101

和谐才能达到企业与员工的双赢 102

沟通是建立良好互动关系的艺术 104

冷静处理员工之间的矛盾冲突 107

用微笑征服员工 109

倾听消除沟通障碍 112

第9章　管得少，就是要把权分出去 117

事不必躬亲，权不必"抱死" 118

授权不等于放权 120

大权独揽，小权分散 123

用人是高效运营权力的有力体现 126

第10章　少说多做，让执行力为管理搭桥开道 129

执行力决定企业成败 130

中层领导者的执行力是提高企业执行力的前提 133

有效执行的本质在于简单 135

让执行为企业管理开道 137

第11章　低成本扩张，与竞争对手共舞 141

向标杆企业学习 142

低成本扩张一定要做细做实前期工作 144

不必按常理出牌 146

与竞争对手共舞 150

第12章　管理简化，产品质量不能降低 ... 153
质量是企业的生命 ... 154
从产品标准化做起 ... 156
1%的失误可能导致100%的失败 ... 158
市场不相信眼泪 ... 161
除了品质，还是品质 ... 164

第13章　管理要提速，创新是关键 ... 167
创新是企业做大做强的捷径 ... 168
打破死板的教条 ... 170
创新思维就是新的生产力 ... 173
以提升技术发展企业 ... 175

第14章　企业文化，让管理简化于无形 ... 179
文化是永不枯竭的资源 ... 180
不要把企业文化当儿戏 ... 183
担当社会责任 ... 185
往企业文化中注入"和谐基因" ... 188

第15章　拧成一股绳，团队总能赢 ... 191
崇尚简单，追求多元 ... 192
团队作战，人人可胜 ... 195
知识型员工重在引领 ... 198
好的管理能促进被领导者的自我管理 ... 200

第16章　消费者永远对，一手抓管理一手抓服务 ... 203
及时升级服务理念 ... 204

服务也是一种营销..207
消费者永远是对的..209
服务的真谛就是简单..212
在投诉中让服务完美..215

第17章　搞好财务管理，利润滚滚而来..........................219

抓好开源与节流..220
节约就是利润..222
奉行"斤斤计较"的成本管理理念..............................224
成本控制在于过程..226
预算管理很关键..229

第18章　最有效的防御，是从根本上阻止危机....................233

深深地根植危机意识..234
变危机为良机..237
借助危机使企业再造..239
常规之外的企业危机公关....................................242
应急管理保障企业安全......................................246

第19章　秉持简单但有效的管理理念............................249

简单管理理念..250
精确管理理念..252
柔性管理理念..254
零缺陷管理理念..257
中国式管理理念..262
和谐管理理念..263

第20章 实施简单但有效的管理方法 267

    走动式管理法 268

    标杆管理法 270

    供应链管理法 274

    六西格玛管理法 277

第1章
管得少，管理就变得很简单

很多领导者喜欢从头管到脚，越管越变得事必躬亲、独断专行、疑神疑鬼；同时，员工就越来越束手束脚，养成依赖、从众的不良习惯，而且会严重挫伤员工的自尊心和归属感。殊不知，管理得少就是管理得好，也就是说领导者只管自己该管的事就行了。

无为而治是最高境界

创业靠有为，守业靠无为；管理靠有为，领导靠无为。有为与无为的辩证关系，需要在实践中进行艺术化的处理，绝没有一成不变的模式。

无为作为一种政治原则，在春秋末期已经出现。无为而治要求统治者效法自然，让百姓自由发展。无为而治的理论根据是"道"，现实依据是变"乱"为"治"；无为而治的主要内容是"为无为"和"无为而无不为"，具体措施是"劝统治者少干涉"和"使民众无知无欲"。

无为而治不但是一种政治原则，也是一种管理境界，而且是一种最高的境界。在中国的企业界中，在这方面做的比较好的要数潘石屹了。

潘石屹曾这样说道："汉文帝和他的儿子景帝推行'无为而治'，出现了中国历史上前所未有的繁荣和富强。被后人称为'文景之治'。"

潘石屹的一个管理创举，就是把"无为而治"的精髓引入了自己的企业管理中。"能够发挥每个人的创造力。不管在任何时候，每个人的积极性都能被调动起来，这就是一个好的企业。"2003年时，他们的销售人员大概是100人，当年的销售收入大概有33亿元，100个人创造了33亿元的销售额，是全中国的销售冠军。全中国没有其他任何一个项目一年的销售额能够超过33亿元。

熟悉潘石屹的人都知道他非常随和，也非常客气。在向陌生人介绍他的员工的时候，从来不说"这是我的员工某某某"，而是说"这是我的同事某某某"，一词之差，反映出来的却是一个人的修养和胸怀。

在日常工作中，潘石屹对员工很少急赤白脸，即使确实因为什么事情着急了，过后他总要在合适的时候向对方说明一下。他这样做，一个最直接的结果，就是放下了架子，缩短了与员工的距离，增加了与员工的平等交流机会。他的平易近人使员工不需要花费时间去考虑如何提高"与领导沟通的能力"，从而消除了不必要的人为障碍，增强了工作效率。

在内部管理方面，潘石屹的企业没有成套的管理制度。这是一个高效率的发条企业，是一个没有中间环节的以解决问题为最终目的的企业。

在潘石屹的企业里，员工需要努力的方向是：在企业里站住脚；企业需要努力的方向是：在市场上站住脚。

当然，要想成为无为而治的最高境界也非易事，这需要建立在下列几个前提之上：

一是建立系统化、规范化、制度化和科学实用的运作体系。包括企业制度的规范运行和标准化的企业工作流程并实行标准化管理。用科学有效的制度来规范、约束和激励员工。每个部门、每个岗位和每个人都有自己的目标，有配套的、合理的绩效考核并实行目标管理。让所有员工都知道该做什么，不该做什么和该怎么做。

二是组建一只强有力的领导者组成的高绩效的团队。企业快速运行，80%靠体系推动，20%靠卓越领导者带领的团队来拉动，推拉结合，形成合力，才会跑得更快。高绩效的领导者，既要有高瞻远瞩的战略眼光，制定中长、短期战略目标，又要有极强的执行力，把组织制定的目标落实到位，才会有好的结果。不仅要会发挥自己的影响力，激励员工和领导员工，又要会进行有效的授权，把员工潜能发挥至极致，带领大家快速高效的完成团队目标。高绩效的领导者所拥有的强大的领导力，也是企业良性运行的基础。

三是建构良好的企业文化。用好的文化和理念来统领员工的行为。当企业在运行过程中，要及时总结提炼企业自己的经营理念系统，包括价值观、使命、企业宗旨、企业精神和人才观等，通过组织活动和制度等形式的灌输，传递给企业内外的公众和员工，形成一种健康和积极向上的氛围，让员工们不单单为一份薪资而工作。

无为而治还要求管理者做到恩威并重、软硬兼施。只有严格要求和人性化管理，制度规范执行到位，同时更加关心员工，把员工当成企业真正的主人，才能真正实现人企合一。

GE是世界上少有的多元化非常成功的企业，韦尔奇在总结GE成功的经验时说，GE虽然业务是多样化的，但是文化非常统一，任何人都绝对不允许对企业价值观有所怀疑，有所违背，也就是说，用统一的文化代替了多元的业务，也能实现企业的健康发展。GE也是高度授权的，各事业部权力很大，总部是战略和文化中心，看似无为，但已经是无所不为。

老子曰："以正治国，以奇用兵，以无事取天下。"无为而治要建立在规范管理的基础上，管理者要具备高超的领导艺术，要平衡集权与授权的度，有为而不妄为，有所为而有所不为，无为而无所不为。

小赢靠智，大赢靠德

"小赢靠智，大赢靠德"是牛根生的座右铭，也是他经营管理的立足点，因为"德"是制服人心的最佳"利器"。

"想赢两三个回合，赢三五年，有点智商就行；要想一辈子赢，没有'德商'绝对不行。"。由此产生了牛根生"让人放心"的人格魅力，跟随牛根生的人才会认为把资金交给他放心，把未来交给他放心，才有了蒙牛这样一个团结、向上的团队。

中国古代有两个非常著名的富商——陶朱公和子贡，他们以仁德而闻名天下。陶朱公为人为商的宗旨："授人以鱼，不如授人以渔"。也有很多史料都记载了子贡花巨资赎回一批鲁国奴隶的善举。《盐铁论·贫富》中说："故上自人君，下及布衣之士，莫不戴其德，称其仁。"仁德是他们成就大商之业的根本所在。

"德"是从商之道，也是管理之本，是一名优秀的管理者应具备的最基本的素质，这与人的个人魅力是密不可分的，当管理者把"德"变成一种习惯，他的人生也会因此而富有。做一名优秀的管理者，不仅意味着承担责任，更重要的是乐于付出；不仅仅要有熟练的经营技巧，更重要的是要不断学习新的知识，丰富自己的底蕴，提升人品修养。

水之所以能够长流于天下，在于其广施仁德于万物，雨水和河汛随季节而至，孜孜不倦地忠实于自己滋润万物的职责。依托持续的良善之举，方能与世间万物共生共荣。"大胜"于水而言，的确是实至名归。

由水及人，情理相通。我们发现，管理要取得一定的成功，或一时的成功，或获取些许利润，也许有足够的智谋就可以。但是，欲获"大胜"和"长胜"，智谋是独力难撑的。真正持久的成功如同参天大树，需要深植于泥土的根茎。管理的根茎就是德行。

牛根生早年在伊利工作期间，因为业绩突出，伊利曾奖励牛根生一笔钱，让他买一部好车，而牛根生却用这笔钱买了四辆面包车，此举使得其直接领导的员工一人有了一部车。据接近牛根生的人介绍，当时牛根生还曾将自己的108万元年薪分给了大家。

这就是牛根生给员工的一种心理预期，这样的预期让他们知道，只要牛根生能走向成功，牛根生绝不会亏待跟自己一起打天下的员工。也正是因为这样的预期，曾经的老员工便义无反顾地投其麾下。

在伊利换车，在蒙牛他也同样如此。2000年，和林格尔县政府奖励牛根生一台凌志车，价值104万元，而当时比牛根生大8岁的副董事长的奖励是一辆捷达车。但是，此时的牛根生并没有打算享受这辆豪华轿车，而是提出了与这位副董事长换车。

换车之后，牛根生会开车的女儿很不理解父亲的作为，在很长时间内都用一种怀疑的口吻问牛根生："那辆车是不是真的给了邓伯伯？"

这正是牛根生所追求的"德"，牛根生想通过这样的行为来向人们传递出一个信息，"牛根生做企业不是为了个人赚钱和享乐。"

据牛根生介绍，在物质方面，自己的各项条件都要比身边的副手差。"我们的书记还有两位副总经理坐的都是奔驰350，我的副董事长坐的是凌志430，另一个副总经理坐的是沃尔沃，而我是一辆小排量的奥迪。"

早在1999年创业伊始，他就宣布了蒙牛的"创业纲领"——以股东、银行、员工、伙伴、社会五方的利益为利益，建立大利益圈，形成"五赢格局"。"和谐社会"最重要的一条，就是财富分配的和谐。财聚人散，财散人聚。世界上没有傻子，今天你可以剥夺别人的利益，甚至明天也可以继续剥夺，但后天你将得到苦果。

故去的两院院士、北大方正董事局前主席王选教授认为，做一个好人是做好一切事情的前提。他曾回忆起1947年他10岁上小学五年级时，老师要在班上评选一个品德好而且受同学欢迎的学生，那次王选以绝对多数票当选。他说："从那时起我就知道，一定要先做一个好人。"

王选说："什么叫好人？北京大学季羡林先生曾说过，'考虑别人比考虑自己更多就是好人'。根据现实情况，这一标准我觉得可以再降低一点，考虑别人与考虑自己一样多就算好人。"

两位长者的说法，让我们想到中国人最熟悉的一个字："仁"。"仁"字，左边一个"人"字旁，右边是一个"二"字。哪两个人呢？就是想到自己，想到别人。好好做人，至少要做一个好人，考虑自己与考虑别人一样多。按照中国人的德行修养标准，通常会有这样的说法，道德最完备的人是圣人，其次是贤人，再次是君子，比君子的德行再低一点的人就是好人。好人，应该是成功人士包括优秀领导者的道德底线。

在蒙牛厂区有成片没有被围起来的水果林，每年秋天的时候，这里会有很多种类的水果，但是蒙牛人没有人会自由地去采摘……这也许是牛根生对蒙牛人的一种告诫：不属于自己的东西不要随便去拿。

"德"即道德、德行。细化起来，各行各业都有其道德遵循。"德"是一种境界，是一种追求，是一种力量，也是一种震慑邪恶、净化环境、开拓思维、积累财源的动力，能使自己内心强大，无往而不胜。

通用汽车公司董事长约翰·史密斯就曾指出，在全球化条件下，任何企业都处在世人的注视之下，全球化条件下的大企业必须具有强烈的责任感，做任何事情都必须以诚为本。做企业如同做人，小赢靠智，大赢靠德！

思路决定出路

每一位企业领导者都应该记住：你的思路决定着企业的出路，而企业的出路就是企业的生存之路、发展之路！它不仅关系着企业对国家贡献的多少，而且关系着成千上万员工的命运。

生活、工作没有思路不行，组织管理没有思路不行，企业经营没有思路不行……在逆境和困境中，有思路就有出路；在顺境和坦途中，有思路才有更大的发展。

有这样一则故事：

一位花甲老人，大儿子、二儿子都在城里工作，只有小儿子和他相依为命。

一天，一个外乡人对他说："老人家，我想给你的小儿子在城里找一份工作。"

老人气愤地说："不行,你快滚！"外乡人说："如果我给你的儿子找个对象呢？"老人恶狠狠地说："少废话,快滚！"他边说边拿起一根棍子。外乡人后退一步说："如果我给你儿子找的对象是洛克菲勒的女儿呢？"老人笑着答应了。

几天后,外乡人找到了洛克菲勒："先生,我想给你女儿找个对象。"洛克菲勒冷冷地说："不需要！"外乡人又说："如果我给你女儿找的对象是世界银行的副总裁呢？"洛克菲勒沉思着答应了。外乡人找到了世界银行总裁："先生,你应该马上任命一位副总裁！"世界银行总裁："你没事吧？"外乡人胸有成竹地说："如果你任命的这个人是洛克菲勒的女婿呢？"总裁当然没有拒绝的理由了。在每一个环节都有重重阻碍的问题就这样解决了！因为他找到了每一个阶段的关键因素,突破了障碍。

故事的真实性我们不去考究,但故事揭示的一个道理却是显而易见的,那就是一个人有着什么样的思路,就会有什么样的出路。

工作中,我们在一条路上不断地走,总觉得自己已经把路走绝了,再也不能走出一片崭新的天地,再也不会有更大的成就了。殊不知,路的旁边也是路。当我们沿着那条老路一直往前走时,当然有把路走烦、走厌、走绝的时候。但如果我们试着往旁边走几步,可能就会发现无数条路,而且条条都是全新的路,并最终引领我们走向成功。事实上,更多的时候,我们在生活的路上走得不好,并不是路太狭窄了,而是我们的眼光太狭窄了,所以,最后堵死我们的不是路,而是我们自己。

企业领导者直接决定着企业的出路。试想想,没有比尔·盖茨的思路,会有微软的今天吗？没有张瑞敏的思路,会有海尔的今天吗？

答案是否定的。

市场经济的实践证明：任何企业的发展战略都只不过是其领导人思路的具体化而已。

BBC环球公司旗下的天线宝宝品牌,无疑是全球儿童品牌中的佼佼者,其国际知名度、影响力仅次于迪士尼的米老鼠。"天线宝宝"电视影集于1997年在英国开播以来,全世界有120个国家和地区的109家电视台播放该节目,且被翻译成45种不同的语言。

自2002年联手中央电视台进入中国后,天线宝宝品牌同样获得了成功,每一集节目都有500多万中国小朋友收看,而该品牌的DVD、服装、玩具等相关衍生产品的授权和营销工作也有条不紊地进行。

然而,与此同时,各种假冒、侵权行为却不断困扰着这个在国际上所向披靡的儿童品牌,使得天线宝宝品牌各中国授权厂商的利益受到了严重侵害,也损害了其的良好品牌形象。

此问题不解决,天线宝宝在中国的进一步发展将受到严重阻碍。

因此,天线宝宝在华打假迫在眉睫。我们来看天线宝宝一位领导者的博客日记:

BBC为何要运用新闻营销方式为打假开局,BBC又是如何与我们结缘的呢?

这要从东莞的一座MALL说起。

华南MALL地处广东东莞市,是一座集购物、餐饮、娱乐等为一体的大型商业中心,从2003年起,我们就一直为其提供新闻营销服务,双方保持着良好的合作关系。

而早在2003年,华南MALL就与BBC环球公司签署了合作协议——天线宝宝进驻华南MALL,2004年后,天线宝宝儿童乐园成为其中一个很大的亮点。作为华南MALL的合作伙伴,我们自此与天线宝宝品牌中国地区独家代理商——台湾影响行销管理顾问股份有限公司总经理张若莹女士有了接触和交流。

而当天线宝宝在华遭遇"李鬼之痛"时,我们与台湾影响公司、BBC方面于2005年年初就此问题的解决之道进行了沟通。

沟通的结论是,天线宝宝在华打假势在必行。然而,打假是一个系统工程，需要BBC环球公司、台湾影响、中国各个授权商的通力合作，同时，中国政府、媒体、公众对此活动的态度也至关重要，如没有政府、公众的支持，天线宝宝打假将只能是一厢情愿。

要将这众多因素整合起来，只有通过新闻营销这一个手段可以实现。

一方面，天线宝宝品牌发展很大程度上依靠授权商来实现，通过大规模的新闻打假活动将会给予授权商发展本品牌的信心，为天线宝宝品牌下一步的发展奠定良好的基础。

另一方面，在中国大陆，大众媒体的影响力是十分巨大的，因为国内的大众媒体是在政府监管下运行的，具有高于西方国家大众媒体的政府代表性、受众可信度，以及深远的影响力，这对于天线宝宝这个进入中国没几年的国际品牌来说，也将会是一个进一步提升品牌影响力的好机会。

对此问题，我们与台湾影响公司及BBC方面达到了高度的意见统一。

于是，"BBC在华打假，新闻营销应先行"的思路，跃然而出。

企业领导者提出的思路，其科学性、指导性、可行性、前瞻性如何，直接取决于领导者自身的智力、经历、能力、洞察力、判断力和综合素质如何。而这些都与他对知识追求的强烈程度有直接关系。

将正确的事情做正确

诚然，管理的有效执行必须依托于合理的管理理念和科学的管理系统，但在很多时候，一些最简单的管理原则却往往可以起到非常好的管理效果。

在新华信的管理理念中就有一个非常简单的原则——就是要求领导者将正确的事情做正确。

无论是企业还是个人，做事都有两种境界：一种是做正确的事情，一种是把事情做正确。而领导者要做的就是将正确的事情做正确。

管理大师彼得·德鲁克提出的"做正确的事而不是把事情做正确"这一观点，被称为管理思想发展的一个里程碑。"做正确的事"，就是把握方向，清晰利弊，在做事之前一定要对所面对的事情仔细考虑，分析判读，着眼长远，讲求效果，理清脉络，找出关键点。而"正确地做事"，关注重点从效率引向了效果。强调做事情"正确"，是强调做事情的方法一定要正确，要符合原则、符合要求。

在西方管理学中，有一个著名的公式，即：工作成绩=目标×效率。西方学者认为，"做正确的事情"要比"把事情做正确"重要得多，因为"把事情做正确"只是个效率问题，而从一开始就设立正确目标——"做正确的事情"，才是真正的关键。战略规划的制定，等于使企业有了发展的总纲，有了奋斗的目标，就可以进行人力、物力、财力以及信息和文化等资源的优化配置，创造相对优势，解决关键问题，以保证生产经营战略目标的实现。

先做正确的事，然后把事情做正确。如果事情不正确，甚至方向错了，那么不管过程如何努力，都会事倍功半，甚至"南辕北辙"。

领导要求员工正确地做事，无可厚非，但是，领导者和执行者之间的差异就是，领导者确定目标"做正确的事"，而执行者完成目标"把事情做正确"。在一个部门，领导应该是"做正确的事"，执行者则全力"把事情做正确"，这样才是有效的合作。如果领导"做不正确的事"，执行者再努力把事做正确，也无济于事。只有目标正确，才能事半功倍；反之，也许短时间奏效，但对企业的长期发展没有太大的帮助，甚至会走到相反的方向。

随着竞争的日益激烈，企业对管理的关注和投入也越来越多。但很多企业在管理的过程中，由于太关注管理，而又不是特别明确如何才能科学的管理，往往又陷入一个误区：管理系统庞杂，管理条目众多，为管理而管理，忽略了管理的根本目的，这样往往又达不到有效的管理。

将正确的事情做正确，实际上反映的是效率和效果的问题。把事情做正确体现的是我们的效率,而做正确的事情体现的就是效果了,只有把正确的事情做正确那么体现出来的才是效能。首先一个前提就是选择正确的事情去做。也就是说,在决定去做一件事情之前,必须首先考虑到这件事情是否是正确的,做这件事情会有什么样的后果,是否可以达到预期的效果,我们的资源是否可以支持我们完成这件事情。简言之,就是我们必须首先明确做这件事情的正确性和可行性。

当我们确定了所要做的事情是正确的时候,那么接下来的问题就是要把正确的事情做正确了。怎样把事情做正确,每个企业都从文化、制度、流程等各个方面做了规范,强调的主要是两方面,一个是人的主观态度,还有一个就是客观的流程和技术。我们强调做事情要有责任心,要达到计划与目标的一致性,要有科学的做事方法,及时有效的沟通,建立和谐的团队合作等,都是为了保证事情有一个正确、完美的结果。

管理是一项系统工程,它牵扯了企业的方方面面,如何做好有效的管理,是每一个企业必须持续研究、实践、归纳的重要课题。但管理的很多原则和理念往往又是最简单的,在很多时候,最简单的反而是最有效的。因此,我们在管理中没必要把很多事情人为地复杂化,而应该尽可能简化我们的流程,归纳我们的制度,以最简洁有效的途径去解决一些看似复杂的问题。

情商——领导者的必修课

现在的领导者不仅要面对不可预测而又多变的经营环境,同时还要承受来自多方面的压力,如果仅靠过人的知识、聪明的头脑,却没有足够的情商来应对各种挑战和压力,对企业、对自己都是不利的。

绝大多数失败的领导者会认为人际关系是最令他们头痛的麻烦事,奇怪的是我们越觉得它讨厌，就越不容易搞好它。于是，那些失败的领导者会羡慕一些总受人们喜欢的领导者，不知他们的成功秘诀在哪。其实，差别就在于情商的高低。

高情商者不仅会受到他人的喜爱，而且更易得到他人的支持，因为他们很受众人的欢迎。

美国哈佛大学心理学教授丹尼尔·戈尔曼在其所著的《情感智商》一书中说："情商高者，能清醒了解并把握自己的情感，敏锐感受并有效地反馈他人情绪变化的人，在生活各个层面都占尽优势。情商决定了我们怎样才能充分而又完善地发挥我们所拥有的各种能力，包括我们的天赋能力。"他所偏重的是日常生活中所强调的自知、自控、热情、坚持、处世能力、社交技巧等心理品质。为此，他将情商概括为以下方面：①认识自身情绪的能力；②妥善管理情绪的能力；③自我激励的能力；④认知他人情绪的能力；⑤人际关系的管理能力。

美国前总统比尔·克林顿小时候智商很高，小学的时候就一直品学兼优，但是他并没有注意培养自己的情商。有一次克林顿从学校把成绩单拿回来了，各项成绩都是A，也就是优秀，但是有一项成绩不是A，是D，哪一门课程呢？行为。为什么行为是D，老师是这样解释的：每次老师提问，克林顿都会抢着回答，他智商高，但是，这样抢着回答，没给其他同学机会。给他打D这个分，就是提醒他一下，今后要注意改进。"给别人机会"，这已经超出了智商的范畴，只有情商高的人才懂得。

克林顿吸取了教训，当总统后，他提出了给一个人最高的奖赏是给一把钥匙，一把什么钥匙？开启未来成功大门的钥匙。这个钥匙是什么呢？奖学金。这就是给别人一个机会。克林顿是高情商和高智商的结合，非常聪明。

某企业董事长为了重整企业内务，表示自己将早到晚归，并针对员工上班迟到的现象下了一道命令：以后谁迟到，就扣谁的奖金！可是偏偏在这一命令生效的第一天，董事长就由于上班途中闯红灯被扣住了，不仅挨了罚，而且自己"首先"迟到了。他一肚子无明火不知道朝谁发，正在办公室里生闷气时，恰好一名主管向他请示工作，董事长便把一肚子无明火朝主管发，这名主管被骂得一头雾水。主管带着一肚子火回到部门，秘书来请示问题，主管又把秘书当作了出气筒。秘书不知道为什么挨了一顿骂，把糟糕情绪带回家，这时她儿子扑进怀里撒娇，秘书把儿子往旁边一推，喋喋不休地责骂起儿子来。儿子受了委屈，只能向更弱者发火，正好这时小猫在旁边撒娇，儿子便狠狠踢了小猫一脚。这就是"踢猫效应"。

如果领导者还觉得情绪只是你一个人的事，那可真是大错特错了，因为情绪确实是一种"传染病"。领导者的正面情绪，如热情、开心等可带给人们同样的欢欣鼓舞；反之，领导者绷着一张脸，或怒发冲冠，那受到影响的除了你自己的身心之外，还有无辜的他人。

美国俄亥俄州大学社会心理生理学家约翰·卡西波指出，人们之间的情绪会互相感染，看到别人表达的情绪，会引发自己产生相同的情绪，尽管你并未意识到在模仿对方的表情。这种情绪的传递与协调，无时无刻不在进行，人际关系互动的顺利与否，便取决于这种情绪的协调。

卓越企业的背后，必有卓越的领导者，而情商是决定企业领导者领导力高低的重要个体因素。领导者应该随企业的不同发展阶段采用不同的领导模式，而不同的领导模式要求领导者培养相应的情商要素以便提高自身的领导力。

概括来说，领导者的能力主要来自情商和智商，而且基本上情商比智商更重要。拿破仑说过，一个军官的知识和素质应该成一个正方形，光有这些还不行，军官还要有做决断的勇气。领导者由情商主导的能力主要体现在以下几方面。

一是沟通力

智商高的人往往这方面弱，因为他很聪明，所以沟通时缺乏耐心。领导者做实际管理时，他和企业环境的融洽、和团队关系的密切，都是成功不可缺少的因素，也可以说是沟通力的一种体现。

二是决断力

智商高的人往往不容易决断，因为很聪明，他的选择方案就很多，权衡后，没有一个完美的方案，而且事实上也永远没有最佳方案，所以不敢轻易拍板。但现在的管理决策往往要求在有限的时间里、信息不充分的情况下拍板。就决断力而言，智商高的人决断力相对本身能力而言比较差，他们了解的知识很广泛，一碰到问题就想到各种可能性，然后开始做方案评估，评估完后发现风险很大，所以说当律师的人没法做企业家。这里有一个非常深刻的实际案例，当年四通利方成功收购华渊，但如果收购之前领导者研读过MBA的并购理论，可能就不敢这么做了。当时的这种并购可以说已经基本上占全了MBA经典分析里的十大并购失败理由了。现在学院派出来的很多理论模型，放到时间中总是需要很多参数。参数不够就不行，而事实上实践并不需要理论模型和参数，凭着常识去做事反而更容易成功。这可能也就是古人说的："尽信书，不如无书"。

三是意志力

智商高的人选择的机会很多，所以经常意志力不够，一遇挫折就放弃，只能一条路走到黑，可谓无知者无畏，反而更容易成功。赛特集团有限公司赛特购物中心总经理池洋说得好，"在中国做企业，有一点非常重要：管理者一定要身体好、意志力强才行，否则扛不住。"

领导者还需要一个商数叫逆境商数或危机商数，简称逆商。管理者身处逆境还能找到解决办法的能力非常重要，一个人能成就多大的事业，往往取决于他的逆境商数有多大。企业也是如此，比如联想、TCL进行国际化的努力，其中很关键的一点是这两家企业领导者自己带头做某件事时，他们在遭遇困难时的逆商有多大。

实践证明，只有领导者的情商能力不断提高，企业才能越办越红火。因此，当领导者思考情商这门必修课时，并不会一无所获，它能使你明白通过学习这些技能，同样能完善自我。现实生活中的成功者，往往都具备"极佳的人际关系、极强的工作能力"这两个重要的特点。

第2章

战略定得准确，管理才能到位

只有战略准确，细节才会有意义，执行才会有意义。如果只顾细节，忽视战略，盲目执行，不管方向，那就是只见树木，不见森林；如果战略错误，细节再完美也无济于事，细节越完美，执行力度越大，在细节上下的功夫越多，越是背道而驰。

战略失误是最大的失误

战略失误是不能犯的，一个战略失误可能导致整个企业全军覆没，整个人生一败涂地，而且永无东山再起之日。

在企业发展进程中，战略是至关紧要与企业命运攸关的最重要要素，战略失误是企业经营中最大的失误，这在企业界人士和相关专家学者中是有共识的。

"战略"两字，其本意是在军事对抗中、在战争中首先使用的，企业战略由战争战略引申而来。如果要问什么是企业战略，概括地说，企业战略就是关系企业生存与发展的具有方向性、纲领性、全局性、整体性、长期性和指导性的根本谋略。战略决策，对企业来说是最重要的决策。一旦战略决策失误，就会对企业带来灾难性的后果。所以，战略一定要讲究科学化、民主化、程序化。也正因如此，企业家要花很多时间进行战略思考、战略研究。企业实践一再表明，无战略的企业肯定会导致失败，会在商海中，因无明确方向、因盲目性而陷入危险境地。就会如未来学家托夫勒讲过的，"对于没有战略的企业来说，就如同在险恶的气候中飞行的飞机，始终在气流中颠簸，在暴风雨中穿行，最后很可能迷失方向。因此，必须随时关注经营环境的变化，寻找可能出现的战略脱节的信号，并仔细分析可能出现的情况和问题，善于把握企业战略的主动权，去争取和赢得企业的持续发展。"

第2章 战略定得准确，管理才能到位

托夫勒的这种说法和形象比喻是很有道理的。

大失误是战略，小失误是细节，战略失误了回天无力，细节失误了还有改进的余地。对于一艘驶错了方向的航船来说，任何来风都是逆风，同样道理，对于一个犯了战略失误的企业和个人来说，任何细节上的改进都没有意义。

其实一提起战略，人们会认为太抽象，太空洞了，企业领导者常常会这样说，战略问题不用谈，要达到什么样的目标，我自己最清楚，不用你们来说。

有资料表明，在整个20世纪80年代，财富500强中的230家企业（占总数的46%）悄然消失了。而19世纪最大的100家公司，到20世纪结束的时候，只有16家仍然存在。企业前行的道路上处处充满了礁石和险滩，无数明星企业折戟沉沙。不同类型的企业在不同的时期、不同的地点、不同的阶段会遇到不同类型的危机。许多专家指出，企业战略失误是企业的最大失误。例如，叶生就曾指出，"企业最大的危机是战略性的危机，如果是企业战略出现危机，那绝对是致命性的危机。"所以，企业管理首先应该重视战略上的管理。

战略不是一个随心所欲的目标或一句空洞的口号，它是基于对特定历史时期特有经济规律的深刻把握，对宏观环境和行业动态的透彻理解，对竞争对手和自身竞争能力的深入了解等而采取的经营方略，并要随着企业运行环境、行业、竞争对手和自身情况的变化而不断调整。

任何产业都有它的产业周期，一个国家和整个世界经济也有它们的经济周期，历史性机会必然会有成为历史的时候，这些都是基本的经济规律，一个战略失误就会导致全军覆没。做小生意凭经验，中等生意用各种部门科学，做大生意就要靠哲学了，否则，只要你还没有离开生意场，无论有多少钱都不是你的，怎么上去还会怎么下来。早期在中国股市里出现的第一代民营企业富豪们几乎都已不见踪影了，如果史玉柱、牟其中他们去炒股，必定

也会在牛市里大发横财，又在熊市里赔得血本无归，赚到的可能只是"潇洒走一回"。

综上所述，中国第一代民营企业之所以衰落，是因为发展战略失误；之所以产生发展战略的失误，则是源于对经济转型时期这一特定历史时期历史性没有正确的认识，从而将这种历史性永恒化了。

战略是关于未来的，而多数战略领导者天生乐观，漠视将来可能出现的失败；即使他们承认有失败的可能，但往往把失败当成个别现象。战略有缺陷，不管领导者多么高明，实施得多么得力，仍注定会失败，周密的战略加上完美的实施，才会获得成功。

企业发展战略是一种"术"。它是企业发展术，是企业中最大的术。当今国内外先进企业都非常重视企业发展战略，因为他们知道：我们已进入战略制胜时代！

战略失误是最大的失误，战略不是因为复杂而犯错误，战略经常因为不被正确认识和重视而犯错误。无论员工还是领导者，都必须树立战略至上的观念。

战略眼光决定竞争成败

著名经济学家厉以宁认为，一个优秀的领导者，首先必须具有战略眼光，能够发现别人所不能发现的赚钱机会。哪一个投资领域是好的，哪一个产品是好的，谁能首先发现并开拓市场，谁就具备优秀的领导者战略眼光。

当今，世界经济起伏不定，企业的经营环境发生着剧烈变化。我们正处在淘汰别人或被别人淘汰的大变革时代，是生与死的抉择时代。要在这样激烈的竞争时代中生存与发展，仅仅靠组织好企业内部的生产、经营已远远不够了。因此，高效的企业战略管理在当前异常激烈的竞争环境中，尤其显得重要。企业要生存，要持续成长，必须深谋远虑，必须有战略眼光，确定战略定位，明确战略重点，抓好战略策划，并加以有效地实施。

柳传志在创业初期历尽艰辛，PC机经营一见生机就萌发了研制自己品牌微机的想法。还在1989年的时候，柳传志就给联想制定了一个战略发展的指导思想：第一，我们要办一个长期的公司，办老字号；第二，联想要有规模，要大到足以能跟世界500强比；第三，我们要的是高技术领域，不能再在发展领域发展。

综观全球的商业巨子们，他们的成功皆得益于其高瞻远瞩的战略眼光。先说20世纪初美国商人威廉·胡佛，1908年，当他认识到汽车必将取代马车成为人们代步工具后，毅然放弃他正为马车配套生产皮革制品的生意，转而生产真空吸尘器，他的决定引发了一个巨大的真空吸尘器市场；CNN总裁泰德·特纳以战略眼光，首开24小时不停顿播报新闻节目的先河；比尔·盖茨的战略眼光从把WINDOWS软件与IBM计算机捆绑销售中表现出来；迈克尔·戴尔的战略眼光则表现在抓住网络展开网上直销的先机。他们的战略眼光时刻提醒人们：保持与时俱进的思想正是其眼光敏锐的原因所在。

这种战略眼光除了智慧灵机般地闪现，还展现出这些领导者坚定的决心和企业上下因此而形成的强大凝聚力。从他们身上不难看出，任何一个成功的企业要么有最出色的产品，要么采用了最恰当的生产、销售方式。随后，为抢占市场而采取攻击性营销策略；为保住市场而对顾客"甜言蜜语"；为了保持活力而不间断地对内部整顿；为取得社会认可而对外展现自身的文化和价值观。而中国的领导者不缺少智慧和足够的战略头脑，但要想摆脱企业因人而盛，因人而衰的怪圈，要做的有两点：第一点要做的是让企业也具备智慧的头脑，第二点要做的是让企业的"头脑"学会不断地学习和更新。

对企业战略的布局，简单地说就是战略领军人物波特所阐述的三个层次：独特的、有利的定位，明智的取舍，合理地在企业的各项运营活动之间建立一种配称。对一个企业来说，这些战略最终要落实到企业的产品上，落实到产品的自主创新上，领导者的战略眼光和创新应该在产品上体现出来。创新，是战略眼光的一块基石。但是，要创新，就会有挫折，有弯道，没有一种创新是一蹴而就的，战略眼光并不是一把万能的钥匙。但具有战略眼光的领导者在遭遇失败的时候会转弯而不会被击败。联想收购IBM公司的PC业务时，IBM有一个评判标准，就是看联想能否保持IBM的创新和技术领先的传统，结果联想通过了，因为在联想的企业文化中有一条就是鼓励创新、允许失败。

中国的创新型企业和国际相比总体上还处于滞后状况，据联合国开发计划署2001年人类发展报告统计，全球有46个技术创新中心，美国最多有13个，英国有4个，中国和德国并列第三，各有3个。但是很遗憾，中国的3个技术创新中心分别在中国台北、新竹和香港，大陆无缘排名。看来，大陆企业要成为自主创新的主体还有很长的路要走。虽然执行力、管理、细节等对企业的成败来说至关重要，但对企业的自主创新而言，领导者的战略眼光还是占统领地位的。这是"纲"，只有举起"纲"，其他一切才能产生良性连锁反应，才能在自主创新的路上走好、走稳。

没有战略的企业，其生命力是短暂的。一个企业，只有领导者具备战略眼光，才能顺应时代发展的潮流，抓住机遇，加快发展，为企业插上腾飞的翅膀；反之，一个企业在战略定位上不准，那么，企业就会遭受挫折，甚至一蹶不振，导致破产。从一定意义上说，今天的企业已进入了战略竞争的年代，企业领导者的战略眼光已成为现代企业竞争成败的核心因素。因此，如何在激烈起伏的市场竞争中，拥有超前的战略眼光，制定和执行正确的企业战略，已经成为决定企业能否立于不败之地的关键。

战略定位要准确

明确的产业战略定位是提升企业核心竞争力的根本前提，恰当的市场战略定位是提升企业核心竞争力的基本途径，适宜的联盟战略定位是提升企业核心竞争力的必要条件。领导者只有为其企业准确地进行战略定位，才能从容地迎接挑战，获得发展机会，提升企业的核心竞争力。

战略是企业成长的路径，准确的战略定位是企业战略的原点，它是对企业未来发展方向的描述和构想。在企业动态的经营环境中，企业的战略管理渐成"时尚"。一个好的战略定位是企业战略管理成功的开端，可以说，它是企业战略管理的基础和前提。

企业要发展，定位很重要。定位是为了解决企业发展的方向、目标问题。企业发展要有正确方向，要灵活地运用规模化和差别化原则，要坚持专、精、特、新。企业发展要有中长期目标，定位要准确，定错位，白费劲。

战略管理是一个过程，目的是通过战略定位来优化企业业务结构，将有限的资源投入转换成持续的竞争优势和企业价值。而企业的战略定位是企业成功的关键，它是企业战略管理的基础和前提，没有准确的战略定位就不可能有高效的战略管理，也就不可能有出色的企业。

从某种角度来说，企业的战略定位是企业发展的指南针。目前，经济环境的变化使中国许多企业面临着二次创业的问题。企业的二次创业要求企业重新审视自我，明确自己的战略定位，这是现阶段中国许多企业战略管理的重点。企业只有找准了方向，才能让企业最大限度地集中资源，高效利用资源，从重点突破，有所为而有所不为，使企业在发展中不断突破。

阿里巴巴集团董事局主席马云就曾说过："企业的发展首先是定位要准确，其次是要选好人才，再次是要有团结协作的团队精神，当然，肯学习、勤奋工作是最重要的。阿里巴巴之所以能在短短的时间里成为上市公司，发展到旗下有七家公司，近9 000名员工的企业。这并不是我们比别人勤奋，比别人聪明，关键是定位准确，发展机遇抓住了。"

许多人刚开始创业的时候都会犯一个错误，希望每个人来用我的产品和服务，这是不可能的。定位要准确才能做好。战略最忌讳的是面面俱到，一定要记住重点突破，所有的资源在一点突破，才有可能赢。

可以说，准确的战略定位事关企业发展存亡。一项研究得出这样的结论，世界上1 000家倒闭大企业中，有85%是战略失误造成的。在中国加入世界贸易组织和经济全球化的大背景下，竞争就在"家门口"，在这样激烈的竞争中生存与发展，如何把握主动，取得相对的竞争优势，企业战略定位尤其重要。作为领导者，企业战略定位要目光远大，面向世界，放在全球经济竞争的大环境中去把握，仔细分析自己的比较优势、潜力、弱点和难点。

要想实现战略定位的准确，需要摸清并掌握四个方面的情况：一是市场需求的走向。要做好市场调查、市场分析、市场预测，包括国际、国内两个市场。既要掌握当前适销对路的产品是什么，又要分析未来适销对路的产品是什么。二是政策环境的分析与预测。要尽可能了解宏观经济的全局，并利用当前的经济形势，预测未来的政策走向。三是同业的竞争态势。尽可能知道别的同行在想什么、做什么、争取什么，知道他们有什么、无什么、谋划什么。四是本企业的家底是什么。包括资本是什么、资源有什么、发展靠什么，优势、劣势是什么，等等。企业的战略定位准确了，才能够支持企业可持续发展。

目前，中国企业的市场竞争已从单一的业务单元竞争，如产品、营销、广告等的竞争，进入战略竞争阶段，而战略定位的准确与否以及能否支持企业的可持续发展，则是事关战略竞争的重要因素。

标准化是企业管理的重要工具

> 做什么都要有个标准，我们要看那个标准是什么，然后向那个标准看齐，按照那个标准去做，只能做得比那个标准更好，而不是更差。

现在有很多企业的领导者会面对管理标准的问题，例如，某企业生产部门有一位设备维修工，经常违反纪律，但有些设备只有他会修理，不能过于严重的处分他，这让管理该部门的生产部部长很是头疼。其实国内不少企业都会出现类似这样让领导者头疼的问题。在一个企业里，如果出现像这样不可缺少的人，那对企业来说是十分危险的。避免或减少类似这样的危险的法宝就是标准化。

所谓标准化，就是将企业里各种各样的规范，例如，规程、规定、规则、标准、要领等，这些规范形成文字化的东西统称为标准。制定标准，而后依标准付诸行动则称为标准化。那些认为改定标准即认为已完成标准化的观点是错误的，只有经过指导、训练才能算是实施了标准化。

标准化是企业提升管理水平的重要工具，如果说改善、创新是使企业管理水平不断提升的驱动力，那么标准化则是防止企业管理水平下滑的制动力。没有标准化，企业不可能维持在较高的管理水平。

从传统的农业文明走向现代化的工业文明，其中显著标志之一就是企业生产和商业运作的标准化管理。农业文明时代，生产管理随意性很强，例如，庄稼该施多少肥料，可多可少，可今天，麦当劳生产一个炸鸡翅的工序和料量全球实行一个品质，这就是现代工业文明时代严格的标准化管理。

麦当劳、沃尔玛和海尔等成功企业，他们的共同之处就在于标准化经营与管理。这三大中外知名企业之所以成功，与企业标准化的经营与管理的思想、体制、手段、方法、服务、技术等是分不开的。

任何经济现象的背后都有其特有的经济规律和准则，也就必然存在着一定的标准，只有标准化的东西才有可能得到快速的复制和推广，沃尔玛、麦当劳等跨国连锁巨头的成功在一定程度上都得益于此，高度统一的标准化管理加上其先进的信息技术的应用，为其标准化提供了强有力的支持，大大加快了其扩张速度，降低了运营成本，占据了市场的主导地位。

上述所举的企业人员管理上的问题仅仅是企业管理中的一个方面，在企业标准化管理过程中也包括其他诸多方面的内容。

标准化经营管理就是在企业管理中，针对经营管理中的每一个环节、每一个部门、每一个岗位，以人为核心，制定细而又细的科学化、量化的标准，按标准进行管理。标准化经营与管理，可以使企业从上到下有一个统一的标准，形成统一的思想和行动；可以提高产品质量和劳动效率，减少资源浪费；有利于提高服务质量，树立企业形象；更重要的是标准化经营与管理能使企业在连锁和兼并中，成功地进行复制，使企业的经营管理模式在扩张中不走样，不变味，使企业以最少的投入获得最大的经济效益。

管理的标准化是为了便于进行自身发展过程中快速复制，而这需要一个过程，如上所述，它也包含企业发展战略、流程、服务等贯穿于企业全程管理的一项复杂的系统工程，并要有优秀的人才技术支持。因此，这恰恰也构成了企业之间难以复制和效仿的核心竞争力，在自身提升的同时，降低了竞争威胁，同样也使企业的竞争优势获得极大提高。

而企业管理的标准化又该如何建立呢，这就要从企业实际标准化模式的制度设计入手。

对企业来说，以制度表现的形式是最直观的。从而由人治管理（经验型）向现代管理过渡也是通过制度实现的。因此，企业实际制度的设计十分重要。现代企业设计制度，既要考虑企业实际的发展阶段（即生产型阶段、经营型阶段或战略型阶段），还要考虑企业的制度化所处的阶段（人治阶段、制度化设计阶段或企业文化阶段）。

此外，制度设计是有原则的：即制度是制约人并吸引人的（100%的人不能遵守的不是制度）；制度是有成本的，而且是具有极大成本的；制度不是上级管理下级的工具，制度是共同的准则；制度是以企业的使命为原则，不是为编制度而编制度；制度是企业特定时期的产物（阶段性）；制度是管理科学在企业的体现（与社会进步同步）；制度需要一定的稳定性（因为现在管理进步日新月异，所以制度周期越来越短）；制度不能100%堵住企业的漏洞（不能为出现一个问题而制订一个制度）；制度是企业间竞争的一种表现形式。

根据上面介绍的制度设计的原则，再结合本企业的实际情况，企业标准化的制度就很容易设计了。

尽管现今许多企业的领导者都已经明确认识到标准化管理的重要性，但是管理水平的提升是没有止境的。虽然标准化在中国有体系、制度、意识上的障碍，但是只要领导者拿出"明知山有虎，偏向虎山行"的气魄，就能使企业走上现代化管理的轨道，真正让"中国制造"成为高品质的代名词。

打造竞争性蓝海战略

蓝海战略最早是由W·钱·金和勒妮·博涅于2005年2月在两人合著的《蓝海战略》一书中提出。

蓝海战略认为，聚焦于"红海"等于接受了商战的限制性因素，即在有限的土地上求胜，却否认了商业世界开创新市场的可能。运用蓝海战略，视线将超越竞争对手移向买方需求，跨越现有竞争边界，将不同市场的买方价值元素筛选并重新排序，从给定结构下的定位选择向改变市场结构本身转变。

"蓝海"以战略行动作为分析单位，战略行动包含开辟市场的主要业务项目所涉及的一整套管理动作和决定，在研究1880—2000年30多个产业150次战略行动的基础上，指出价值创新是蓝海战略的基石。价值创新挑战了基于竞争的传统教条即价值和成本的权衡取舍关系，让企业将创新与效用、价格与成本整合一体，不是比照现有产业最佳实践去赶超对手，而是重新设定"游戏规则"；不是瞄准现有市场"高端"或"低端"消费者，而是面向潜在需求的买方大众；不是一味细分市场满足消费者偏好，而是合并细分市场整合需求。

太阳马戏团的发展就是蓝海战略的实践者。

马戏团是一个传统行业，过去的马戏团是以流动帐篷作为表演场地，以驯兽、动物表演、小丑杂耍、魔术等表演项目为主，目标消费人群主要是儿童。

1982年，太阳马戏团成立之初，他们很清楚地知道自己没有能力与当时的龙头老大玲玲马戏团竞争，因此他们采取了蓝海战略，从而成功地走出了价格战，开创了全新的蓝海商机。

首先，太阳马戏团取消了动物表演。此举一方面避免了动物保护团体的抗议浪潮，另一方面又大幅降低了企业成本；其次，大胆创新。招募了一批体操、游泳、跳水等专业运动员，把他们训练成专业的舞台艺术家，运用绚丽的五彩灯光、华丽的舞台服装、美妙动人的音乐并融合歌舞剧的节目情节，为消费者创造前所未有的感官新体验。这些营销措施，使得太阳马戏团完全摆脱了传统马戏团的桎梏，成为全新的"剧场型马戏团"。

太阳马戏团成立20多年来，已先后在全球90多个城市进行了演出，吸引了4 000余万名观众进行观看，其营业收入已经超过全球马戏团第一品牌玲玲马戏团。

蓝海战略目前在中国被企业界、学术界和社团广泛关注。著名的职业经理人苏奇阳先生就蓝海战略结合实际应用出版了《蓝海战略书简》，中国互联网协会还专门开办了定期举办的"蓝海沙龙"。

用简单的话来解释：红海就是红色的大海，防鲨网的范围之内，水质混浊，营养贫乏，但是人很多，在这个小圈之内不能出去，人人都竞争激烈；而相对蓝海就是蓝色的大海，防鲨网之外海之深处，水质和营养物都很好很丰富，范围也相当广泛，竞争的人也少，蓝海竞争胜者将得到比红海多得多的利益。

"红海"是竞争极端激烈的市场，但"蓝海"也不是一个没有竞争的领域，而是一个通过差异化手段得到的崭新的市场领域，在这里，企业凭借其创新能力获得更快的增长和更高的利润。

蓝海战略要求企业突破传统的竞争所形成的"红海"，拓展新的非竞争性的市场空间，与已有的呈收缩趋势的竞争市场需求不同，蓝海战略考虑的是如何创造需求，突破竞争。企业的目标是在当前的已知市场空间的"红海"竞争之外，构筑系统性，可操作的蓝海战略，并加以执行。只有这样，企业才能以明智和负责的方式拓展"蓝海"领域，同时实现机会的最大化和风险的最小化。任何一家企业，无论其规模大小，是已有的行业企业，还是新进入该行业的企业，都不应也不能过度冒险。

打造蓝海战略需要遵循以下几条原则。

原则之一：重建市场边界

从硬碰硬的竞争到开创"蓝海"，需要去重建市场边界，而避开竞争对手的锋芒。

原则之二：注重全局而非数字

一个企业永远不应将其"眼睛"外包给别人，伟大的战略洞察力是走入基层、挑战竞争边界的结果。蓝海战略建议绘制战略布局图，将一家企业在市场中现有战略定位以视觉形式表现出来，开启企业组织各类人员的创造性，把视线引向"蓝海"。

原则之三：超越现有需求

通常企业为增加自己的市场份额努力保留和拓展现有消费者，常常导致更精准的市场细分。然而，为使"蓝海"规模最大化，企业需要反其道而行，不应只把视线集中于消费者，还需要关注非消费者。不要一味通过个性化和细分市场来满足消费者差异，应寻找买方共同点，将非消费者置于消费者之前,将共同点置于差异点之前,将合并细分市场置于多层次细分市场之前。

原则之四:遵循合理的战略顺序

遵循合理的战略顺序,建立强劲的商业模式,确保将蓝海创意变为战略执行,从而获得蓝海利润,合理的战略顺序可以分为买方效用、价格、成本、接受四步骤。

原则之五:克服关键组织障碍

企业领导者们证明执行蓝海战略的挑战是严峻的,他们面对四重障碍:一是认知障碍,沉迷于组织的现状;二是有限的资源,执行战略需要大量资源;三是动力障碍,缺乏有干劲的员工;四是组织政治障碍,来自强大既得利益者的反对,"在企业中还没有站起来就被人掠倒了"。

原则之六:将战略执行建成战略的一部分

执行蓝海战略,企业最终需要求助于最根本的行动基础,即组织基层员工的态度和行为,必须创造一种充满信任和忠诚的文化来鼓舞员工认同战略。当员工被要求走出习惯范围改变工作方式时,恐慌情绪便会增长,他们会猜测这种变化背后真正的理由是什么。

第3章
有明确的目标，管理就不会偏向

目标就是一个企业、一个人前进的方向，让我们知道该干什么，并为此去付出。管理是一种手段，一种方法，没有明确的目标就会失去方向，就会像船一样搁浅在海滩上。管理不仅要有目标，而且这个目标必须是看得见，令人振奋，经过努力能够实现的。

管得少才能管得好

任何一项工作都必须以目标为中心

目标是本，任何一项工作都必须以目标为中心。它是一种"行动的承诺"，有助于推进工作速度，借以达成我们背负的使命。它同时又是一种"标准"，借以测度我们的行动绩效。

只有把注意力凝聚在目标上，我们才能在事业上取得成就。

没有目标的行动与梦游没有什么两样。如果我们在工作时没有目标，就会失去方向，这样自然不利于提高工作速度，更不要说什么更高的绩效了。如果我们想让现有的效率有所突破，达到更高的水平，首先一定要确定自己的目标。猎豹是众所周知的捕猎高手，它之所以有如此好的捕猎成绩，是因为它在每次捕猎行动前，总是先锁定一个清晰的捕猎对象。

对于任何人，只有把注意力凝聚在目标上，才能清楚地懂得自己应该做什么，应该怎样做，并能准确评价自己做得怎么样。也只有了解了这些，我们才能更好地完成任务。

不管做什么事都要有个目标，如果确定的目标被证明是正确的，那就应该像卫星导航船一样，坚定不移地为目标而奋斗。风平浪静时，卫星导航船将一直朝着它要到达的港口航行，当风起云涌时，卫星导航船即使在狂风暴雨中也会一直坚持着它的航线。卫星导航船在海中航行时永远只会看到一样东西，那就是它所要到达的港口。任何一项工作也要始终围绕目标，心中始终认准目标的指引,才能成功。

有一案例是说1984年日本东京举办国际马拉松邀请赛,一名名不见经传的日本选手取得冠军。赛后,各路记者问这名日本选手取得冠军的秘诀,他只淡淡地说:"用心去跑"。第二年应邀到澳大利亚参加马拉松邀请赛,他只跑了不到一半的路程就退了下来。第三年应邀到美国参加马拉松邀请赛,他又一次取得冠军。赛后记者又问他取得冠军的秘诀,他还是只淡淡地说:"用心去跑"。记者追问:"'用心去跑'为什么澳大利亚马拉松邀请赛没有取得冠军?"他说:"我每次马拉松赛都要提前多少天沿途试跑,记下沿途的标志性建筑,把路程在心中分成很多段,当看到这个建筑我就知道还有1000多米就到一个广场,到了广场我知道再有800多米有个花坛。我就是这样一点一点让自己有目标有动力跑完的。澳大利亚马拉松邀请赛,是因为天气原因没有提前去试跑,没有记下沿途的标志性建筑,所以不到一半的路程就退了下来。"这个案例告诉我们:做事要有目标,只有围绕着目标的指引去行动,就能够到达成功的终点。

做事要有目标才能把事情做好,才有助于事业的建立,最常见的阻力也许就像很多人所表示的这个感觉,"我不太确定自己要干什么,所以我只有做一天算一天。"缺少长期的指引,往往使一个人不能集中冲刺的力量。成功人士表示:先准备好再上路,是很重要的。从现在起开始十年的事业规划,必定会有点幻想,谁知道以后发生什么事情呢?任何一幅"事业图"都可能不完全,但令人吃惊的是,却有那么多人实现了他们长远的目标。期望最好的成绩,最好是根据实际情况做好计划,随时为意外发生事情妥善做好准备。我们无法控制别人所为,但是我们可以预期各种不同的情况,尽我们所能做好万全准备,我们也能控制在意外发生时的反应。如果有明确的动机,还应该再将思考和感觉结合在一起,一天一天推进自己成功。

总之,目标是做任何一项工作的中心,不管环境如何复杂多变,我们都要明确目标;要意识到明确目标是为了有效地配置资源,衡量一个目标体系是否有效的最终标准是它是否有助于我们有效地实现我们的追求；目标不是一成不变的，重要的是在任何时候都必须要有明确的目标；而要实现目标，就必须在实施过程中以目标为中心，围绕着目标开展各项工作。

明确的目标是企业前进的方向

企业目标明确了，执行力才有了前进的方向，而不是像盲人骑马，走到哪算哪；企业目标明确了，不同的职能部门、不同的员工在工作中才能形成一股合力，从而更好地发挥知识与技能的聚合作用，更好地促进目标的达成。

明确的企业远景规划是制定战略的前提条件，如果企业前进的方向尚不明确，也不明确为在竞争中获得成功需要建立哪些能力，那么企业战略制定和经营决策便缺乏明确的指导，就像在黑暗的大海中航行的轮船缺乏灯塔一样，因而根本不可能取得成功。

企业的远景规划描述的往往是一段较长时间后企业的理想状态，要达到这种理想状态需要企业的领导者和员工付出持久、积极的努力。在这个过程中，需要不断地对企业的运营状况进行评估与监控，衡量企业的现实运营是否保持正确的方向，前进的速度是否足够快。建立目标体系就是要将企业的远景规划和业务使命转换成明确具体的业绩目标，从而使企业的发展过程有一个可以衡量的标准。明确一致的目标是高效率企业共同的特征之一。好的目标体系使企业的各级执行者在采取行动时方向更加明确，努力更加有成效。同时，好的目标体系具有一定的挑战性，具有挑战性的目标往往能使企业更具创造力，使员工的紧迫感和自豪感更强烈。也就是说，如果我们想获得卓越的结果，就应该制定卓越的目标。

第3章 有明确的目标，管理就不会偏向

一个有成就的领导者，总是能够为他领导的组织选准前进方向，确立明确的目标。众所周知，人类的实践活动都是在自觉的目标指导下进行的，人们在行动之前都要自觉地预先提出目标。所以，领导者对目标的决断至关重要。

一个领导者能不能作出英明决断，主要体现在他能不能为其组织找对前进的方向，特别体现在发展战略目标决断上是否正确。因此，成功的领导者不仅要有创造美好未来、争取做成盖世无双的大事业的雄心壮志，而且更要有远见卓识、把握趋势、洞察先机的过人能力。人们最近几年才熟悉的诺基亚公司的当家人、董事长兼首席执行官约玛·奥利拉就是一位有远见卓识的企业家。

1999年，中华人民共和国成立50周年国庆大典之前，中国经济界有一件盛事——99《财富》全球论坛第五届年会于9月27~29日在上海举行，《财富》杂志评出的"世界500强"中，有400位企业总裁、首席执行官出席了论坛。其中诺基亚公司首席执行官约玛·奥利拉引起人们的广泛关注。

诺基亚公司在1999年全球500强中名列第283位。但是在20世纪80年代以前，它还是北欧一个名不见经传的小国的普通公司。诺基亚今天的成就在很大程度上取决于当年担任公司首席执行官的约玛·奥利拉，这位传奇人物对公司发展战略目标作出的超群的决断。

诺基亚公司100多年前诞生在芬兰的一个叫诺基亚的小镇上。所以，公司的名字也叫诺基亚。一个多世纪以来，诺基亚公司从事过造纸、橡胶、机械、电缆等不同行业产品的生产经营。进入20世纪90年代，转为经营计算机、电子消费品和电信产品。1988年，当时只有38岁的奥利拉在诺基亚公司一个规模很小的移动电话事业部任职。1992年，奥利拉被公司董事会任命为公司首席执行官。这时41岁的奥利拉有了他一展才华的好机会。这位刚上任的首席执行官预测了未来电信市场的广阔前景，高瞻远瞩地提出了"未来将属于通信时代，诺基亚要成为世界性电信公司"。从此，诺基亚就确立了发

展移动电话的战略目标。奥利拉为实现这一目标，果断地砍掉了一些其他业务，集中主要资金和人力资源，进行通信器材和多媒体技术的研究开发。据媒体透露，2001年诺基亚在全球移动通信市场上占有大约30％的份额，成为世界上最大的移动电话生产企业。

诺基亚在短短7年时间里飞速发展，由不知名的企业而成为世界500强之一。这一战略转折给我们的启示是：一个高明的领导者总会在关键的时刻对未来的目标作出明确的决断，并以顽强的毅力使当年不可思议的目标变成现实。

在成功的企业中，领导者必须设计一个明确的远景目标，这个目标明确了整个组织前进的方向，不论对消费者、股东还是对员工都有很强的吸引力。基于理性的分析和思考，再加上一部分梦想的成分，一个清晰、明确的远景蓝图就会产生，相应地，赖以实现这个远景的行动战略和执行精神都将水到渠成，使企业全体向着一个方向前进。在顺驰公司就是这样，他们制定的是一种追求第一的企业战略目标，他们称为高目标。他们认为：只有第一，才具有在市场风险中最强大的抗击打能力；只有第一，才能在市场份额中最有效率地生存；只有第一，才是最能激发员工激情的企业远景；只有第一，才能够十分清晰明确地指引全体员工向着同一个方向努力，指导企业前进的方向。

如果一个企业的战略目标不明确，那么它的管理活动就会迷失方向。对那些目标不清晰的企业来说，展开管理也会一团糟，因为没有人知道前进的方向是否正确，没有人知道自己的目标是否能够达成，也没有人知道自己的努力是在加速成功还是在加速失败，更没有人知道企业明天会成什么样。所以，企业要想真正获得前进的方向和动力的前提，就是要有明确的企业战略目标。

第3章 有明确的目标，管理就不会偏向

目标设定的关键是明确与合理

有了明确的目标，做事情才会有方向。所以在设定目标的时候，我们首先要确定明确的目标。目标的设定要合理，这样执行者才有可能理解并执行下去。

在设立目标时，我们的目标必须是明确的，否则我们付出的努力再多也是白费。这就犹如一个弓箭手，如果无法看清靶心，姿势摆得再正确、弓拉得再满也没有多大意义。

明确的目标可以让我们少走弯路，是我们制定工作计划、明确工作责任的基础。明确的目标会维持和加强我们的行动动机，让我们总能有足够的动力推进工作，创造更大的价值。

某商学院的学生集体到野外登山，老师想让这次活动更有意义，于是预先将一面红旗插在隐蔽的地方，对学生们说："在这座山上我插下了一面红旗，你们现在就出发去找到它。最先找到的人就将拥有这面红旗。"于是，学生们兴高采烈地出发去寻找了，可他们越找越累，最终失去了兴致，都在山石上坐了下来。

老师鸣哨集合，对大家说："现在我把红旗放在了下一座山头的山顶上，从这里到那儿有四五条路径，你们分成三组，各选一条路，哪一组能率先到达，哪一组就能拥有这面红旗。"于是，三组学生各自推选出了一名队长，这三位队长各自选了一条路，同时出发了。

他们先后接近山顶，就在他们即将到山顶处时，都发现了那面红旗，结果是每个队员都奋力向前，没有一个人因为劳累和疲倦而抱怨和放弃。

登山结束后，老师意味深长地说："山上的红旗就是目标，在你们长长的一生里，每一次行动都要有明确的目标作指引，千万不要漫无目的地到处乱跑，否则你们可能什么也得不到。天底下所有的收获都属于那些有明确目标的人。"

企业不能没有目标。只有当企业有了一个明确的目标，才会使企业员工产生一个共有的信念和期望的模式，才会产生较强的内聚力，员工才会产生更强烈的责任感，才会有员工个人的业绩，才会有企业整体的业绩，才会有在激烈的市场竞争中立于不败之地的资格。

目标应该是合理的，只要努力一把，给自己一点点挑战就能够达成的。尤其是刚刚开始设定目标的时候，我们应该让自己从小目标开始设定，最为重要的就是让我们能够感受到达成之后的成就感。当我们达成以后一定要记得给自己一些奖励，这样才会让我们把目标和快乐的感觉连接在一起，以至于下次我们会很愿意设定并达成更重要的目标！

制定一个合理的目标是实现目标的一半。目标关键在于它的内容而不是它的形式。设定目标很关键的一点是为企业成员设定个人目标，个人的一年、一季度甚至一个月的目标。只有把目标分解到个人，才能使目标完成的效果更好。

如何制定合理的目标？

第一条：制定尽量少的目标，目标太多，到最后肯定哪个都实现不了。企业从上到下都应该知道什么是我们的优先目标（少数目标），是我们要优先完成的任务。

第二条：我们要制定大的目标，目标可以少，但这个目标一定要制定得足够大，要让这个目标有挑战性，要让人"跳起来"才能够完成、才能够得着。

第三条：制定的目标是能现实的，如果我们的目标让员工"跳起来"都够不着的话，那么这个目标肯定是没办法实现的。

第四条：作为领导者要学会用目标来引导和管理团队而不是人盯人，不是用来盯住员工，让他这样或者是那样来做事情。

第五条：应该把目标量化，如果一个目标不可以测量、量化的话，那么我们就很难进步、很难实现它。

第六条：目标要和措施、资源相匹配，可以有一个很大的目标，但如果这个目标资源和措施不相匹配，那肯定没办法去实现它。

第七条：当局面困难危险时，我们需要短期、具体、小的目标。因为短期目标比较容易实现，当你十次、二十次实现了短期目标的时候，会发现你的大目标也实现了。

第八条：目标应该有书面的记录，很多企业不把自己的目标书面记录下来，结果到了年底检查工作的时候，发现大部分的目标没有实现，但是又没有办法对证。所以，作为领导者应该具备的一个很基本的习惯是把目标书面地记录下来。

目标的实现有很多影响因素，而一个明确且合理的目标是能够实现它的基础和前提。不单单是企业如此，个人的目标制定也应牢记并遵循这一点，只有明确合理的目标才具有实现的最大可能。

目标只有切实可行才会有效

制定目标一定要切实可行，不要太好高骛远，我们要分析企业的制度和我们的实际情况，同时注意设定目标是对整个部门或者整个企业的，而不是我们一个人的，要让每个员工有自己的目标和计划。盯住积极的员工，陪同他往下"扎根"。当我们设定好目标，制定好计划后，不要把它放在案头，成为空头文字，应成为一种压力，付出行动，用坚强的毅力去完成它。

关于目标与企业的关系，中国有句古语："人无远虑，必有近忧"。作为企业来说，切实可行、高瞻远瞩的战略目标是必不可少的。目标管理是企业为了实现自身的任务与目的，根据企业所处的环境，从全局出发，在一定时期内，为企业组织各层面从上至下制定切实可行的目标，并且企业各层级人员必须在规定时间内完成的一种管理方法。目标管理作为现代化管理方法之一，在实践中不断发展，现已成为企业管理的重要组成部分，被誉为"现代企业之导航"和使企业起死回生的有效手段。

目标应该不是伸手可及，但也不可好高骛远。许多人在读过成功励志的书籍以后，往往会因一时激动而立刻拟订无法达成的大目标，结果却大都是踟蹰不前。这种情形等于是把挫折当成了目标。做事情一定要量力而行，一步步来，设立目标也是同样的道理，目标只有切实可行才会有效，下面这个故事就说明了这个道理。

有一位大师隐居于山林中，平时除了参禅悟道之外，还对武术颇有研究。

人们都千里迢迢来寻找他，想跟他学些武术方面的窍门。

他们到达深山的时候，发现大师正从山谷里挑水。他挑得不多，两只木桶里的水都没有装满。按他们的想象，大师应该能够挑很大的桶，而且挑得满满的。

他们不解地问："大师，这是什么道理？"

大师说："挑水之道并不在于挑多，而在于挑得够用。一味贪多，适得其反。"

众人越发不解。

大师从他们中拉了一个人，让他重新从山谷里打了两桶满满的水。那人挑得非常吃力，摇摇晃晃，没走几步，就跌倒在地，水全都洒了，那人的膝盖也摔破了。

"水洒了，岂不是还得回头重打一桶吗？膝盖破了，走路艰难，岂不是比刚才挑得还少吗？"大师说。

"那么大师，请问具体挑多少，怎么估计呢？"

大师笑道："你们看这个桶。"众人看去，桶里画了一条线。

大师说："这条线是底线，水绝对不能高于这条线，高于这条线就超过了自己的能力和需要。起初还需要画一条线，挑的次数多了以后就不用看那条线了，凭感觉就知道是多是少。有这条线，可以提醒我们，凡事要量力而行，而不要好高骛远。"

众人又问："那么底线应该定多低呢？"

大师说："一般来说，越低越好，因为这样低的目标容易实现，人的勇气不容易受到挫伤，相反会培养起更大的兴趣和热情，长此以往，循序渐进，自然会挑得更多、挑得更稳。"

挑水如同做事，同样的领导者在为企业设立目标的时候也要循序渐进，逐步实现目标，才能避免许多无谓的挫折。

因此，为企业拟订目标时，首先是要切合实际，兼顾理想与现实；其次是要尽量减少定为目标的事项。确定目标之前，要确信目标有利可图，了解行情之后确信企业有足够的竞争力与对手抗衡，员工有能力和潜质并能够齐心协力实现企业目标，所需资金能够获得，时间进度表安排合理等一切相关因素。切实可行的目标是可以量化与测量的，是服从于切实可行的战略指导，是结合具体的方法以取得预期的效果。切实可行的目标是由领导与员工一起制定与实现的，领导不是单单制定奖罚机制督促员工采取措施，而是与员工并肩作战，向他们解释目标设定的依据以及实现的途径。

每个企业的成员包括领导者自身都要根据自己的情况来设定可行的目标，不能定得太高，也不能定得过低，要切实可行。只要你能定下切实可行的目标，然后按照这个目标去努力，目标就可以实现。

在当今社会，有的人就像上文中那个打了两桶满满的水的人一样喜欢好高骛远，这种人过于急功近利，因此往往事与愿违，很难达到自己的目的。企业与人生一样，有许多成长发展的阶段，必须量力而行以做到循序渐进。人的成长要先学会翻身、坐立、爬行，然后才学会走路、跑步。每一步骤都十分重要，而且需要时间，没有一步可以省略。同样，企业的各个发展阶段也莫不如此。领导者了解了这一原则，根据企业每个不同时期的情况制定相应的目标计划，才能少受挫折，最大限度地去实现企业利润的最大化。

第4章 开局做得好，管理才能好

"新官上任三把火"，这是众所周知的俗语。其实，新官上任到底烧不烧"火"，或烧几把"火"，并无一定之规。领导上任，大都踌躇满志，雄心勃勃，应该迅速打开局面，在同事和员工心目中建立起最佳的初始印象，为今后开展工作奠定良好的基础。

管得少才能管得好

做好首次亮相，成功营造自我

新官上任难免要细细准备一番。一个好的开局是成功的一半，开诚布公至少可以赢得一段时间来好好磨合。

"新官上任三把火"，这话大家都耳熟能详。同样是新官上任，有的人三板斧"砍"得大家服服贴贴，人心归顺，连那些保守派、顽固派、特殊人物也刮目相看，俯首称臣，接下来的工作就好办了。有的人到了新岗位不但没"砍"好前三板斧，弄不好自己"点火"还把自己给烧着了，尽管自己有满腔抱负和热情，也不得不悲壮地出局。

我们到了一个新的领导岗位，大家眼睛都瞪得老大在猜测我们葫芦里卖什么药，会拿出什么锦囊妙计，管理上有什么高招来解决企业的问题，究竟要把企业引向何处？通过我们管理究竟能提升企业多少业绩，等等。等待和观望以及评论成为了他们的主要工作，仿佛他们是监督新官工作的人，说不准有人就会给我们来个下马威！

因此，刚上任的领导者"三把火"未必一定要急着"烧"，管理是有效地控制过程，控制是为了更好的疏通，疏通也是为了更好的控制，我们还没找到控制方法的时候，抡起斧头不管三七二十一就"砍"，一定会"砍"出问题、"烧"出毛病！不理出障碍如何疏通？先找到工作开展的切入点才是最重要的。

新官上任做好首次亮相，可以是一招开局，但切忌草率行事。因此，这个紧迫任务应得之于实地调查，要仔细分析和权衡。

开局亦即领导者走马上任。这时的领导者无论在感受上和环境方面都发生了变化，主观与客观的吻合程度降低。一方面，面临着全新的人际关系和陌生的工作环境，虽然自己有诸多抱负，但要经过熟悉情况进入角色才能付诸实施。另一方面，新官上任，往往自尊心很强，锐气很盛，求成心切，很少抽时间与周围人进行情感的沟通，而是谋求尽快地取得领导成就。正确的开局艺术应该是先圆后方，着眼于人际沟通，增进相互了解，着力于调查研究熟悉情况，既要保持一个地区、一个单位工作的连续性，又要积极改变前任领导遗留下来的各种消极关系，建立管理基础，逐步在领导活动中扩大职位权的使用，使软权硬化，由圆而方。

那么，作为新上任的领导者们，这"三把火"到底该如何"烧"才好呢？

首先，作为领导者，我们要尽其所能充分透彻地了解我们所在的企业，以及有关企业的一切情况。我们要问自己，我们熟悉要从事工作的行业特征吗？我们是否了解企业的过去、现在的状况？我们了解老板吗？老板选我们来作为领导者的目的是什么，对你的期望值又是多少？通常老板选择一个领导者肯定是希望领导者能给部门带来绩效，带来提升，带来新的变化。或者就是部门出现了比较大的问题，希望新领导者能临危授命，力挽狂澜。总之，我们要清楚自己的使命，从而来明确自己的目标。

了解我们员工的心态、能力如何。员工中有没有特殊背景关系者的存在？我们的团队是否具有凝聚力和战斗力？我们的前任是为何离开的？员工们对前任的评价如何？认真总结学习前任的经验可以让我们少走弯路。

有调查才有发言权，及时收集好相关方面的资料，在我们的头脑里整理分析。知己知彼，才能让我们在新的环境里游刃有余。

其次，"点火"要从关键问题入手，着力解决企业最迫切需要解决的问题。往往一些最敏感的问题最能体现我们的能力，树立我们在企业中的威信,但处理不好也会引火烧身,导致自己"先下课"。

正因如此,新上任的我们,一定要尽快了解部门各方面的情况,找出最迫切的问题点,并在我们的能力范围内及时拿出解决方案。进入实际操作阶段后就一定要注意解决问题要彻底,切不可遭遇阻力就半途而废,否则很容易给人留下笑柄,令威信丧失。新的领导者,往往因为根基未稳,遭受的阻力也可能会比较多,所以,贵在坚持和魄力。

再次,解决问题要适当借助外力和环境因素。例如,老板的支持、市场环境的变化、社会关系资源,等等。如果能及时取得老板或者关键人物的充分支持,有他们的推波助澜,或者充分利用环境因素、各类社会关系等,经常能起到事半功倍的效果。"火"烧起来了,借助一定的风势越烧越旺才能保持住前面的成果。

每个新上任的领导者的环境和所面临的问题都不可能是一样的,如果我们想在自己的职位里发光、发热、发出能量,甚至大放异彩,就一定要做好第一次亮相,成功营造一个崭新的领导者形象。

认识自己是领导者永恒的话题

孔子说:"即使不见知于人而心里毫不怨恨。"一个人不必忧虑别人不知道自己,只需当心自己不能知道别人,而在知道别人之先,必须认识自己。因为知己的人,才能够正确地知人。领导者重在知人更在知己,所以要由认识自己开始。

作为领导者,健全而独立的人格魅力将成为管理道路上不可或缺的"武器",要诚实就要认识自己。管理学上有个比德原理:大家都不断地往上爬,从来就没有听说过有人认为自己是不适合的,一直升到上面实在是不想升时为止。一个人要充分认识自己，明确自己的角色身份，认识到自己的能力，明白自己能走到什么地步，能坐到什么位置上。认识自己是为了自我发展，自我要发展为正为大，必须谨慎控制自己。领导者各有所长，亦难免各有所短，始终明确自己的身份职责，正确认识自我，才是领导者永恒的话题。

作为一名领导者，怎样才能真正正确地认识自我呢？我们可以借鉴下面的步骤来初步了解自己。

（1）经由性向测验，了解自己的倾向或潜在能力。对于自己所能胜任的活动，切记不可大意，以免"阴沟里翻船"；对于自己所不能胜任的活动，务须多多尊重他人，但要加强自己在这些方面的判断力，以免错判误事。

（2）经由智力测验，明白自己的一般智力或特殊智力。不过，我们建议领导者把智力测验的功能放在"知道自己的智力有多低"而不是"知道自己的智力有多高"，因为"人上有人"，高低是比较的结果，谦虚才是美德。

（3）经由定期健康检查，了解自己的健康状况，使自己知所警惕。岁月不饶人，一方面要把工作做好，一方面也要珍惜自己，这才是重视正确方法的选用和调整，形成"轻松愉快地把工作做好"的中国式管理气氛，以取代"紧张忙碌地把工作做好"的韩国式管理或"辛苦劳累地把工作做好"的日本式管理。

（4）经由反省自己，了解自己的价值取向。是视员工为机器呢？还是视员工如同手足？是绩效高于一切呢？抑或是尽人事以听天命？是"把一辈子的钱两年内赚完"呢？还是"细水长流"，年年有得赚总比"暴起暴落"好？领导者所作所为，系于他的价值取向，不可不知。

了解了这些，也就会对自己有个初步的评价，接下来领导者最重要的就是在初步了解自我的基础上，明确自己的角色定位，真正认识自我，才有做好管理工作的可能。

作为领导者，首先要认识自我，明确自己的角色定位。领导者既是制度的制定者和推行者，也是制度的执行者和培训者。这就要求领导人员要充分认清自我，在要求员工的同时更应该严格地要求自己。

在一个企业里面，每一个人的分工是不同的，每一个人的职责也是有所差异的。就像是"胃"和"四肢"一样，各有各的任务，各有各的职责。"四肢"不能苛求"胃"去做不在他职责范围之内的事情。一个优秀的领导者需要清楚自己的职责与他人职责的差异性，对自己的角色要有一个清醒的认识，不能使自己的角色发生错位的现象。

只有每一个职位上的人都各司其职，各尽其责，一个整体才能有机地运作起来，每一个人的利益才能够从整体的运作当中获得。如果各司其职的人没有做好自己的本职工作，那么，他们会尝到自己种下的后果，就是由于他们没有尽到自己的责任。这样一来，受害者不仅仅是他们自己，更是连累了全部整体。

在古希腊的阿波罗神庙当中，刻着一句影响人类几千年命运的名言："认识你自己"。一个优秀的领导者，在他管理他人之前，所要做的就是对自己要有一个清醒而准确的认识。认清自己作为一个领导者在企业中的作用和位置，刚从事管理的人往往会一下子不知道自己的身份已经发生了变化，所以学会自我定位至关重要。作为一名领导者，他上任后应该做的第一件事情就是去弄清楚自己的身份与职责，对自己有一个明确而清晰的定位。

领导者的目标定位是企业管理工作的基础，作为一名领导者，如果不能很好地认清自己的角色和能力，就很容易产生各种弊端。所以，管理工作中领导者必须对自己的角色有一个明确的目标定位，对自己所担当的角色与责任有一个清醒正确的认识。

明确领导者的权力基础

领导者必须清醒地认识到，自己身处的管理职位，绝非仅仅意味着一种荣耀、一种待遇、一种回报，它更多地意味着责任和挑战！领导者不但肩负着企业的兴衰，而且还影响着员工的前程和命运。

作为一个领导者，首先要明确自己作为领导者的权力基础。如果不给我们相应的权力，我们是很难发挥领导者的作用的。所以，权力是管理的外部基础，这个观点与德鲁克的思想有所违背，但却是实际存在的。而责任则是管理的内部基础，一个成功的管理组织一定是权责分明的。责任与权力并存。

许多领导者尽管十分用心、用力，也学习并采用了许多领导艺术和管理艺术，仍是业绩平平，为什么？对此，领导者大都是归因于外，认为是客观因素影响了权力效用的发挥，其实根本原因还在于领导者自身。

在某些"有权人"的心中，"有权不用，过期作废"的意识像顽疾一样无法根除。之所以造成这种现象还是"私利"在作怪，有对"私利"的渴望，加之有权做保障，"以权谋私"就顺理成章了。领导者手中都有一定的权力，正确理解并使用这个权力是领导者永恒的主题。

首先，权力是董事会给的，是与责任休戚相关的，责权明确不是让我们只要权不要责，而是告诉我们责任比权力更重要。从这一点来讲，我们要对权力负责，对企业的利益负责，这是在任何条件下都不能动摇的。

其次，权力也是员工给的。员工赋予我们一定的权力是希望我们能率领员工为企业创造更多的价值，使企业更快地发展，企业发展了，员工才能得到发展。因而，我们的权力还包含着员工的希望，对于领导者本身应当自觉接受员工的监督。

再次，给我们权力并不意味着我们可以凭此向企业索取更多的"装备"来招摇过市，随意炫耀。关键在于我们要创造更多的绩效，展现迷人的人格魅力和管理才干。武装到牙齿的稻草人依然是一个稻草人，再靓丽的枕头还是枕头。

总之，运用好权力可以笼统地理解为"三个有利于"，即：有利于企业的话多说，有利于企业的事多做，有利于企业的权多用。

领导者，往往被人们认为是有"权"之人，这是事实。但作为领导者本人必须明确自己的权力基础，弄清楚自己手中的权力结构，否则，就会出现不能够正确对待权力的现象。

任何组织或团体的领导者，都具有一定的职位，都要运用和行使相应的权力，同时也要承担一定的责任。权力和责任是一个矛盾的统一体，一定的权力又总是和一定的责任相联系的。当组织赋予领导者一定的职务和地位，从而形成了一定的权力时，相应地，领导者同时也就担负了对组织一定的责任。在组织中的各级管理人员，责和权都必须相称和明确，没有责任的权力，必然会导致领导者的用权不当，没有权力的责任是空泛的、难于承担的。有权无责或有责无权的人，都难以在工作中发挥应有的作用，都不能成为真正的领导者。

许多领导者在行使权力时，往往会出现这样的情况，只知道自己有管理权和领导权，不知道有被管理权和被领导权，也就是说，在执行管理权和领导权时只想到管理和领导员工，把自己置于权力的约束之外，责任的制约之外。其表现，就是俗话说的"只许州官放火，不许百姓点灯"。员工违反了制度，立即板起面孔处罚；自己违反了制度，就当事情没发生一样。这样有个一两次以后，制度就成了"橡皮筋"。

事实上，领导者要想用好权力，一定要在使用自身拥有的权力同时，更要明确自己所肩负的责任。

树立领导者的权威

作为一个领导者，应该如何来管理好员工，让员工能接受管理。这靠的是什么？靠的是自己的权威。领导者的权威指的是作为领导者使人信服的权力和威望，具体表现为领导者对周围环境和员工的影响力与感召力。

所谓权威，是指领导者在组织中的威信、威望，是一种非强制性的影响力。权威不是法定的，不能靠别人授权。权威虽然与职位有一定的关系，但主要取决于领导者个人的品质、思想、知识、能力和水平；取决于同组织人员思想的共鸣，感情的沟通；取决于相互之间理解、信赖与支持。这种影响力一旦形成，各种人才和广大员工都会被吸引到领导者周围，心悦诚服地接受领导者的引导和指挥，从而产生巨大的推动力。

权力是支配他人行为的制度性力量，一个人只要在某个组织中担任某个职位，就可以获得与这个职位相应的权力。而权威则是一种不依靠权力就能够使人心甘情愿追随我们的能力。

作为领导人员，在工作中最希望看到的事情就是员工承认自己的地位，乐于接受自己的指令，并遵照执行。在这样的过程中，所体现出来的就是领导者的领导权威。

权威是存在于正式组织内部的一种"秩序"，一种信息交流的对话系统。如果领导者发出的指示得到员工的执行，在员工身上就体现了领导者的权威；同样的道理，如果员工违抗命令，也就说明了他否定了这种权威。因此，领导者是否具有权威性，检验的根本标准是接受其指示的员工，而不是发布指示的领导人员。一些领导者之所以不能在组织内部树立自己的权威，就是因为他们不能建立起这种体现权威的"秩序"。

有威慑力的领导者一般决断力强，办事爽快果断，常常是一字千金，凭这就可使人折服。员工也会因为佩服领导者而不自觉地向领导者靠拢。

日本有位企业家在总结他的管理经验时说："打一巴掌给个甜枣吃。"意思是对员工施威，批评或者责罚，使他惊醒于自己的错误，待他的愧疚心平息下来，又要恰当地给他一点甜头，引导他朝正确的方向走。

古今很多用人实践早已证明，刚柔相济远远胜于刚柔相偏废，如同人的身体构造，有坚硬的部分——手、脚、骨骼等，也有柔软的部分——肌肉、软组织等，两者有机结合，人才能灵活自如地从事各种活动。

南越王赵佗，原来是秦朝派到广东、广西管理南方的地方官，秦朝灭亡后，他自立为王。汉高祖平定天下后，不愿再动刀兵，对他实行了安抚政策，仍任命他管理南方，并给他一些赏赐，这种怀柔政策使汉朝的南疆和偏远地区长期得以安宁稳定。可是当吕后执政时，却将南方视为蛮族，并制定一些民族歧视或压制的政策，激起赵佗造反闹事。吕后派兵征讨，结果因南方气候潮湿酷热，瘟疫流行，汉军作战屡屡不力。汉文帝即位后，重视恢复推行安抚政策，除给赵佗许多赏赐外，还给他的亲属加封官职，使赵佗深受感动，自动废除了王号，并上书请罪，发誓永远诚心向汉称臣。

领导者要树立自己的权威，这种权威不仅依赖于组织赋予其的权力，更有赖于其个人能力的体现和表现出来的人格力量。所谓做任何事首要的就是先做人，只有个人权威建立起来了，他才有能力去感召别人，才能组织开展一项活动。在要求好自身的同时，就需要去引导员工。要正确引导员工，首先需帮助其设置适当的目标，这个目标的设定，有赖于个人能力的培养和组织绩效评估系统的公正性、客观性。因此，对员工的知人善任和分配难度、适合的工作任务对于引导员工行为有重要的影响。简单地打个比方，领导者可以通过小组的活动，使员工在进行活动过程中，能感到自己的价值，拓宽知识面和看到自己尚存的不足和应奋斗的方向，还能培养团队协作精神等，并使个人目标有效地与组织目标结合起来。

领导的良好行为、模范作用、以身作则就是一种无声的命令，有力地激发员工的积极性。权威是成功的重要心理条件，领导者良好的行为具有权威性，使员工很快受到良好影响。模仿领导者的行为可能是无意识的，也可能是有意识的，更多的是无意识与有意识的综合模仿，员工对领导的模仿造成了良好的激励氛围。

所谓"仁之所在，天下归之"。领导者人格上的魅力才具有最巨大的影响力，也最持久。在今天，人性化管理大行其道的时候，企业领导者更要深明此理。

领导者应懂得适时的高调

低调是不是一种美德，要看企业能力如何，有些低调的企业往往并非自愿，而是出于无奈。企业如此，人亦如此。

领导者最不合格的表现就在于：把简单搞复杂、做太多无用功、事情有结果却没效果。

领导者做人可以低调，但做事要高调，用科学、专业、精确的标准和手段去实现它，便会提高我们所管理的企业的业绩。

做人要脚踏实地，无论取得多大成绩，尾巴也不能翘到天上，无论地位多么显赫，也不能凌驾于他人之上，否则就会失去民心，失去做人的本分，终将倾覆于群众的汪洋大海之中；做事则像扬帆出海，必须高起点、高标准、高效率，就像高高的桅杆上鼓满风帆一样。

人人都明白这个道理，而在实际行动中要做到并不容易。

高调不是喊着口号让别人都知道我们要做什么，而是我们对自己所做的事情看得透彻，把握根源和关键，漂亮地把每件事情做好做成功。我们需要明白的是，世上没有做不成的事，只有做不成事的。

高调也是敢为人先，敢为天下先，以积极的心态和敬业精神去钻研业务、创造性地开展工作，主动接受监督、敢于负责、勇于承担责任，以高昂的精神面貌状态去影响别人，感染别人。

正当全球都饱受金融危机困扰的时候，却有一家仅有60名员工的小型对冲基金管理公司创造了美国金融历史上的赚钱记录——2007年整整1年狂赚150亿美元。而他们的领导人是一位并不知名的小人物——约翰·保尔森。

保尔森成名后，却极少接受采访，对个人生活守口如瓶，甚至给自己的邮件加密。对于保尔森的家庭，人们只知道他已婚，有两个女儿，个人爱好包括滑雪、航海和跑步，他的家已经搬进了纽约东郊一幢价值4 000万美元的湖边别墅,他总会在傍晚6时左右下班回家吃晚饭。他的低调,很难让人想到他的名字会和美国富豪联系起来。

据统计,保尔森自己在2007年的收入达到了37亿美元,成功登顶2007年度最赚钱基金经理榜首,并在《福布斯》美国富豪榜上排第165位。

低调的保尔森懂得适时的高调,那就是反其道而行之。2007年前,保尔森只不过是华尔街的小字辈,他的公司仅管理着10亿美元规模的对冲基金。但如今,保尔森这个名字已经被华尔街奉若神明,"赚钱之神""对冲基金第一人"等头衔已被挂到他头上;金融大鳄索罗斯请他吃饭;美国财长亨利·保尔森只好委屈地被称呼为"另一个保尔森"。

在2006年年初,华尔街的借贷专家被房地产市场的繁荣蒙蔽了眼睛。对房地产借贷市场,华尔街发明了两种新型的投资工具:债务抵押债券和信用违约交换。这两种产品的关系是,债务抵押债券的风险越高,为其担保的信用违约交换价值就越高。但在房地产繁荣时期,由于大多数人都不认为债务抵押债券会有什么风险,所以信用违约交换的价格非常低。

在分析了大量数据之后,保尔森确信投资者远远低估了抵押信贷市场上所存在的风险。他赌这个市场会崩溃。

于是,保尔森设计了一个复杂的基金操作模式,开始大胆地进行债券交易赌博:一边做空危险的债务抵押债券,一边收购廉价的信用违约交换。

可是,房地产市场依然繁荣,保尔森专门做空抵押债券的新基金一直在赔钱。一位好友问他是不是准备止损,他回答说:"不,我还要加注。"为了缓解压力,保尔森每天去中央公园长跑5英里。低调的保尔森在朋友的质疑声中高调了一把。

保尔森"加注"就是做空ABX,一个在2006年年初才被创造出来的反映房产次贷市场状况的指数。因为ABX下跌,2007年2月,保尔森的基金仅在2月份就升值了60%。

2007年年中,贝尔斯登公司投资次贷的两只对冲基金垮了。一夜之间,投资者开始抛售次贷抵押债券，保尔森的基金随之暴涨。

最终，在2007年的次贷风暴中，保尔森的第一只基金上涨了590%，第二只上涨了350%。

事实再次证明，机会总是留给低调做人，但会该出手时就出手的人。适时的高调是自信的一种表现，也是勇气的表露。

勇气铸就辉煌，勇往直前总比坐以待毙要高明得多。成功的领导者并没有什么秘诀，就是从高起点、高标准、高效率地去做、去尝试、去改变，直到成功。

一个人只要胸怀远大的理想和奋斗目标，高调地去开始他的梦想，就会有无穷无尽的力量，就不会被客观条件所束缚，创造条件赢得属于自己的成功。人的一生就是拼搏的一生，拼搏是现代人的一种生活态度，现代社会是一个充满竞争的社会，人们所需要的一切都要通过奋斗才能得到。低调是一种境界，但并非在任何时候都要低调地为人处世。现代社会是一个充满机会的社会，有了机会，我们就得去拼一拼、搏一搏，否则将永无出头之日。

低调要适时适度，机遇是不会自动找上家门的，它只会青睐那些懂得高调做事的人。

第5章
管得少，不等于"拍脑袋决策"

当企业处于起步发展的时候，领导者都是靠自己灵活的头脑和冒险精神，迅速地发现潜在市场机遇并成功掘金，这种灵活性对中小企业来说本来是一种优势。但是当一个企业逐渐做大的时候，在不确定的和竞争激烈的市场环境下，这种决策的随意性往往造成经营的盲目发展，给企业带来严重的后果。

从此告别"拍脑袋决策"

太多人在采取行动之前,都不愿正视如果发生错误将怎么办?他们不是太过自信就是昧于事实。

大多数的时候,市场的变化往往超越领导者的预期,因此,在行动之前永远要先想好后路。

对于问题的解决,宁可抱着审慎的态度,从广泛的层面去思考,也不要轻率决定,因为决策错误所造成的损害更大。

"领导的主要任务是决策,决策正确与否直接关系事业的成败。如果重大决策失误,或多次失误,不仅会给事业造成重大损失,而且会使领导者权威扫地。"

"决策是在几种行动方案中进行选择,也就是说,决策就是人们为了达到一定目标,在掌握充分的信息和对有关情况进行深刻分析的基础上,用科学的方法拟定并评估各种方案,从中选出合理方案的过程。"

要成为一流的领导者,必须跟"三拍干部"永远告别。那么,什么是"三拍干部"呢?这就是:"拍脑袋决策、拍胸脯表态、拍屁股走人。"不做调查,没有研究,心血来潮就出主意、做决策,这叫"拍脑袋决策";上级询问,又信誓旦旦,胸脯一拍表示"没问题",这叫"拍胸脯表态";当最后问题来了,则丢下一个烂摊子溜之大吉,这叫"拍屁股走人"。"三拍"是极不负责任的表现，有这样的领导者无论对企业还是员工，都是十分可怕的，而且"三拍"也会给领导者自己带来极坏的影响，甚至会自毁前程，因为没有企业愿意重用这样的人。与"三拍"相反，所有的栋梁型的领导者都有如下共同的特点：强烈的责任感、不敷衍、不推卸。

要避免"三拍"，最关键的就是要具有高度的责任心。一位有责任心的中层领导者，会从长远和全局的角度着想，不会轻易作出"拍脑袋决策"的事。当自己做不到的时候，他不会轻易许诺、拍胸脯。当出现问题的时候，他不会推卸责任甚至一走了之，而是敢于担当。

春秋战国时期，晋国有一名叫李离的法官。他在审理一件案子时，由于听从了办事人员的一面之词，致使一个人冤死。真相大白后，李离准备以死赎罪。晋文公安慰他说："官有贵贱，罚有轻重，况且这件案子主要错在下面的办事人员，又不是你的罪过。"李离却说："我平时没有跟下面的人说我们一起来当这个官，拿的俸禄也没有与下面的人一起分享。现在犯了错误，如果将责任推到下面的办事人员身上，我又怎么做得出来？"最后，他还是选择了以死赎罪。如果每一位领导者都能像李离那样，视责任如生命，那又怎么会出现"三拍"的现象呢？一流的领导者清楚地懂得，对集体负责、对工作负责、对上级和员工负责，其实恰恰就是对自己最大的负责，能为自己获得最大的发展机会。

"一拍脑袋"就决策，既是一个旷日持久的老毛病，又是一个许多人共有的通病。领导者的职务有高低，管辖的范围有大小，决策的事项有轻重，然而，在谁的权力大谁就说了算这一点上，却又几乎如出一辙。平心而论，"一拍脑袋"就决策的领导者也不是存心要把决策当成儿戏，恰是因为急功近利的"发展冲动"，或因为好大喜功的"成绩需要"，情急之下，方寸就乱。

《梦溪笔谈》记载：海州知府孙冕很有经济头脑，他听说发运使准备在海州设置三个盐场，便坚决反对，并提出了许多理由。后来发运使亲自来海州谈盐场设置之事，还是被孙冕顶了回去。当地百姓拦住孙冕的轿子，向他诉说设置盐场的好处，孙冕解释道："你们不懂得作长远打算。官家买盐虽然能获得眼前的利益，但如果盐太多卖不出去，30年后就会自食恶果了。"然而，孙冕的警告并没有引起人们的重视。

他离任后，海州很快就建起了三个盐场，几十年后，当地刑事案件上升，流寇盗贼、徭役赋税等都比过去大大增多。由于运输、销售不通畅，囤积的盐日益增加，盐场亏损负债很多，许多人都破了产。这时，百姓才开始明白，在这里建盐场确实是个祸患。

一时的利益显而易见，人们往往趋利而不考虑后果。这种现象，古今皆然。看到什么行当赚钱，就一窝蜂而上，结果捷足先登者也许能获利，步人后尘者往往自食恶果。这样的例子可以说是数不胜数。

作为一个企业的经营领导者，在制定一个经营决策的时候，一定要综合考虑各方面的因素，而不能被一时的利益蒙蔽了眼睛。

一个明智的企业领导者一定要学会发挥集体的力量，特别是做事关企业命运的决策的时候。万万不可因头脑一时发热，"拍拍脑袋"就制定了一个错误决策而毁掉自己经营一生的成果。

善于抓住决策的最佳时机

一个企业面临无数次的危机和转折，随之有无数的决策出台。无论决策如何，在这样一个瞬息万变的时代里，找寻一个恰当的突破口至关重要，而寻找突破口最重要的就是选择恰当的时机和对象。

经营有一个机遇问题，在这个问题上强调一点勇敢是必要的，凡是看中了的，就要果断行动。

拿破仑也有类似的说法："无论从事何事，67%应预先计划，33%由机会决定，加重前者是懦怯，过于依靠后者属鲁莽。"以上是军事上的说法，我们讨论经营，举一个经营者的话作说明。土光敏夫是日本经营大师，他也讲了与上述的同样意思的话："一味追求完善，那就会坐失良机。""即使只能得60分，也要速办速决，决断就是要不失时机。该决定时不决定是最大的失策"。

企业的领导者在工作中要担起重要决策的职能，而成功的决策往往与时机紧密联系在一起。领导者要善于在实践中发现机遇、寻找机遇、把握机遇，同时，也要善于发挥聪明才智，当机立断，果断拍板，确保决策的及时、有效和准确。只有大胆抓住时机，及时予以决断，才能使决策赢得优势，取得成功。掌握不好时机，当断不断，徘徊观望，犹豫不决，或不当断时匆忙去断，都会造成决策失误。可以说，掌握良好时机，有助于领导者运筹帷幄、决胜于千里。

提高领导决断能力，要运用把握决策时机的领导艺术。时机是在领导活动中随时间而变化的机遇、机会、契机、转机等。时机的特点在于变，但这种变是有规律可循的。高明的领导者把握时机的艺术是能审时度势，发现时机，分析时机，寻找可乘之机，敏捷地抓住时机，快人半拍地把事情干成，形成先发优势，占得发展的先机。高明的领导者的时机艺术还表现为善于抓住时机的变化，以变制变。能够观察到竞争对手错失的机会，乘虚而入，使形势朝着有利于自己的方向转化，虽不是先发优势，但由于能够寻找出超越的时机，往往能够形成后发优势。决策的时机不可失，紧紧抓住决策时机当断则断，是领导者的职务责任。

能够多谋善断就是领导者必须善于和勇于不失时机地选定决策方案，迅速实施。谋而不断是决策之大忌。即使是最好的方案，如果久拖不决，时过境迁，就会失去可行性和可靠性。因此，领导者必须具备当机立断的魄力。一个领导者如果具有干脆利落的作风，还可以激励员工充满信心和热情去实施决策。

既然成功决策的时机选择如此重要，那么，作为领导者该如何捕捉决策时机呢？以下几点是需要注意的：

第一，要看大环境形势。这里指的是国际、国内、本地的政治、经济、科技、文化等形势动态。重大事件影响，新的政策出台，法规制度公布是这种气候的具体表现，这个大环境形势是我们决策的客观依据。充分利用大气候这个良好的环境条件，积极发展自己，就能获得成功。

第二，要看自身条件优势。大环境形势有利，还要从自身的实际出发，抓住本地的优势。这个优势主要是指地理环境、物质特产、土地资源，以及人们的精神状态、社会秩序、人才技术、水电交通、资金等。领导者要抓住自己优势特点，果断决策。否则，也会坐失良机。优势也是在不断变化的。现在的优势不抓住，将来就会变成劣势。

第三，看对方弱点。人类社会是在竞争中发展的。在战争中，避其锋芒，抓住弱点，可克敌制胜。在经济竞争中，要取得胜利，不仅要充分发挥自己的优势，还要抓住对方的薄弱环节，突然袭击，取得主动权，夺得胜利。美国克莱斯勒公司是美国三大汽车公司之一，在1979年世界石油危机时处于绝境，但新任董事长亚科卡抓住市场缺油弱点，大胆进行产品换型决策，生产节油的K型车，大受消费者欢迎。亏损3年后便转为盈利，仅1982年就获利1.7亿美元，1983年就还清了315亿美元贷款。

第四，要看苗头趋势。事物发展往往由萌芽到弱小，由弱小到强大。我们应在新生事物刚刚出现苗头的时候，当机立断、下力气抓。号称股票之王的沃伦·巴菲特靠证券交易而逐渐发展积累了44亿美元财产，成了美国第八大富翁。他的经验归纳为：寻求被市场低估了价值的股票，毫不犹豫地买下它，再等待股价上升。被低估了的股票是一种假象，势必要上升，在处于萌芽苗头，巴菲特慧眼识货，抓住了它，发了大财。高明的领导者，在别人狂热时，他却寻找冷门，当别人醒悟时，他已把事情干成了。

第五，则是看风险程度。捕捉决策时机时，要充分估计到风险程度。要把效益值同损失值综合起来考虑，既不要单纯看效益值盲目蛮干，也不要单纯看损失值而畏缩不前，两者要最佳地结合在一起。在决策时要留有余地，保留一定的弹性，把风险降到最低。

两利相权取其重

美国著名管理学家西蒙说："管理就是决策。"领导管理工作离不开决策，决策的好坏直接影响着企业的成败。决策是企业经营管理成功的关键要素之一。

有这样一则寓言：有一头小驴，在一望无际的草原上迷失了方向，走了一天一夜都没有找到回家的路，眼前是一片枯黄的草地，饥饿使它四肢无力，它不得不坚持着一边朝前走，一边寻找食物，找啊，找啊，终于在一块洼地里出现了两堆鲜嫩的青草，草叶在微风中飘动着，叶子上的露珠在阳光下闪闪发亮。它高兴极了，朝这两堆救命草狂奔而去……然而，它并没有立即吃掉这两堆草，而是站在草堆跟前，用鼻子嗅了好一阵，又用眼睛瞧了好一阵，却久久难以启齿，为什么？此刻它脑子里突然出现了许多疑问：这里为什么会出现两堆青草？这两堆草有没有毒？这两堆草为什么没有被其他的动物吃掉？经过一番否定再否定，最后，它相信这两堆草是可以给它用来充饥的草。然而，当它准备张开嘴巴吃掉这两堆草的时候，脑子里又出现了一道难题：既然这两堆草都是上等的好草，先吃哪一堆草好呢？……就这样，小驴在长时间的犹豫、徘徊、选择中，最后饿死在草堆旁。

当前，有不少领导者在选择经营项目时，与小驴的心理有着惊人地相似，他们为寻找项目，整天忙忙碌碌，四处奔波，终于找到了一个项目，然而，在论证是否采纳该项目时，因追求万全之策，追求最优方案，最后不得不将到手的项目放弃,而坐失良机。创业时选择项目固然重要,但不能因其重要而过分谨慎。市场经济充满了风险性、偶然性与不确定性,任何项目都有利弊,且前途未卜,智者千虑,也有一失,一个决策的高手,只能"两利相权取其重,两害相权取其轻"。

西点军校认为,军事决策的基本原则是权衡利弊、趋利避害。它指出军事领导者只有在尊重客观事实的基础上,充分地发挥人的能动作用,准确把握对敌斗争利与害两个方面,趋利避害,抓住时机,扬长制胜,才能作出科学、正确的军事决策。它强调正确的军事决策正是在认清利害、权衡利弊的基础上作出的,企业经营决策要做到科学、正确,也必须把握权衡利弊、趋利避害这一基本原则。这是企业经营立于不败之地的关键。

企业经营决策中对利害的把握和军事决策一样,也要求领导者在全面认识利害之后,要善于"两利相权取其重,两害相权取其轻"。这是领导者权衡利弊的一个准则。据日本的有关统计,在想从事发明的人们中,每1万人中只有1人有发明的具体成品,而1 000个有发明成品的人只有不到100人能申请专利,这100件专利被用于事业的还不到10件。据此,日本松下公司制定了不发明只改进的经营策略,实践证明他们是成功的。放弃自我发明新产品,而直接向国外购买实用的专利权,加以外形的重新设计、质量改良和成本的降低,使产品价廉物美,更具竞争力。不发明只改进的策略有效地克服了开发新产品耗费庞大,不易成功且成功产品寿命短的困难。

由此可以看出,领导者切不可利无轻重,害无大小,凡利皆趋,凡害皆避,这样往往有时会因小失大,得不偿失。美国派克公司开发、争夺低档笔的失误,就很好地说明了这一点。

本来派克钢笔属高档产品,人们购买派克钢笔,不仅仅是为了买一种书写工具,更主要的是买一种形象,以此表明自己的身份。

1982年,派克公司新任总经理彼得森上任后,不是把主要精力放在改进派克钢笔的款式和质量、巩固发展已有的高档产品市场上,而是盲目地热衷于转轨和经营每支售价在3美元以下的钢笔,以争夺低档笔这一大市场。这样,派克钢笔作为"钢笔之王"的形象和声誉受到了损害,而克罗斯公司趁机大举进军高档钢笔市场。结果没过多久,派克公司不仅没有顺利地打入低档钢笔市场,反而使高档钢笔市场的占有率下降到17%,销量只及克罗斯公司的50%。派克公司的决策失误,正在于以开发低档钢笔的"小利"而损害了经营高档钢笔的"大利",教训是深刻的。

取舍,这一点是决策过程中最难的一件事,企业领导者必须认清,在决策过程中,选择固然重要,但不能因其重要而过分谨慎。在充满风险性与不确定性的社会中,作出两全其美决策的可能性几乎为零。一个决策高手,只能在险中求稳,劣中求优,或"两利相权取其重,两害相权取其轻",不能优柔寡断,举棋不定。

只听到掌声的决策,不会是好决策

拥有了独断权的同时,就拥有了最大的决策错误的机会。"当大家意见取得一致时,得出的结论却往往是最差的。"可以说,"一致同意""一致支持"是一种虚幻的认同,是决策的最大陷阱。

管理学家杜拉克强调:"需要有不同的意见。"并指出,"领导者所必须作出的决策,如果是大家一致鼓掌通过的,常常并不是一个好的决策。只有经过各种互相冲突的意见和交锋,各种不同观点的争辩,各种不同的判断之间的抉择,才能作出好的决策。""决策的第一条规则是,在没有不同意见之前,不要作出决策……然后,只有有了不同意见才能为一项决策提供各种可供选择的方案。而一项没有其他可供选择的方案的决策,无论它经过了怎样仔细的思考,都是一种赌徒式的孤注一掷。"

也有人指出,"一个领导者,如果不考虑可供选择的各种方案,他的思想就是闭塞的。卓有成效的领导者往往不求意见的一致,而是十分喜欢听取不同的意见。因为有效的决策绝非是一片欢呼声中做出来的,只有通过对立观点的交锋,不同看法的对话,以及从各种不同的判断标准中作出一种选择以后,领导者才能作出有效的决策。"

战国时期的楚庄王在与大臣议事时,如果没有大臣提出反对意见,必然会忧心忡忡。他认为天下之大,必有许多贤才,只有靠他们,楚国才能兴旺。艾尔弗雷德·斯隆做决策从来不靠直觉。他总是强调必须用事实来检验意见,并保证不要从结论开始再回头来找支持这一结论的事实。他知道,正确的决策,要有恰当的不同意见。据说,斯隆曾在通用汽车公司高级管理阶层的一次会议上说:"先生们,我想我们大家对这项决定都一致同意,是吗?"在场的人都点头表示同意。于是斯隆接着说,"那么,我建议推迟到下次会议再对这项决定做进一步的讨论,以便我们有时间来提出不同的意见,并对与这项决定有关的各个方面有所了解。"事实证明,斯隆避免了一个错误的决策。

前哈佛商学院教授、目前担任决策顾问的约翰·汉蒙建议,"在寻求别人的意见或是参考资料之前自己先想清楚问题,以免受影响"。同样的,如果你是领导者,在员工提出意见之前,尽量少开口,以免影响他们的判断。

每个人看待事情都有特定的角度或是思考模式,这就是认知架构。每一个人都是依据不同的特定观点看待世界,因此,每一个人看到的都是部分的事实,不是全部。但是,遗憾的是我们很少意识到这一点,我们常常忘记自己其实也是限制在某个框架里,误以为自己掌握所有的事实。

要知道,做决策时,对于问题所采取的不同认知架构,会产生不同的结果。决策的有效性并不取决于"意见一致",而是建立在不同观点的冲突、协商和对不同判断的选择基础上的。领导者应坚持听取不同意见,有以下几个主要原因:

（1）反对意见是使领导者免受组织束缚的唯一有效方法。在领导者周围，会有许多人有求于他，而每个人又都是个特殊的恳求者，信心十足地想让领导者作出对己有利的决策。摆脱上述处境的唯一办法，是确保有争议、有实据，并经过认真考虑的反面意见的存在。

（2）反面意见本身，就为领导者提供了不同的选择方案。不论一个领导者经过怎样的周密思考，不经过选择作出的决策，实际上是赌博者的孤注一掷。一项决策总有可能会出现错误，或一开始就错了，或因情况变化不再适用。但如果领导者在制定决策过程中就已认真思考，并认真研究了其他可行的方案，一旦上述情况发生，他就可从容地采用备选方案了。没有各种备用方案，当情况变化、决策已不再适用时，领导者就有可能陷入背水一战的境地。

（3）需要不同意见，最关键的是它能激发人们的想象力。在所有具有不确定性因素的事件中，都需要想象力，一种新的、不同的方法来洞察事物、理解事物。一流的想象力是不多见的，但也不像人们认为的那样稀有。和其他事物一样，想象力也需不断地启发、激励，面对想象力的最好激励，则是不同的观点，特别是经过争论、思考和证实的不同观点。

因此，作为企业的领导者，要时刻铭记这样的道理，有效的争论对于组织本身来说具有许多积极意义。当人们敢于提出不同意见并为之争论时，组织本身就变得更加健康。意见分歧会让人们对不同的选择进行更加深入的研究并得出更好的决定和方向。彼得·布劳克在《授权经理人：工作中的建设性政治技巧》一书中指出：如果我们不愿参与机构中的政治与争论，我们永远也无法在工作中实现对自己来说重要的事情，要是这样就太悲哀了。

第6章

制度要精,管理层要少

企业管理制度要从实际出发,不断优化现有的各项管理制度,按照科学发展观的要求,修改和完善一些管理制度,增强操作性和指导性,建立符合企业发展规律的科学管理体制机制,即企业的管理制度要做到少而精。

管得少才能管得好

要防止管理层次过多

组织机构的设置必须本着科学的管理层次和管理幅度相结合的原则来进行设计。管理层次的划分必须适当，必须以提高行政效率为准则，层次不宜过多。内部管理层次的过多，易造成信息流通不畅、程序复杂甚至滋生官僚主义的弊端。

一个企业从无到有，本来就是一件十分不容易的事。通过数年的苦心经营，企业已经具备了一定的原始积累，正面临着如何做大、做强和持续经营。但不少中国企业却因无法突破发展瓶颈而纷纷"落马"。中国的民企大多是短命的，平均仅有3.9年的"生命历程"，可谓"昙花一现"。究其原因，是因为不少企业无法突破各种发展瓶颈，其中管理瓶颈是横亘在众多中小企业面前的一大障碍。对于民企来说，管理越来越成为一种持久竞争力。一个管理混乱的企业当然谈不上市场竞争力。严格意义上来讲，目前绝大多数的民企都面临着不同程度的管理危机。正如"蝴蝶效应"一样，管理危机很可能导致成本管理危机、组织机构的制衡危机、人才管理危机、企业文化危机、市场信用危机等种种危机。

对于广大中小企业而言，在其发展的初始阶段，如果盲目穿上"大衣服"，得了大企业病，管理体制盲目做大求全，等待它的只有失败。这一阶段最合适的就是家庭作坊式管理，尽管听起来难听，其实就是直线管理：管理层次不能超过两级、报表不能超过10份。要知道，过度管理也是会增加企业成本和降低企业活力的，创业阶段的灵感、灵活比计划、方案更为重要，创业阶段的领导者直线管理对团队的凝聚力和战斗力也很重要。

如果把企业比作一个天平，当外部竞争对手增多、竞争压力增大时，来自市场的不确定因素骤然增多，经营风险和管理成本的一端在悄然而迅速地上升；而经营灵活性、利润和员工积极创造性一端却在下降，那么，这个企业很可能碰到了管理瓶颈。

企业发展到了管理瓶颈，最明显的表现就是组织架构重叠、管理层次繁多、人员冗余。因为中国许多中小型民企的投资者对整个企业具有绝对的控制权，组织架构设置随意性比较大，很可能出现几个人或部门都在做同样的事情，无形中造成人力资源的浪费。不少企业的组织架构是金字塔状，管理层次七八层甚至十几层的都有。中间管理层过多，会使部门之间信息沟通不畅，协调困难。不合理的组织架构设置导致机构臃肿。一般员工上万的大型企业才设置总经理办公室、行政部、人力资源部等部门，但一些员工仅数百人的企业也这样设置。部门划分过细就会使部门之间业务交叉，导致权责分配不清晰。机构臃肿的并发症是人员冗余，人浮于事。这样的企业管理层次过多最直接的后果是人力资源成本居高不下，间接后果是员工职责不明晰，士气低落，从而导致工作效率降低。

不仅如此，管理层次过多的企业，其经营管理必然还会有如下表现：

一是决策效率和效果低下。企业经营管理是否有效，很大程度上取决于生产经营情况和决策管理信息能否快速、准确、及时、无误地上传和下达。企业管理层级过多、链条过长，势必使上下信息沟通不畅或延误或失真，既会降低决策效率，又容易导致错误决策。

二是管理成本增加。企业经营管理不仅有人工成本，也有组织成本。管理成本投入后的产出利润大小，可以反映企业内部管理效率的高低。

三是内部监管失控。企业监督管理的有效性必须在一定的合理层级范围内才能发挥。企业管理层级过多、链条过长，行业覆盖面过宽，鞭长莫及，母企业对子企业的监管势必成为问题。有的企业连自己下属的子企业具体有多少家都搞不清楚，监督和管理只能限于形式。

四是竞争和适应能力下降。由于机构臃肿、决策低效，因而反应迟钝、行动缓慢，往往难以适应快速多变的外部经营环境。加上涉猎行业过多，经营范围过于分散，往往不能把有限的资源和精力集中在自己擅长的领域，造成主业过多，主辅不分。

五是由于管理层级过多，管理链条过长，造成相关控制人员也随之增多，从而形成了各种各样难以控制的资产流失渠道。

传统管理模式的企业强调分工，组织结构也是传统的高尖式组织结构，也就是自上而下、递阶控制的金字塔式管理组织形式。随着时代和经济的发展，这种管理层次过多的组织结构，由于存在对外界环境变化响应迟缓和压抑组织成员全面发展等弊端，越来越无法适应新经济时代企业管理的需要。

陷入此种管理瓶颈的中小企业，则可以根据杰克·韦尔奇的"无边界组织"的理念，注意加强科学的组织设计，减少不必要的管理层级。"无边界组织"的概念，寻求的是减少管理链条，对控制跨度不加以限制，取消各种不必要的职能部门。面对庞大的企业机构，通过"无边界组织"减少企业内部的资源浪费和政令不通，消除企业的内部管理障碍，为企业管理营造更畅通高效的条件。

因此，科学的企业管理意味着首先要有一个科学的组织设计。组织设计是为组织目标的实现服务的，是以自己的生产特点、人员实际能力作为基本的考虑依据。科学的组织设计可以使组织形式与企业的运作需要达到最佳的契合，可以通过科学的、合理的组织设置减少不必要的管理层次，避免人力资源的浪费和提高管理工作效率，从而为企业获得最佳效益奠定基础。

第6章 制度要精,管理层要少

避免管理错位

企业管理的变革必须从正本清源开始,哪一个层级该干什么不该干什么,把它分清楚,如果不分清楚,永远也管理不好企业。

在中国,很多企业严重存在这样一种错位:"管理层级的错位"。高层做了中层的事情,中层做了基层的事情,而基层则在做高层的事情。这样的企业怎么可能管好?

企业的各个层级应该各司其职,高层要做高层该做的事,中层和基层就要做中层和基层该做的事。

具体来讲,作为企业的高层,要做好两件事情:第一,要做好企业的发展规划,也就是说,企业的高层领导者必须有能力和责任为企业作出持续发展的规划;第二,要做好结果的检验。企业的高层领导者还要不断检验有没有真正把企业带到目的地,如果带到了,下一步的目标和规划是什么?如果没有带到,如何调整?

而企业的中层领导者也要明确自己的本职工作,第一,就是确定工作目标并制定工作计划。也就是说,中层领导者能不能设定自己及团队的工作目标,基于工作目标,作出相应的工作计划和资源需求计划。第二,团队建设,也就是说,中层领导者能不能基于工作目标,组织团队,以及协调自己团队和别的团队的配合。那么企业的基层应该做些什么?还是两件事情:第一,必须具备实现计划的能力。第二,信息的反馈。因为最末端显现出来的信息往往是最重要的。

许多领导者每天用于有效工作的时间很少,大部分时间用于琐碎的事务,或用于根本不该干的事。领导者干了自己不该干的事,领导者干了员工该干的事,领导者干了无效的事,这种现象都称为管理错位。管理错位浪费了领导者最宝贵的资源——时间和精力。那么,怎样避免管理错位呢?要避免管理错位,作为企业的领导者每天工作时都要问自己这样几个问题。

1. 我是谁

这个问题看似简单,实际上有很多人对此理解不够正确和深刻,这在心理学上称为自我暗示。领导者确实需要不断地自我暗示,明确自己的角色身份和职责。因为领导者只要进入工作岗位,就会被各种各样的事务和人包围,往往身不由己,特别容易出现管理错位。

2. 我今天应该干什么

回答这个问题,实质上是在做一天的工作规划。能够有效工作的领导者,必定干自己想干的事,自己应该干的事。领导者应该主动工作,干计划内的事;而不是被动工作,干不属于自己干的事,干计划外的事。领导者工作时,很容易犯的错误就是"来什么事,就干什么事"。

3. 哪些事情别人做,可能干得更好

通常企业的中层领导者们特别容易犯一个毛病:事必躬亲。事必躬亲的原因很多,有的是为了对上级显示自己的忠诚,有的是不信任员工,遇到问题,总怕员工做不好,于是亲自动手干起来,做了员工该干的事。其实,即使领导者比员工干得好,仅从领导者有更重要的事要做这一点考虑,也应该让员工去做。

领导者最大的困扰就是,太多来自外界的干扰,随时得放下手边的工作去做别的事情。担任领导者的责任之一就是集合多人的努力,共同完成一份工作。换句话说,领导者的工作有很大的一部分需要与别人互动,外界的干扰是领导者工作的一部分。领导者可以排定某些时段作为缓冲时间,当有人临时找领导者需要讨论事情时,可以请他在自己有空的时间再来。

有句形容领导者的话很形象但也有警醒作用:一个领导者只会压制自己,那叫怕;一个领导者只会纠正自己,那叫乱;一个领导者只会节省自己,那叫傻。领导者没有必要告诉自己不要做这个不要做那个,纠正这里纠正那里,总是为自己节省。有本事,自己每天在外面应酬客户,员工一切正

常，企业平安无事，这叫正确的管理。如果领导者一天到晚穿得标标致致，工作到深夜，最后还口吐鲜血，积劳成疾，这叫错误的管理。管理层就像金字塔，如果只是顶上有点坏，底下稳固，不会有什么大事；如果底下坏了，顶上再好，也会摇摇欲坠。

如果领导者能正视上面的问题，并能很好地去做，就会大大减少管理错位现象的出现，就会发现领导者的工作实际上很轻松，工作效率也会大大提高。因此，管理的层级要定位准确并坚定执行，万不可高层做中层的事，中层做基层的事，这样的管理错位带来的不仅仅是工作效率的降低，时间久了更会影响企业的纵深发展和长远的效益。

小制度也能有大成效

管理效率的高低、治理效能的优劣，取决于制度的有效性如何，而制度的有效性并非取决于制度的大小，有时，小制度同样能有大成效。

社会经济需要管理，企业需要治理，大事务的管理和治理需要大制度，小事务的管理和治理需要小制度。前者譬如计划经济制度或市场经济制度，后者譬如福利奖惩制度或独立核算制度。

一个企业、一个部门可能有成千上万名员工，领导者不可能认识每一名员工，也不可能亲自来激励、监督每一名员工，那么，领导者凭什么来管理成千上万名员工，让所有的员工围绕企业的战略共同努力呢？唯一的答案就是制度！好的企业一定有一个好的制度，管理最终要靠制度来保障！

其实在管理的过程中，并非是说要建立多么高深多么严谨的制度条文，有时候即使是一项小的制度，也能发挥很大的效益。我们不妨从柯达的建议制度来探究制度的威力。

管得少才能管得好

早在1989年前,柯达的创始人乔治·伊斯曼收到一份普通工人的建议书。建议书呼吁生产部门将玻璃窗擦干净,这虽然是小得不能再小的一件事情,伊斯曼却看出了其中的意义所在。他认为这是员工积极性的表现,立即公开表彰,发给奖金,从此建立起一个"柯达建议制度"。或许,伊斯曼也没有意识到,这个偶发的玻璃窗事件所引起的建议制度会一直坚持到现在并得到了不断改善。而且,伊斯曼也许更不会意识到,他所建立的"柯达建议制度"会成为其他各大企业纷纷效仿的对象。在柯达公司的走廊里,每个员工随手都能取到建议表,丢入任何一个信箱,都能送到专职的"建议秘书"手中,专职秘书负责及时将建议送到有关部门审议,作出评鉴,建议者随时可以直接打电话询问建议的下落;公司设有专门委员会,负责审核、批准、发奖。

现今,该公司员工已提出建议180万个,其中被公司采纳的有60万个以上。目前,该公司员工因提出建议而得到的奖金,每年在150万美元以上。1983—1984年,该公司因采纳合理建议而节约资金1850万美元,公司拿出370万美元奖励建议者。对公司来说,这种建议制度在降低产品成本核算,提高产品质量,改进制造方法和保障生产安全等方面起了很大的作用。柯达公司认为,这种制度起了沟通上下级关系的作用,因为每个员工提出一个建议时,即使他的建议未被采纳,也会达到两个目的:一是领导者了解到这个员工在想什么;二是建议人在得知他的建议得到重视时,会产生满足感。

现代的企业管理已经由过去的一边倒,领导者即是权威,不容许有丝毫置疑的模式,转为互动型管理了。这其中,员工扮演了一个重要的角色。员工拥有无比巨大的潜能,只要发挥得当便能为企业创造更高的效益。领导者所要做的便是顺应这样的潮流,采取各种手段来激发员工的潜能。柯达无疑是做得相当高明,伊斯曼不仅从善如流而且还专门建立了一个"柯达建议制度",这样的制度使柯达公司受益无穷。

有句话叫"没有规矩,不成方圆"。无论是什么企业,国企也好,外企也罢，总有着这样那样的制度、规章来规定着员工们的行为。许多企业的小制度却能在人力资源管理上面发挥着不小的作用。

小刘喜欢现在的工作多半是因为企业的福利待遇好。这也是她所在的企业最拿得出来值得一说的"光荣"制度。企业的医疗和社保都比较好，无论是什么病，小到拔鱼刺，大到生小孩的医疗费用都可以全部报销。有的时候仅仅因为这一点，就会让人觉得很安心，生活有最基本的保障。除此之外，企业经常会组织员工进行各类培训。每个员工的培训课程各不相同，根据员工的职能特点，企业人力资源部门进行"个性化"的课程安排。例如，在1年中，员工必须完成语言培训、销售计划培训、成本控制培训、财务培训、财务预算培训，等等。对于企业的领导人员来说，一些管理类的培训就占了他们年度培训的主导，而对于销售助理等非领导人员来说，企业则更注重对他们在基础财务知识、语言、销售计划制作等方面的培训。员工在企业工作的同时，也接受了良好的职业方面的专业训练，对于日后的个人发展也更有利。

这样一个在细微的地方都能够照顾到员工的利益，无论多小的制度都不会忽视的企业是没有理由不具有向心力的。往往一个企业，制定并执行一些小制度，尽管制度小但作用不会小，无论在企业的任何一个发展阶段，小制度的作用都同样不能忽视，小制度也能有大成效。

用"铁拳"维护秩序和纪律

领导者需要树立自己的威信，要严格要求员工，不能放纵不管。如果领导者老是想着做老好人，那么将组织的规章制度置于何处？如果员工犯了错误，领导者不惩罚他，领导者的威信何在？

老好人不一定是好领导者，他也不适合长期的领导工作，从理论和逻辑上推论，这个观点没错，完全成立。实践的大海实在是浩瀚无边，深不可测。平静的海面，保不准会突起风浪。

某企业进行了人力资源战略规划，从战略出发对企业人力资源情况进行了盘点，并制定了针对性的人力资源政策，以保障战略实现。根据人力资源战略规划，为完成优化员工年龄结构、学历结构和专业结构的目标，第二年，企业在短时间里将一批年轻的主管提拔至部门正职或副职的岗位上。一时之间，这些年轻人被压抑许久的积极性得到了充分调动，也在各个部门"烧了几把火"。

过了一段时间，人力资源总监着手对这些新中层的工作情况进行一番调查。调查过程中，他接到了一些普通员工对新中层的投诉，反映新领导是老好人，对下级要求过松。特别是有一些普通员工认为，新中层"很少对他们红脸"，跟着新中层对个人成长无益。他感到奇怪：这些新中层虽然年轻，但均已担任过相当长时间的主管，为什么做主管时一直都没有暴露过这样的问题呢？

在我们周围也有这样一些以老好人形象出现的领导者，在作出决定时，总是摇摆不定，犹豫不决；在碰到一些问题时，当"甩手掌柜"，久而久之，管理的魄力小了，胆子小了，办法也少了。有什么事，满头大汗去找上级领导，"您看应该怎样处理，您给拿拿主意吧。"或者干脆不管，假装什么都没有发生。

作为领导者，往往管理着许多员工，管理着一摊子工作，他们的首要任务就是把员工管理好，把方方面面的工作安排得井然有序、有条不紊，从而维持日常工作的正常运转。

任何一名企业领导者都应该扮演好领导者的角色。在实际工作中，有的中层领导者认为自己不是高层领导，不愿管，不敢管，没有资格管。在情感方面，更是如此，不好意思，怕得罪人，做老好人；有的中层领导者则认为员工做的是一些鸡毛蒜皮的小事，不值得自己去管，结果工作秩序混乱，甚至导致严重后果。

小王在一家企业做产品设计工作，由于各种原因，企业业务做得不是太好，很多员工觉得没有前途，不是整天无所事事，就是迟到早退。看到这种情况，小王就去问领导："企业照现在这个样子发展下去，肯定非常危险。我们该采取什么办法挽救企业呢？"谁知领导却说："你管这么多有什么用呢？先挺挺看，也许过一段时间会有些起色。"小王听到领导如此没有信心的话之后，第二天就辞职了。

小王为什么会远走高飞呢？也许在他的心目中，领导者就代表着企业，领导者对企业都没有信心，自己怎么能对企业有信心呢？还不如跳槽痛快。

可见，领导者需要树立自己的威信，要严格要求员工，不能放纵不管。领导者在管理中使用一些技巧是非常有必要的：工作中，要用严格管理来体现组织的制度；私下里，要用情感来体现自己对员工的关怀。

许多人普遍认为，做人就是如何搞好人际关系，做事就是如何提高企业效益，搞好人际关系、提高企业效益就是管理。只会做人，不会做事，是一团和气，是和稀泥，管理上等于零；相反，只会做事，不会做人，常常得罪人，他的管理也等于零。因此，要先学会做人，然后学会做事，这就是管理。

但是在日常的管理中我们经常遇到事与人纠缠到一块的时候，其实也难怪，人是做事情的人，事是人做的事，怎么能分得清楚呢？所以，管理就是得罪人的事，在日常的管理中不要怕得罪人，但不要得罪大多数人，更要注意对事要制度化，对人要人性化，特别是那些不是很正规的小企业，首先做的应该是"有法可依"——建立可行的规章制度，然后再是"有法必依，执法必严，违法必究"。

管好一个企业和一群人往往是需要给企业动一系列"手术"的，会让企业中的不少人感到"疼"。改革会调整企业原有的利益格局，可能要堵一些人的财路，降低一些人的收入，使大部分人感到压力增加，甚至要揭人之短，这都是得罪人的事。企业要抓管理，就需要顶着这些压力、冒着这些风险，大刀阔斧地把一项项新制度贯彻下去，要敢于管理。

领导者如果空有管理之心，却前怕狼、后怕虎，这个不愿招惹，那个不敢得罪，希望什么麻烦也没有，一心想做老好人，管理根本不可能有什么改进。企业抓管理就是要既无情又有情。在深化改革、贯彻制度方面要无情，制度至上，没有讲情面的余地。奖惩分明、能上能下，对于一部分员工来说可能很无情。但是，只有通过加强管理，企业才能更具竞争力，才能有更大的发展，使员工收入增加，提供更多的岗位，这恰恰是有情的一面。

管理是为了什么？难道是"老好人大赛"看谁比较受人欢迎？不要说大胆管理，再小心的管理也不可能让人人说好，那种只说"好好好"的管理早晚会使企业倒闭。真心为企业的人大部分人都会说你好，管理者明白自己的职责就是要管理好企业的业务，只有用"铁拳"来维护秩序和纪律，企业的规章制度才会真正的贯彻执行，企业的运转才会在正常的轨道上进行。

改变众人所循的管理规则

就像人们离不开清新空气、洁净活水一样，经济要想有效增长，社会要想和谐发展，就特别需要有效的制度保障。若真的还要想进一步发展，就必须把制度创新放在首位不可。

管理创新，首要的、关键的在于企业经营领导者的观念创新。墨守成规，在一些企业的经营管理中形成了"老办法不顶用，新办法不会用、不敢用"的尴尬局面，这些，究其根源，都是陈旧的观念所造成的结果。观念左右着人的意识。

从中国企业的现状看，情况似乎并不乐观，观念陈旧，制度僵化，管理落后，技术落后等，与外部环境对企业的客观要求相比，着实令人担忧。根本原因，还是缺乏创新，尤其是在思想观念上的创新。所谓创新，就是打破旧的规则、秩序、平衡，是对现有秩序的一种破坏，是人们对事物发展规律认识的深化、拓展和升华，而不是随心所欲的主观臆想和标新立异。概括起来，创新其实只有一个字"变"，而且不是被动的变，是主动的变。而这种创新很大程度上取决于人们在观念上能不能允许、接受这种破坏，观念能否创新。因此，观念创新是一切创新的前提和向导。

所谓制度创新，也就是用一种效率和效益更高的制度代替旧的制度。当前，制度创新仍是中国企业创新的一个瓶颈，可以说，制度创新是企业发展振兴之本。而企业制度创新又从观念创新开始。要实现制度创新，难的不是如何去做，而是如何改变人们的观念。

绝大多数人相信，遵守既定规则是非常重要的，否则，如果人人都想要打破规矩，岂不是天下大乱？然而，管理专家强调，这只是一种鼓励突破思考的方法，让我们更准确、有效地达到目标。换句话说，"要打破的是规则，而不是法律。"

专门从事运动心理学研究的美国斯坦福大学教授罗伯特·克利杰在他的著作《改变游戏规则》中指出："在运动场上，很多运动选手创造的佳绩，都是因为打破了传统的比赛方法。"杰出的运动选手普遍具有这种"改变游戏规则"的特征。

在1993年美国大选中，克林顿曾经说过一句话："我们要改变游戏规则……"而布什却说："我有丰富的经验！"也许布什落败的一个重要原因是输在"向前看"，而不是"往后看"。

在国外，那些处于鼎盛时期的企业还都在未雨绸缪，而国内有一些已经难以为继、濒临倒闭的企业，仍抱残守缺，安于现状，不求进取，怎么不令人担忧呢？

很多人总是在遭遇很大危机的时候，才想到要改变，但到了这一步已经太晚了，应该未雨绸缪，在最好的时候，发展最快、最得意的时候，就要考虑改变。一般人最可怕的心态是，习惯于某一种固定的模式，他们认为："我过去做得很好啊！为什么要改变？"他们丝毫没有察觉，其实，失败往往就从现在开始。

有句话说，最大的风险是不敢冒险，最大的错误是不敢犯错。大多数的人之所以不敢冒险，也不敢犯错，因为他们只相信看得见的事。那些他们还没见到的事，他们习惯用经验去分析，而经验告诉他们的答案往往令他们不敢轻举妄动。

但对那些成功的人就不一样了。成功的人通常具有一种特征：喜欢做梦，而且不怕尝试错误。他们相信，心中的梦是支撑他们勇往直前的力量，而不怕犯错，才能积累成功的资本。因为有了梦想，所以他们对失败与风险比较能持乐观的看法。而且，这些成功的人，通常是成功了两次——他们在潜意识里相信自己已经成功，然后他们真的就成功了！

同样的道理，企业也是如此，一个企业敢于去打破既定的管理制度、管理规则，敢于尝试改变"游戏规则"，那么，这个企业就会焕发出无穷的生命力和创造力。

因此，做任何事在任何一个领域没有规则不行，但过于因循守旧、墨守成规也不行。适当之时，要善于改变众人所循的规则。

行业不同，规模不同，机制不同，人员素质不同……也就注定了不同的企业有其符合自身发展的管理模式，同一企业在不同时期的管理模式也不同。未来企业的管理模式应该是：以制度管理模式为基础，综合运用其他模式的有利因素。总之，企业要生存和发展，就要不断创新。因循守旧只能使企业停滞与萎缩，只有创新与开拓，才能使企业发展壮大。我们要打破国内与国际业务界限，我们要在世界范围内优化资源要素的配置，培植自己的国际化经营能力，赚取世界各国的财富。

在当代经济全球化、信息化、网络化、一体化趋势下，科学技术日新月异，经济生活瞬息万变，每个企业和企业家，都应当放眼世界，随时发现自己的弱点和缺点，以创新的思维和观念，不断改革和创新，不断追求卓越，方能赶上和超越，否则，随时都有被淘汰的可能。"不破则不立"，我们要有海尔砸冰箱的精神，不断打破长期禁锢在人们思想观念中的层层枷锁，做到勇于创新，善于创新，这样才能在残酷的市场竞争中站稳脚跟。

第7章

把人放在第一位，才能管得好

随着知识时代的来临，人作为知识、智慧的主体变得越来越重要。围绕人的生活、工作习性展开研究，使企业更贴近人性，从而达到合理、有效地提升人的工作潜能和工作效率。而最终受益的还是企业。

管得少才能管得好

将恰当的人放在最恰当的位置上

俗话说："三人行，必有我师。"人各有所长，能善用其所长以处事，必可收事半而功倍之效。成功的企业家用人的重要原则之一就是适才适所，也就是说"把恰当的人放在最恰当的位置上。"

领导者的首要任务，就是选用恰当的人，做恰当的事。管理工作能否圆满完成，关键因素就在于人。只要善于汇聚众人的智慧，把各种各样的人用好，人尽其才，各尽其能，我们的事业便可兴旺发达，我们将尽享成功的乐趣。这一道理对于那些作出卓越成就的领导者来说更是谙熟于心，并为之投入大量的时间，付出大量的精力。他们知道，作为一个领导者，最重要的工作不是制定目标，不是不停地修改规章制度，而是选人、用人。做不好这一工作，所有的目标和设想都将是海市蜃楼。

企业领导者的主要职责在于按照企业生产经营管理的要求和员工的素质特长，合理"用兵点将。"

日本"重建大王"坪内寿夫就是"点将"的高手，在活用人才方面很具特色。坪内寿夫指出：每个企业都有一些"窗边族"，也就是专门在窗边呆着，什么也不必做，就可以领取高薪的人。终日卖命勤奋的员工，看到这些悠闲的"窗边族"，心中当然有所不满。如果企业无法改变这种现象，恐怕是难以整顿的。我们讲究的是劳动价值，假如企业存在着游手好闲者，其他

第7章 把人放在第一位，才能管得好

的人自然也会缺乏工作意愿。在我们企业里，就会把这些"窗边族"另派用场，在造船部门中绝对看不见任何"窗边族"。

这就是坪内寿夫所倡导的适才适所主义。适才适所主义就是要根据员工的不同情况，安排到最适合他们的工作岗位上去。实施的结果使得原先只从事造船业的人，都觉得自己还能够从事其他工作。很多人尝试新的工作后，对自己的能力很惊讶，发现自己竟也对新的工作得心应手。

一位商界著名人物，也是银行界的领袖曾说："我的成功得益于鉴别人才的眼力。这种眼力使得我能把每一个员工都安排到恰当的位置上，并且从来没有出过差错。"不仅如此，他还努力使员工们知道他们所担任的位置对于整个事业的重大意义，这样一来，这些员工无需监督，就能把事情办得有条有理、十分妥当。

但是，鉴别人才的眼力并非人人都有。许多经营大事业失败的人，大部分原因是因为他们缺乏识别人才的眼力。他们常常把工作分派给不恰当的人去做。他们本身尽管工作非常努力，但他们常常对能力平庸的人委以重任，却反而冷落了那些有真才实学的人，把他们埋没在角落里。

听说有这样一位厂长，他让爱吹毛求疵的人去当产品质量管理员；让谨小慎微的人去当安全生产监督员；让一些喜欢斤斤计较的人去当财务管理员；让爱道听途说、传播小道消息的人去当信息员；让性情急躁、争强好胜的人去当青年突击队长……结果，这个工厂变消极因素为积极因素，大家各尽其力，工厂效益倍增。

一个善于用人、善于管理工作的领导者就会在管理上少许多麻烦。他对于每个员工的特长都了解得很清楚，也尽力做到把他们安排在最恰当的位置上。但那些不善于管理的领导者竟然往往忽视这个重要的方面，而总是考虑管理上一些鸡毛蒜皮的小事，这样的人当然要失败。

很多精明能干的领导者在办公室的时间很少，常常在外旅行或应酬客户。但他们企业的营业丝毫未受不利的影响，企业的业务仍然像时钟的发条

机制一样有条不紊地进行着。那么，他们如何能做到这样省心呢？他们有什么管理秘诀呢？没有别的秘诀，只有一条：他们善于把恰当的工作分配给最恰当的人。

金无足赤，人无完人；任何人有其长处，也必有其短处。人之长处固然值得发扬，而从人之短处中挖掘出长处，由善用人之长发展到善用人之短，这是用人艺术的精华之所在。在用人问题上不能机械地从事，要根据具体情况灵活使用人的长和短，要根据工作需要和被用人才的素质，取其之所长，避其之所短。

一个善于用人的领导者，首先在于他能够根据每个人的才能和长处，把他们放在最能发挥其长处的岗位上，并为他们提供能够发挥才能的各种条件。其次他善于取长补短，把各种不同类型的专才或偏才组织成互补结构，任何人才，只有在集体中各显其长，互补其短，才能充分地发挥其作用。通常人才类型当中，有的高瞻远瞩、多谋善断、具有组织和领导才能，称为指挥人才；有的善解人意、忠诚积极、埋头苦干、任劳任怨，称为执行人才；有的公道正派、铁面无私、熟悉业务、联系群众，称为监督人才；还有的思想活跃、知识广博、综合分析力强、敢于坚持真理，称为参谋人才，等等。这些人，如果一个个孤立起来看，几乎都是偏才，但一经合理组合，各展所长，就成了全才。列宁说得好，"组织能使力量增加十倍。"

由此可见，合理使用人才，可以使"劣马"变成"千里马"；反之，则可能使"千里马"变成"劣马"。高明的领导者不仅善于用人之长，而且能够容人之短；不仅能容人之短，而且能化短为长，使各类人才有机会，做事有平台，发展有空间。

用比自己更强的人

钢铁大王卡耐基曾经亲自预先写好他自己的墓志铭:"长眠于此地的人懂得在他的事业过程中启用比他自己更优秀的人。"

汉高祖刘邦平定天下之后,在洛阳的庆功宴上就曾说过这样的话:"夫运筹帷幄之中,决胜千里之外,吾不如子房;镇国家,抚百姓,给馈饷,不绝粮道,吾不如萧何;连百万之众,战必胜,攻必取,吾不如韩信。三者皆人杰,吾能用之,此吾所以取天下者也。项羽有一范增而不能用,此所以为我擒也。"群臣听后,无不信服。

刘邦是很有自知之明的,他知道自己不是全才,也知道自己在很多方面不如自己的下级,他之所以能打败不可一世的楚霸王项羽,一统天下,是因为重用了一些在某些方面比自己能力更强的人,而恰恰是在这一点上,刘邦表现出了一个统帅最值得称道的能力。

汉高祖刘邦平民出身,字不识几个,但他用人的本事却是自古以来就为人所称道的。正如他自己所说,论起文韬武略,他的确不如张良、萧何、陈平、韩信等人,但他却能够用好这些比自己强的人,而且个个都是尽其所能,用其所长,所以他才能在并不占优势的情况下战胜项羽,开创汉家江山。

打天下夺江山如此,其他事业也是莫不如此。

意大利首屈一指的菲亚特汽车公司是世界10大汽车公司之一。谁也不会料到这家赫赫有名的公司,在20世纪70年代竟是个面临倒闭的公司,它年年亏损,经历了历史上最不堪回首的日子。

面对这种困境,菲亚特集团老板艾格龙尼大胆起用强过他的维托雷·吉德拉,任命他为汽车公司总经理,将公司全权交给他独立经营。

吉德拉管理才华出众、平易近人,具有不屈不挠而又吃苦耐劳、脚踏实地的性格。吉德拉上任后,果然出手不凡,大刀阔斧地进行了一系列行之有

管得少才能管得好

效的改革。在吉德拉的整治下，菲亚特汽车公司很快摆脱了困境，提高了劳动生产率，终于使汽车销售量达到了欧洲第一，吉德拉本人也由于经营有方而闻名，被人们称为欧洲汽车市场的"霸主"。

成功的领导者都有一种特长，就是善于借用人才，并能够用比自己更强的人才，激发更大的力量。这是成功领导者最重要的、也是最宝贵的优点。

任何人如果想成为一个企业的领导者，或者在某项事业上获得巨大的成功，首要的条件是要有一种鉴别人才的眼光，能够识别出他人的优点，并在自己的事业道路上利用他们的这些优点。

如果我们所挑选的人才与我们的才能相当，那么我们就好像用了两个人一样。如果我们所挑选的人才，尽管职位在我们之下，但才能却要超过我们，那么我们用人的水平真可算得上高人一等。

在知识经济时代，领导者更需要有敢于和善于使用强者的胆量和能力。在企业内部激励、重用比自己更优秀的人才，就能让企业变得越来越有活力，越来越有竞争力。

在现实生活中，我们也常看到这样的现象：有些领导者把别人的进步当成是对自己的威胁，对能力和学识超过自己的员工百般诋毁，说人家这也不行那也不是，甚至批的一无是处。

有的领导者十分害怕优秀的人加入自己的团队，甚至害怕优秀的人被招聘到同一职能的其他团队，实在拦不住时就孤立、不合作，直到把后者排挤到别的部门去，以除后患。但是，只用比自己能力低的人并保持这样状态的企业还能进步吗？还有什么机会建设自己的领导力呢？这种狭隘的做法既损害了企业的利益，也损害了自己的长远利益。

作为一名团队领导者，要想做到善用比自己强的人，就必须克服嫉贤妒能的心理。有些领导者之所以不用比自己强的人，除了怕这些人难以驾驭，甚至会抢了自己的饭碗之外，主要还是嫉贤妒能的心理在作怪。总以为自己是领导，自己应该是水平最高的，各方面都应该比别人技高一筹。因此，遇上比自己能力强、本领大的员工时，就萌生妒意，采取种种办法压制他们。

对于团队领导者来说，嫉贤妒能无异于是自掘坟墓。我国著名的文学家韩愈曾在他的传世名篇《师说》中讲道："师不必贤于弟子，弟子不必不如师。闻道有先后，术业有专攻。"这其中的道理同样适合于团队中的领导者和员工之间，领导者不必样样都要比员工强，领导者要做的就是要用好这些比自己强的人。

不要频繁地撤换员工

人才资源是企业的第一资源，但很多企业在用人上依然或多或少地存在一些问题，例如，频繁撤换员工，这是选人不准的一种表现，会给企业带来较大的损失。

有这样一个事例。某国总统在任8年中，撤换了5个总理，114个部长。其直接导致的结果是：官员人心浮动，工作失去连续性，国计民生难有人专心去谋划和推动。这8年中，该国国民经济发展停滞不前，人民生活水平下降，综合国力日渐衰落，大国形象严重受损。

还有一个事例。某大型企业的员工中曾流传过这样一段"顺口溜"，尽管言过其实，但很能反映一些问题。它是这样说的："三天不上楼，不知谁当头；五天不上班，不知谁当官；一个月不见面，干部换一遍"。又说，"干部换得勤，企业一定穷""要想企业富，干部稳得住。"

这两个事例给予人们一个启示：在一个任期内，频繁地撤换员工，特别是频繁地更换那些重要岗位的负责人没有一点好处。

人非圣贤，孰能无过。在用人过程中，再高明的领导者也有失误的时候，这并不可怕。关键是要一旦发现庸才、愚才虚占其位，就要坚决地将其撤换。然而，如果在领导者的任期内，频繁地更换员工，问题可能就是领导者的了。

企业作为市场经济的主体，作为物质产品的生产基地，不仅需要优秀的领导者主持和导航，而且需要众多的各种管理、技术、业务骨干人才的支撑。这些人才不仅需要施展才能的平台，而且需要施展才能的时间过程。如果频繁地更换员工，显然不利于企业的壮大与发展。

在现实中，还存在着这样的领导者，"只用与自己一样的！"这类领导者根据自己的某一特征标准，来衡量天下人才，与自己不一样的全不行，与自己一样的做什么都行。他们选用人才的标准就是"要与自己一样"。例如，同样的学历，同样的成长背景，同样的地域等，而对非此类标准的人才一律撤换，这样的行为对企业组织更具有巨大的破坏力，甚至对企业是致命的摧残。

有位清华毕业的研究生，当他走马上任企业企划部经理后，在不到半年的时间内，其手下的人马全部换成名牌大学毕业的研究生，并到处吹嘘：我们企划部是全公司学历最高的。另一位经理，普通大学本科毕业，当他在企业内一步步升任总经理后，开始了人事"大地震"，不仅把比自己学历高、能力强的人一个个给"修理"了，而且把与他相比学历低者也给大批地开除了。许多过去高中学历甚至初中学历就能胜任的岗位，他都换成了本科生来做，连做内勤的也必须是本科生，而真正需要高学历的或者需要有丰富实践经验的岗位，他也坚持用刚毕业的本科生来做，他认为"研究生眼高手低，早期的本科生知识老化"。然而由于各种要素的不匹配，这些刚刚毕业的本科生很快纷纷离开了企业，于是又招进一大批本科生做这些工作，而这些大学生很快又走了……

赋予领导者的不光有权力，还有重大的责任。权力之一就是解雇员工。除了少数没心没肺、根本不是什么好领导者的人之外，解聘员工总是令人不快和苦恼的。虽然从团体的整体利益来看，解雇一个员工可能合情合理，但也总让人质疑：领导者是否同样应该承担员工工作不力的部分责任。

如果一个领导者是以改革者的身份上任的，他将不得不"炒掉"一批人。一个真正杰出的领导者，会带领那些制造了当前困境的同一班人马，突破危局、力挽狂澜。

避免频繁更换员工需要有正确的用人观。用人，首先要从选人开始，要选能人，不能选庸人；要选人才，不能选奴才；要选敬业勤奋者，不能选懒惰者。只有选得准，才能更换少。选人不准，会使换人成为必然。因为换一个不行，再换一下也不行，这样只好再换下去。选不准，也为事业埋下了祸根。因为贪人、庸人会使企业损失惨重。其次要人尽其才，用其所长，避其所短。试想，如果一位擅长技术管理的人才被安排在资本运作的岗位上，岂不是"打鸭子上架"，肯定得更换；反之，亦然。再次，要给员工发挥才能的平台与时间。员工的才能发挥，有一个渐显渐露的时间过程，也有一个适时、适地、适宜的展现时机。"台子"还未搭起来，就让他去"唱戏"，才能就很难发挥出来。期望员工"一朝成佛"，显然是不切实际的。

人是有思想有感情的高级动物，留人才就必须坚持以人为本，始终如一地尊重人才。用得着时是一种态度，用不着时又是一种态度，"招之即来，挥之即去"，长此以往，如何留人？

时代呼唤人才，人才推进事业。唯才是用，则人才济济；知人善任，则人尽其才；人尽其才，则事业兴盛。企业竞争的核心在人才，如果一味地频繁撤换员工，只怕再优秀的人才也不会留在你的企业里。

别吝啬你的掌声

适时的鼓励、赞扬和肯定，会使一个人的潜能得到最大程度的发挥。但有些领导者却整天板着个脸，以为领导就必须有"官威"，不能随便开"金口"。其实赞扬员工，对领导者而言只是感情上的付出，是于细微之处见真情的关心体贴，但对于激发员工荣誉感、成就感有极大的作用。

管得少才能管得好

　　赞扬是一种能让人高兴的行为。人们总是期望别人对他们能够有一个高度的评价，别人对他们评价越高，他们对别人的评价也就越高。而且，当别人要收回对他们的高度评价时，为了争取让别人重新给予他们高度的评价，他们会作出更大的努力。对领导者来说，赞扬是一种非常高超的管理人的手段。如果领导者经常发自内心地赞扬员工，就能对员工施加影响打下了基础，在这种基础形成后，领导者对员工的批评意见会对员工产生十分强烈而有效的影响。如果员工接受了领导者的意见，即使意见听起来不是那么让人愉快，员工也会比较乐于接受。

　　一个非常精明的领导者曾经说，他非常喜欢思考怎样才能使赞扬人的话起到跟发钱给员工一样的作用。他说："我不可能按照我希望的那样付给他们很多的钱，所以，我要把赞扬当钱使。无论任何时候，无论遇到谁，我都告诉他说，'你干得很不错。加油啊！'立刻，这话就像100元奖金似的令他感到兴奋。是的，他们不可能用赞扬去买到什么好东西。但是，他们会把它藏在脑子里的。而且，他们对我和我们公司的感觉会更好。"

　　这种对赞扬的评价是十分有说服力的：当领导者的钱已经不足以笼络住手下那些人才时，赞扬可以帮助领导者把他们笼络住。

　　表扬和批评是思想工作中常用的两种方法，也是做领导者的必须掌握和运用好的最基本的领导艺术。员工有了成绩，领导者就应及时加以肯定和赞扬，促其再接再厉不断进步。赞扬是一种积极的鼓励、促进和引导。一个善用赞扬的领导者，才是真正懂得识才用才的领导者。

　　试想，如果一位领导者习惯于骂人和警告人，而另一位领导者则习惯于赞美人，那么，哪位领导者的员工更有信心、更容易发挥潜能呢？显然，每天得到的是警告和责骂的员工，他必定对自己的能力产生怀疑，从而养成一种做事瞻前顾后、畏手畏脚的毛病，有了这些毛病，势必又要受到领导者的责骂，如此恶性循环下去，人才也会变成蠢才的。

同专业的小李和小赵毕业后分到甲、乙两家公司,两人的专业水平和各方面的才能不相上下,而小李的主管刘经理脾气不太好,员工稍有差错,轻则批评:"你怎么这么笨,连这种事都做不好。"重则以开除相威胁,常说:"下次再犯这样的错误,我就开除了你。"而对员工的优点却视而不见。有一次,客户送来一块样布,要求染出同一颜色的包装线来。小李拿到样布,很快就看出这种颜色需要五种色拼出来,于是,他立即开出配方,打出小样,小样的颜色与来样看上去完全一样。然后,车间内开始按这个配方进行生产。但小李忘记了告诉车间主任染色时,压力一定控制在两个大气压上。结果工作人员为了省时,压力升到1.5个大气压就关机了,致使染出的线略微有些色浅。不过,客户对此倒没有过分的挑剔,因为他们对小李配样的技术熟练程度非常满意。但刘经理为此却大动肝火,他当着许多人的面大声呵斥小李:"你为什么就不能多在小事上注意一些呢?幸亏客户没有退货,否则我就要开除你。"小李自己也懊恼不已。从此以后,他经常为自己常犯这样那样的小错误而自责,甚至有些自暴自弃。

而小赵,尽管他也常犯些错误,但其老板却从未严厉地批评过他,而是经常赞美他能干、肯吃苦。小赵为报老板的知遇之恩,更加卖力地搞产品推销,他一天就可以跑上五六家企业。最后,库内积压了1年的产品被他很快推销出去。

的确,在现代社会,要想调动员工的积极性,让员工尽心竭力为企业服务,金钱奖励是一种办法,但收服人心,善于表扬,常会收到意想不到的结果。

21世纪的管理的新理念主张人本主义观点,要求领导者的管理要按照员工的心理规律和个性差异,强调对员工的尊重和肯定。而赞美与鼓励是发挥员工潜能,增强其自信心、保证管理的科学性和有效性的重要方法。

美国心理学家马克·吐温说过:"一句精彩的赞扬可以作十天的口粮",可见赞扬与鼓励的神奇力量。对赞扬的渴求源于人的本性,胜过灵丹妙药，具有不可替代的力量。领导者的赞扬，意味着员工在群体中的位置、价值和在领导者心目中的形象；能满足员工的荣誉感和成就感，使其在精神上受到鼓励；能密切上下级之间的关系，化解彼此之间的隔阂与疑虑。对员工来讲，这是一种优厚的精神报酬，是承接过去的成绩和未来奋斗的中介点，给予他奋斗的目标和前进的动力。使员工能做平时不敢想的事情，激发员工的潜能，是改变人心的持久之道。

管理从尊重人开始

人性化的管理就要有人性化的观念和表现，最为简单和最为根本的就是尊重员工的私人身份，把员工当成一个社会人来看待和管理，让管理从尊重开始。

在强调管理的时候，人们常常喜欢引用一句话：没有规矩不成方圆。但是我们却忽视了这样一个事实，如果人的积极性未能充分地调动起来，规矩越多，管理成本越高，所以说，企业管理最起码的一条规矩就是对人的尊重。

"要尊重个人"，这条原则早在1914年老托马斯·沃森创办IBM公司时就已提出，小托马斯·沃森在1956年接任公司总裁后，将该条原则进一步发扬光大，上至总裁下至传达室，无人不知，无人不晓。IBM公司的"要尊重个人"既体现在"公司最重要的资产是员工，每个人都可以使公司变成不同的样子，每位员工都是公司的一分子"的朴素理念上，更体现在合理的薪酬体系、能力工作岗位相匹配、充裕的培训和发展机会、公司的发展有赖于员工的成长等方方面面。

管理尤其是对人的管理，过多地强调了"约束"和"压制"，事实上，这样的管理往往适得其反。聪明的企业和领导者已经意识到这一点，开始在

"尊重"和"激励"上下工夫，了解员工的需要，然后满足他。

惠普中国公司原副总裁吴建中曾说过，一个好的企业和好的领导者始终牢记这一条，他的职责是帮助员工成功，如果领导者用权力欺压员工，就不是一个称职的领导者，至少不是一个具有现代意识的领导者，怎么看他也像一个旧社会的工头。领导者最重要的事情是要用他的权力、专长、影响力来帮助员工成功。领导者不能让自己手下的员工不断失败、不断炒员工的鱿鱼。

让管理使人觉得亲和，让领导者与员工心理距离拉近，让领导者与员工彼此间在无拘无束的交流中互相激发灵感、热情与信任，这样的理念在优秀的领导者心中越来越达成共识。有位专栏作家参观英特尔公司时，看到当时英特尔的首席执行官葛鲁夫的格子间与员工的格子间一样大小后，很尖刻地指责葛鲁夫这种做法比较虚伪，葛鲁夫却回答说，他这样做的理由是不想让权力放大，给员工造成心理压力，以便能更好地与员工进行交流。

要让管理真正亲和于员工，不仅表面上要与员工拉近距离，还要真正关心员工，不单是关心员工的家长里短，更重要的是关心员工的前途和未来，包括员工的薪水和股票，也包括员工学习机会、得到认可的机会和得到发展的机会。

对人的尊重还包括对不同思维的容忍。100%的求同思维，常常让创新之苗过早夭折。作为一个领导者，如果不能容人，只喜欢提拔那些想法、做法和自己一致的人，周围就会聚集一批与自己思维相似的人，那么就很危险。当遇到困难时，周围的人并不能帮自己，因为他们的想法和做法也都如出一辙。

管理是对的，但不要让人定型。让人定型的管理是企业(尤其是高科技企业)的一大灾难。

作为领导者，应该经常想想怎样领导员工的问题。现以优秀领导者的成功经验为例，谈谈领导者管理员工的一些领导艺术。管理员工首先要尊重员工。许多领导者认为，自己是领导，员工是下属，因此，理应受到员工的尊重。哪有做领导者的尊重下属之理？持这种观点的领导者，只将自己扮演成一个发布命令的角色，十有八九是得不到员工的拥护的。而优秀的领导者则不然。

日本企业界权威人士土光敏夫曾经为日本经济振兴作过巨大贡献，特别是在他晚年更是宝刀不老，业绩斐然，就是得益于其尊重员工的领导作风。土光敏夫就任东芝社长时，已是六十八岁高龄，可是他不辞辛苦，遍访东芝各地工厂和营业所，同许许多多的员工交谈，乐此不疲。

一次，他到了川崎的东芝分厂，厂里的员工说："历任社长从未来过，如今土光社长一来，员工们干劲大增。"他在总部的办公室完全对员工开放，欢迎他们前来讨论问题。刚开始时，员工们还不够踊跃，但他耐心等待，半年之后就变得门庭若市。土光敏夫认为，领导者的责任是为员工提供一种良好的工作环境，让每个人发挥所长。

根据这种想法，他在企业实行"自己申报"与"内部招募"相结合的人事制度，即如果员工认为自己在哪里最能发挥所长，可以自动申报；同时，企业某个部门需要某一类人才时，先行在企业内部员工中招募，以鼓励员工在企业内作充分流动。这种尊重员工的做法收到了极好的管理效果，员工们干劲充足，企业业务蒸蒸日上，赢得了全球的美誉。

如果员工作为个体受到了领导者的尊重，自我发展和自我实现的需求得到了重视和满足，他们才更愿意用心工作，更愿意接受领导者的加班要求，更加有效率地完成领导者的指令。

马斯洛的需求层次理论告诉我们：人的需求遵循生理需求、安全需求、人际交往的需求、被尊重的需求和自我实现需求的递增规律，只有低层次的需求得到满足之后，人们才可以更加安心地工作，更愿意全心付出，达到自我管理和自我实现。

对于员工来说，生理和安全的需求都比较容易被满足，但在被尊重的需求上，许多的员工都抱有怨言，认为自己经常不被尊重，经常被领导者视为己有，时刻受到领导者的监督，被管制得很严，没有一点时间可供自己自由支配，自己的想法也无法得到实现，工作环境很压抑。

如果领导者允许，他们更愿意主动地工作，独自创新，用自己的能力实现自己的主张。每个员工都是一个小"发动机"，这个"发动机"能否有效运转和领导者的风格有关，和领导者"加油"的力度有关，如果员工没有被发动起来，领导者就要反思自己的管理风格了。

尊重员工是人性化管理的必然要求，只有员工的私人身份受到了尊重，他们才会真正感到被重视、被激励，做事情才会真正发自内心，才愿意和领导者打成一片，站到领导者的立场，主动与领导者沟通想法探讨工作，完成领导者交办的任务，甘心情愿地为工作团队的荣誉付出。

尊重员工就是给予员工一个私人的空间，即使是在上班时间。作为领导者不可以也不可能每时每刻都监督在员工的身边，领导者所能做的就是指导帮助员工学会时间管理，利用好自己的时间，做好自己职责范围内的工作规划和计划，做好自己的发展计划，用计划和目标管理员工。

尊重员工就是让员工学会对工作负责，自己主动承担工作，提高自我管理水平。在尊重的基础上，员工将沿着柯维先生所提倡的依赖—独立—互赖的发展过程有序地发展提高，最终满足员工自我实现的需求，达到团队合作，共谋发展。

第8章
有效沟通，沟通越简单越有效

沟通是解决一切问题的基础。当企业实施重大举措时，员工士气低落时，企业内部发生重大冲突时，企业遇到重大危机时，员工之间的隔阂加深时，员工对领导者有重大误解时等，有效的管理沟通都会发挥其巨大的威力。

管得少才能管得好

和谐才能达到企业与员工的双赢

人是生产的第一要素，只有在和谐的环境中，员工才能激发出最大的责任心和工作动力，企业的竞争力才能得到提高，才能保证企业快速健康发展。劳动关系不和谐的企业是没有生命力的，没有广大员工的积极性和创造性，任何企业的发展都会受限制。

中国人向来有"家和万事兴"的说法，兵法中除了"天时、地利"之外，也将"人和"放在了一个十分重要的位置上。而对于企业的领导者来说，企业就像是一个大家庭，只有创造出和谐的管理模式，才能够让在各个位置上的"家人"各司其职，团结合作。这样，达到了"人和"的企业才能在激烈的市场竞争中立于不败之地。

在惠普没有一间办公室是装有门的，包括首席执行官在内。在企业里，所有的人都以名字相称，而不是称呼头衔。企业鼓励员工用最简单和直接的方式进行沟通交流。员工在遇到任何问题时，都可以找到领导者进行沟通交流。企业的实验室备品库是不上锁的，工程师不仅可以在工作中随意使用这些备品，甚至可以把它们拿到家里去供个人使用，这样的充分信任使得企业成为大家共同的家。

在传统的观念中，企业和员工的利益是相对立的。领导者会把员工当作分享企业利润的敌人，在这种管理理念下，企业与员工是雇佣与被雇佣的关

第8章 有效沟通，沟通越简单越有效

系，员工只是企业的一颗"螺丝钉"，领导者可以随意对员工发号施令，员工必须服从。当时代发展到了今天，领导者已经越来越认识到在这个以服务为主导、信息密集、竞争激烈的时代，企业和员工的利益是一致的，因为个人的创造力、竞争力以及主动精神，才是现代企业竞争中最重要的资源。和谐管理就是为了达到企业和员工双赢的目的，在这样的管理方式下，企业和员工的利益是一致的。

优秀的企业领导者是用"待人如待己"的黄金法则去对待员工的，要怀着"己所不欲勿施于人"的思想去人性化管理企业，要知道员工才是企业真正宝贵的财富，没有了好的员工，再好的企业也会垮台。就像一位著名管理学家说的，"把我的员工带走，几年以后我的企业会是一片废墟；把我的企业带走，把我的员工留下，几年以后我会拥有一个更好的企业"。领导者在要求员工忠诚服务企业的同时，自己有没有反省过，如何去做一个最佳的雇主呢？有没有真正地去关心过员工，去满足员工的心理需求。人与人之间的任何交往都是双向互动的，当领导者从员工身上得到越多的时候，相应地，员工也会得到更多的机会和待遇。因此，正确处理好企业领导者与员工之间的关系，真正建立起一种超越了雇佣、相互依存、相互信任、相互忠诚的合作伙伴关系，"上下同欲，士可为之死、为之生"，它将带给领导者的是发展，带给员工的是成功；它将有助于双方更好地走向未来、赢得明天；它将凝聚出一股冲天士气支撑企业大厦。人心所向，发展何忧？

"二战"后，日本著名企业索尼从一家仅有20人的小作坊一跃而成为今天年销售额达到300亿美元的大型跨国企业，尽管这令人瞩目的成就与它依靠科技、不断创新的理念是分不开的，但索尼的创始人盛田昭夫也深深地明白，不管企业有怎样的创新都离不开员工的贡献。索尼有一个政策，不论身在何处，什么职位，只要是索尼的员工，就是大家庭中不可分割的一分子。

在索尼，员工和领导者之间相处融洽，亲如一家。不管是领导人员还是

普通员工，都穿同样的工作服，在同一个食堂吃饭，都有权利对企业的工作提出自己的看法和建议。即使后来企业的规模扩大了，盛田昭夫也坚持与员工进行密切的接触。一次，盛田昭夫注意到一个小伙子闷闷不乐，就耐心地询问他。听说他是因为自己的意见得不到领导者的重视而苦闷，盛田昭夫立即重视起来，他们发行了一份内部周刊，及时通报各部门的工作情况，并建立了内部职位流动的制度。

每一位员工都是企业的财富，在企业管理中不能简单地套用目标管理、绩效管理和价值管理来衡量员工的工作。企业不能只关心结果，而不看重员工的工作过程。好的领导者，不仅仅关心员工的工作和任务，而且关心员工的工作状态，甚至关心他们的亲人、朋友，以及他们的生活和感受。这样的管理才真正达到了和谐的管理，和谐管理使两者相互统一，使企业和员工达到双赢。

沟通是建立良好互动关系的艺术

沟通的目的就是消除误会、统一思想、协调行动，因此，沟通的关键在"通"，没有"通"，领导者和员工之间说得太多也没意义。沟通是发生在人与人之间的信息交流，有着深刻的内涵和复杂的过程，领导者要想真正在团队中如鱼得水，建立良好的工作环境，就必须对沟通有全面的认识。

在现代人力资源管理工作中，与员工沟通已经成为了企业领导者管理工作中非常重要的一环，它在企业中发挥的作用也越来越大。

沟通是信息传递的重要方式，通过沟通，信息在部门、员工之间得以传播。组织工作的开展在很大程度上讲是通过从上到下的层层沟通进行的。部门与部门之间通过有效沟通，能及时消除部门之间由于缺乏沟通造成的协调性问题，理顺工作上的流程，增强部门之间协同作战的能力，提高企业整体工作效率；反之，无效的部门沟通，只能使部门之间徒生交流障碍，沟通不畅，各个部门单独作战，结果必然造成组织的任务无法得到及时完成。无论是组织与组织之间、部门与部门之间，还是领导与员工之间沟通，信息交流的主客体一般都是人，在今天企业大谈沟通问题、让沟通流畅起来时，姑且不论企业是否存在沟通问题，我们是否考虑到我们的沟通方式是否妥当、我们的沟通是否有效呢？

一个聪明的领导者，应该懂得如何创造出与员工交流的机会，而不只是被动地等待。一起吃饭是一个好主意，尤其在中国的传统文化中，饭桌上的交流可能是最推心置腹的。当然，即使是一起吃饭，形式也可以多样。和团队，还是和个人；工作餐，还是正式的晚餐；在企业内，还是在企业外，都可以根据情况的不同进行选择。有的企业每隔一段时间就举行一次全体人员的早餐会，在企业中以自助的形式举行，几个人围在一起，没有级别的束缚，显得其乐融融。联想的领军人物杨元庆的工作午餐就很有特色，与员工共进，拉近了彼此的距离。除了吃饭以外，还有许多其他的活动，根据企业的不同情况，交流机会也不同，但只要你肯寻找，总能找出适合企业的方式。

对于企业内部而言，通畅的信息流动渠道也是促进沟通的积极因素之一。在获取信息的有效方式上有多种选择，工作报告、项目总结、团队活动、专门的布告栏都能促进信息流通，信息从一个人传递到另一个人，从一个部门传递到另一个部门，其主旨是为了要求每个人都能投入一定的时间和精力以保证知道彼此在进行的工作。

有效的沟通能够消除各种人际冲突，实现人与人之间的交流行为，使员工在情感上相互依靠，在价值观念上高度统一，在实际问题上清晰明朗，达到信息畅通无阻，改变员工之间的信息阻隔现象，激励士气、减轻恐惧和忧虑，增强企业的向心力和凝聚力。

在企业上下级的交流中，有许多企业都设立了专门的所谓"接待日"，但仅仅是固定时间，大多一周一次。接待日是远远不够的，我们建议领导者应随时允许员工打开你的门，进行非业务的交流。有的领导者觉得这样会浪费很多时间，其实不然。每个员工在进入领导者办公室之前都已考虑再三，选择这样的解决渠道其实是最简捷有效的，因为这些问题都是其他部门解决不了的。直接的绿色通道避免了不必要的繁琐，而且表现出领导者真诚的一面，而这种真诚得到的回报其实也是同样的真诚。真诚的交流，对企业是无价的。

一个优秀的企业，强调的是团队的精诚团结，这其中，如何沟通是一个大学问。对于企业领导者来说，要尽可能地与员工们进行交流，使员工能够及时了解领导者的所思所想，领导者也能领会员工的所思所想，明确责权赏罚；而平级之间及下级与上级之间的沟通则能消除彼此之间的误解，或者了解彼此心中的真实意图，使团队在工作中发挥出更大的效能。

可是，在现实生活中，领导者与员工之间相互沟通并不是一件容易的事，作为员工来说，每个人都有不同的想法，所以，作为领导者不妨多和他们聊聊，当然这种聊天式的沟通可以有以下几种方法：

（1）争取每天多次的交流。最好养成每天多打几次招呼的习惯。不管领导者的性格是怎么样的，但是为了工作的顺利开展，这样的行为是必要的。千万不要因为对此厌烦而放弃。

（2）发现问题要马上着手解决。有时通过聊天打招呼会发现问题，很多人最多是问问"你今天是怎么了？"但是事实上，这样还是远远不够的。

（3）创造交流的机会。打招呼只是日常生活中极其普遍的一个例子，更重要的是要理解其中包含的进行沟通的实质含义。

和员工沟通是一种双向的信息交流，其主要功能是实现企业和员工双方的互相联系、互相影响。从实质上说，员工管理的过程就是与员工交流信息的过程，因此，有效的管理沟通，建立良好的员工沟通机制，对于建立和谐稳定的劳动关系，提高管理水平，实现企业和员工的和谐双赢具有非常重要的意义。

冷静处理员工之间的矛盾冲突

有人的地方就有矛盾，作为一个拥有很多员工的领导者，每天要处理的诸多事情中，员工之间的矛盾是其中一部分。当员工之间出现严重矛盾时，会让部门领导者焦头烂额，一旦处理不好，还会把自己带进矛盾的旋涡之中。

身为一个领导，可能最不愿看到的是员工之间闹矛盾了，都是自己的员工，伤害了谁都是领导者不愿看到的，况且小的矛盾如果处理不好、处理不公，不但会降低领导的威信，还会影响整个部门的工作效率，而且，一旦事情反映到高层，那么自己的领导能力也会受到严重的挑战。

团队成员必须能够在一起高效工作。但高效工作就意味着要承认团队里存在的冲突，并且能够正视这些冲突，设法解决它们。但是，除非团队成员能自由地表达自己的观点，并对其进行辩护，即使这会造成白热化的争论，上面这些不是纸上谈兵。试图阻止冲突的产生，绝对是错误的策略。如果领导者产生这样的想法，认为应该低调处理冲突，甚至对其视而不见，其工作效率将会比传统的工作小组还要低许多。

在工作中，领导者与员工、员工与员工之间都难免会发生冲突，但冲突本身并不是什么坏事。作为领导者，必须防止团队走向两个极端：一个极端是竭力回避冲突，大家"一团和气"；另一个极端是冲突不断，弄得团队员工无心工作。团队越接近其中的一个极端，其工作效率就越低。

作为一位优秀的领导者，要防止团队走向其中一个极端，需要首先知道自己处理冲突的风格，理解冲突产生的情况，然后再考虑最佳选择。

首先，了解自己处理冲突的基本风格是什么样的。

尽管大多数人都会根据不同的情况改变自己对冲突的反应，但每一个人都有自己处理冲突的基本风格。例如，"和事佬"和"坐地炮"。应当理解自己处理冲突的基本风格，因为基本风格表明了自己最有可能如何行动和经常使用的处理方法。

其次，谨慎选择准备处理的冲突。

并不是所有的冲突都必须处理。领导者不应当对所有的冲突一视同仁。一些冲突可能不值得花费精力，还有一些领导者真的无能为力。

回避可能显得是在逃避，但有时候是最恰当的做法。通过回避琐碎的冲突，可以提高整体的管理效率。因此，领导者必须谨慎地选择准备处理的冲突，把精力留给那些有价值、有意义的事件。不要天真地以为管理高手可以解决所有的冲突。一些冲突根本就不值得花费精力，还有一些冲突在领导者的影响力之外，剩余的一些冲突才是领导者应当处理的，领导者首先应当把它们挑出来。

最后，领导者需要评估冲突的原因。

冲突不是在真空中产生的，它的出现总是有理由的。选择解决冲突的方法很大程度上取决于冲突发生的原因。有些领导者碰到员工闹矛盾时，往往采取熟视无睹的态度，觉得无关痛痒，不屑于管。殊不知，这种漠然的态度，会助长那些喜欢无事生非的人更加嚣张，钩心斗角的局面蔓延后，势必会影响大局。而有些领导者处理员工之间的冲突时，没有方法，缺乏技巧，导致矛盾越加扩大化，最后难以收拾。所以，碰到员工之间闹矛盾时，阐明利害，善用方法则显得尤为重要。

在处理下属之间的矛盾时，领导者要掌握的一个基本原则就是冷静公正，不偏不倚，一碗水端平，不能乘机打击报复。把自己放到一个公平的角色上以后，领导者只要再掌握一些解决矛盾的技巧，就可以完全有把握解决矛盾了。那么，在解决员工之间的矛盾时，有哪些原则呢？

第一，一般要暗中解决矛盾。因为人们都爱面子，私下解决就是给矛盾双方保留了面子。矛盾尽量暗中解决，不要张扬出来。但对那些不伤面子，同时又有普遍教育意义的可以公开出来，起到教育其他员工的目的。

第二，做到原则和灵活相结合。原则就是不能侵害组织利益；灵活就是解决矛盾的方法不要千篇一律，不要教条式解决问题。有些矛盾要防患于未然，有些矛盾可以事中控制解决，而有些矛盾可以让它量变到一定程度发生质变时再解决。

第三，有些矛盾不解决比解决好。有一个广为流传的历史故事：一位国王举行晚宴招待群臣时，在突然灯灭的情况下，国王的爱妃被人非礼。面对此种情况，怎么办？这位聪明的国王采取了不解决矛盾的办法，其最后结果大家都是知道的，那位非礼王妃的将军为国家立下巨大的战功。这一故事之所以广为流传，就是因为国王不解决矛盾的方式产生了积极的效果。其实从某一方面来讲，不解决也是一种解决方法。

第四，防止引火烧身。领导者解决矛盾最糟糕的结果是，把自己卷入矛盾的旋涡之中，这样自己不仅不能公正有效地解决矛盾，还会把矛盾转移为上下级矛盾，使矛盾的性质发生变化。

领导者冷静处理员工之间的矛盾冲突，做好与双方员工的沟通工作，顺利解决双方的矛盾，那么，领导者就能使他们双方摒弃前嫌，化干戈为玉帛，从而使其所领导的这个团队的工作质量和办事效率大大提高，使个人在团队中的威望与日俱增。

用微笑征服员工

微笑可以征服员工，而愤怒则不能！虽然微笑不能代替有效的管理制度和方法，但微笑却有任何好制度、好方法都起不到的大作用。

管得少才能管得好

"微笑是最美的语言",对一个企业而言,微笑可以让领导者与员工之间更容易沟通,也可以使企业形象更深刻地印在客户的脑海中,从而为企业发展带来意想不到的效果。可以想象,领导者整天一副严肃、冰冷、生硬的面孔扣在员工心上,员工整天战战兢兢,恐惧不安,心理紧张,心情压抑,哪里还有积极性、主动性的发挥,哪里还能保证做好工作?在这种情况下,无论企业的管理制度、管理方法怎么完美无缺,也都难以让企业创造出一个令人满意的业绩来。

某企业市场部职员侯一明以其切身感受告诉记者,领导者一个看似平常的微笑,却能让其感受到被尊重和认可,他刚进企业时,业务能力并不强,"对于我这样一名需要外界给我自信的人来说,领导者的微笑其实是最有效的鼓励,它让我以更大的热情,投入到工作中去。"短短几个月时间,侯一明就已成长为业务能手。

微笑,传递给员工的是一种支持,它会带给员工一种力量和鼓舞;

微笑,传递给员工的是一种信任,它可激发员工做好工作的信心;

微笑,传递给员工的是一种关怀,它可化解员工在工作和生活上的烦恼;

微笑,传递给员工的是一种赞许,它可给员工带来一种价值实现的满足;

微笑,传递给员工的是一种亲近和友善,它可让员工增加归属感和责任感,使之能付出更多的努力。

某广告企业业务部主任刘富,工作虽然做了不少,却得不到同事和领导者的认可。刚担任这个职务时,因为领导者给的工作指标较重,他忙碌于工作的时候根本无暇顾及他人的感受,没有微笑,每天都板着一张脸、皱着眉头,后来听说大家觉得他很傲慢。同事们慢慢地疏远了他,一些心直口快的就直接表达他们的不满。起初,刘富也不以为然,还觉得为了树立威信,这样做没什么不好。

不过,有一天却发生了让刘富感到寒心的事情,一天他最欣赏的员工当面告诉他:"有功都是你去拿,有错总归我们挨批,每天还板着个脸对着我们,稍有错事就拿我们出气,我们为何要拿热脸贴冷屁股?"终于,在一次团队工作失败之后,刘富离开了这个岗位。

如果企业的所有领导者,时时刻刻用微笑面对每个员工的每一件事,就会在企业内,创造出一个和谐融洽的气氛,驱散上下级之间、同事之间可能存在的阴霾,让员工心情舒畅,不仅个人尽心尽力地、积极主动地工作,而且相互支持、相互帮助,形成一个所向无敌的高效团队。企业内形成了这样一种团队,就不再有不可克服的困难,这本身就直接构成企业的核心竞争力,保证企业持续稳定发展。有哪家企业不向往这种状态?

在美国有一个知名的管理人说过:"如果一个女孩子经常发出可爱的微笑,那么,她就是小学文化我也乐意聘用;要是一个哲学博士,老是摆个扑克牌的面孔,就是免费来当我的服务生,我也不要。"在服务行业如此,在任何一个行业微笑同样如此重要,它关系到企业形象,关系到企业的兴旺发达。那么"要求员工对客户微笑,领导者首先要对员工微笑"。领导者的身教重于言教,我们很难想象冷若冰霜的领导者能教导出满面春风的员工。

作为企业的领导者要善于用微笑同自己的员工沟通,那种以我为中心,动不动就教训员工的领导方式已不再适用。如果企业的每一位领导者在工作中、在与员工交流中,都能做到微笑,那样无形中会增强员工对服务工作的自信心与自豪感,他们就会用发自内心的微笑面对客户,记住沟通从心开始,微笑发自内心,只有清除了他们的内心阻碍,才能打开他们的"心窗",才能更好地服务与大众,服务与企业。

其实每个人的微笑都价值百万美元,在职场中,尤其是领导者和员工之间,微笑就是吝啬品,领导者严肃对待员工仿佛是天经地义的事。殊不知,职场中的微笑是对人的尊敬与信任,充满了浓浓的人情味。

很多职业白领、经理人,甚至是老板,整天绷着一个苦瓜脸,看谁都不顺眼,对员工对同事的批评、指责多于赞美与鼓励,所以也使自己多了很多"敌人",结果总是埋怨人际关系不好,团队氛围不够融洽,企业凝聚力不高。其实就是因为自己缺乏"微笑"和"爱"。

从微笑开始，无论是面对面，还是在电话里，微笑是最容易感染对方也最容易拉近彼此距离的钥匙。微笑着跟人打招呼；微笑着倾听他的述说；微笑着表示赞同；用微笑的眼神鼓励对方说下去；微笑着去感受身边的人和事……作为一名领导者，可能每天需要面对很多人和事，而当自己用微笑的心情去面对时，结果就会不一样。若想让自己成为一名有亲和力的领导者，同时又被同事所信任，那就学会微笑吧。学会微笑，对人微笑，不但能让人感觉心情愉快，也会让自己感觉轻松。

倾听消除沟通障碍

"倾听的艺术算得上是无障碍沟通的关键所在，而无障碍沟通又是成功的企业管理之砥石"。要想通过沟通清除工作中的摩擦和障碍，应该注意在沟通中非常重要的一个环节，那就是倾听。

倾听是沟通过程中一个重要的环节。几乎在任何交流中，我们所能做到的重要的事就是倾听。例如，作为一名领导者，在讲话前，只有倾听，才能帮助自己在回答问题时提供更多的信息帮助。当领导者养成倾听的习惯时，就必然会了解员工的问题、挫折以及需求。

很多领导者都有这样的体会，一位因感到自己待遇不公而愤愤不平的员工找领导者评理，只需认真地听他倾诉，当他倾诉完时，心情就会平静许多，甚至不需领导者作出什么决定来解决此事。

美国著名银行家约翰·洛克菲勒说，"我们的政策一直都是：耐心地倾听和开诚布公地讨论，直到最后一点证据都摊在桌上才算是达成结论。"据说他的座右铭就是"让别人说吧"。惠普公司的创始人帕卡德也特别强调：

第8章 有效沟通，沟通越简单越有效

"去倾听，然后去理解。"

"不善于倾听不同的声音，是管理者最大的疏忽。"玛丽·凯在《玛丽·凯谈人的管理》一书中，曾对倾听的影响做了如此的说明。玛丽·凯经营的企业能够迅速发展成为拥有20万名美容顾问的化妆品企业，其成功秘诀之一，是她非常重视每一个人的价值，而且很清楚员工真正需要的不是金钱、地位，他们需要的是一位真正能倾听他们意见的领导者。因此，她严格要求自己，并且使所有的领导人员铭记这条金科玉律：倾听，是最优先的事，绝对不可轻视倾听的能力。

西方有句谚语：倾听是最高的恭维。英国学者约翰·阿尔代说："对于真正的交流大师来说，倾听和讲话是相互关联的，就像一个地球的经线和纬线一样。当他倾听的时候，他是站在他同伴的心灵的入口；而当他讲话时，他则邀请他的听众站在通往他自己思想的入口。"

管理是讲究艺术的，对人的管理更是如此。新一代的领导者更应认识到这一点。那种高谈阔论，教训员工，以自我为中心的领导方式已不适用了。倾听是一种有效的沟通方式。具有成熟智慧的领导者会认为倾听别人的意见比表现自己渊博的知识更重要。领导者要善于帮助和启发别人表达出其思想和感情，不主动发表自己的观点，善于聆听别人的意见，激发他们的创造性的思维，这样，不仅可以使员工增强对领导者的信任感，而且还可以使领导者从中获取有用的信息，更有效地组织工作。

作为领导者如何才能更有效的倾听呢，下面就是帮领导者成为一个善于倾听的人的一些技巧：

（1）在别人说话时，要身体放松，头脑清醒，能够自然地听别人讲话。

（2）不要因为最开始的几句话就形成对他人的思维定式，认为自己已经听得很明白了。很多倾听方面的错误是因为，有人只听了一句话或开头的几个词就自以为明白了，这样就错过了其他内容。

（3）快速进入听者的角色，当别人一开口，领导者就要迅速集中精力听他

说话。

（4）不要因为不喜欢一个人的外貌、声音或者整体形象而不听他说话，要兼收所有的新信息。

（5）当讲话人的观点与领导者的一贯想法不一致时，不要有过于情绪化的反应，听别人把话说完。

（6）在得出结论前，让讲话人充分表达他的想法，后再对他的话作出评价。

（7）把听到的部分内容写出来非常重要。领导者的口袋里应该装着纸、笔、笔记本和卡片。每天都会讨论到一些重要话题，但是记不住每个细节，有没有发现涂得乱七八糟的纸上，写着没有名字的电话号码？因此，如果有必要，听的时候要做笔记，事后回想一下，并整理成档案。

（8）人们经常说一件事情时却表达成另一种意思。听懂他人的意图和听懂谈话内容同等重要，这就是前文提到的观察过程，在领导者听的时候也要注意观察，确定说话人的眼睛、身体和脸传递出的信号是否与他的声音、语言一致。如果不一致，要仔细弄清楚，很多人认为如果他们要求讲话人确认什么事情，就会被认为很愚蠢，好像他们没有注意听。而事实上，让讲话人当场重复某些东西，比出现一系列的误解要好得多。

（9）人与人之间的交流有三个阶段：接收(倾听)、信息处理(分析)、传递(讲话)。在这三个阶段中，领导者很可能跳过接收(倾听)的过程。试着尽量去听而不要自己分析，或者打断别人讲话。

（10）听不进去别人说话的另一个主要原因就是精神不集中。要听得准确无误就必须反应快，当领导者一听到别人开口，就要集中精力对自己说"这很重要"，眼睛注视着说话的人，不要玩弄钢笔、铅笔或稿纸。

总之，沟通能力是领导者最基本的素质。沟通的重点不是说，而是倾听。倾听是人类沟通最有效的工具之一，可惜的是，大多数领导者都不太擅长倾听。只有少数领导者懂得如何倾听，并把它应用到实际的管理工作中去。倾听别人说话可以说是领导者有效沟通的一个重要技巧。众所周知，最成功的领导者，通常也是最佳的倾听者，唯有倾听才能使沟通无障碍。如果让一个业务能力强，但性格非常内向的人去管理那肯定胜任不了；如果让一个看似有管理能力但利欲熏心的人去管理团队，那整个团队一定会带散了。所以说，企业选拔领导者的时候在衡量他业绩的同时要更加在乎他的为人和性格，一个领导者如果没有一定的威信和号召力，怎么可以聚集正气，没有正气又怎么能聚集人气呢。所以说，一个优秀的领导者除了要有专业魅力外还要有人格魅力！

日本松下公司在提升员工时，就采取了"因才适用"的提升制度。它除了以员工的才能高低作为职位选定的主要标准外，还要综合考核员工的才干、品德、经验是否可以胜任新的职务，避免了员工提升后无法适应新职位的情况产生，在激励被提升员工的士气的同时，也带动了其他员工的努力，从而造就了更加优秀的人才。

对一个组织而言，一旦相当一部分人员被推到了其不称职的级别，就会造成组织的人浮于事，效率低下，导致平庸者出人头地，发展停滞不前。因此，这就要求改变单纯的"根据贡献决定晋升"的员工晋升机制，不能因某一个人在某一个职位级别上干得很出色，就推断此人一定能够胜任更高一级的职位。要建立科学、合理的人员选聘机制，客观评价每一位员工的能力和水平，将员工安排到其可以胜任的职位。不要把职位晋升当成对员工的主要奖励机制，更多地以加薪、休假等方式作为奖励手段。另外，还应为员工的发展设立多种职业晋升通道，比如从技术到高一层技术、从技术到管理、从管理到管理等，因人而异。如果晋升通道狭窄，优秀员工就只能紧盯管理职位。然而，并不是每一位在专业领域发挥出色的员工，都能扮演好领导者的角色。更多的时候，领导者不但要有专业知识，更要有其特定的综合素质。因此，企业要谨防把优秀的专业人才变成无能的领导者。

第9章
管得少，就是要把权分出去

有效授权对领导者、员工及企业三方都有利。在领导者方面，授权可以让他们空出较多工作时间进行策略性的思考。在员工方面，授权可以让他们学习新的技巧和专长，让领导者和员工都有机会发展能力，在事业生涯中更上一层楼。在企业方面，授权可以增进整体团队的工作绩效和士气。

事不必躬亲，权不必"抱死"

如果一个领导者认为他的职务权力只能由他个人行使，那就没有一个人有能力胜任其工作。授权不只是在职责上分散权力，而且要让他人代替自己去执行具体任务。在现实生活中，没有一个领导者能够不通过别人的帮助而获得成功的。

现代社会，领导者工作千头万绪，极为繁杂，如果领导者事无巨细都事必躬亲，即使有三头六臂，也会应接不暇，难免事与愿违。所以，领导者必须学会正确授权。

授权与分权是领导者的一项重要工作。只可惜，许多领导者并没有悟出授权的真意，总是放心不下，凡事都想亲自去做，认为只有自己做才放心；或者别人做时总在旁边指指点点，以示自己在履行领导者的职责。

领导者不是超人，精力都是有限的。一个人只有一双手，每天只有二十四小时，企业里的事情又是千头万绪，如果试图自己去做所有的事情，即使把自己累死也做不完。领导者不是完人，也有自己不擅长的领域，不熟悉的方面。正因为如此，所以要授权，并且授权的时候要能够人尽其才，大胆启用精通某一行业或岗位的人，并授予其充分的权力，使其具有独立做主的自由，能自己作出决定，能够激发他们工作的使命感。那么，每一级的领导者必定可以圆满地完成各自的任务，从而达到企业发展的目标。

第9章 管得少，就是要把权分出去

梁林刚到一家酒店担任公关销售部经理，以前他就在这一行干了多年，从销售代表一步一步做上来的，建立了很好的客户关系网，因此，客户找他的也特别多。前几天有三个重要会议来洽谈，因为会议较重要，又是老客户，梁林就一个人全部谈了下来，并亲自做了三个会议的接待计划。他认为会议接待通知发下去后各个部门只要按照计划执行就是了，不曾料到其中一个会议在接待过程中出了些纰漏，造成客户投诉，结果老总把他叫去训了一通，说他并不适合做一个经理。

领导者，凡事必躬亲是不可取的。事必躬亲在一定意义上就是剥夺了员工工作的权利，也相当于剥夺了他们的成长权、成就权。况且，在一个团队中领导者随意介入员工分管的事务，一方面容易招致员工的反感，另一方面领导者过多地插手一线工作，会养成员工的依赖心理，甚至导致员工的懒惰，最终形成一种员工大事小情都汇报请示，领导者陷入琐碎事务的泥潭而不能自拔的局面。

其实，作为一个部门的领导者，更应该清楚自己的角色，作为领导者应该做好的是全面把握部门的管理，包括市场规划，对员工人员的培训，客户管理，做好与其他部门的沟通协调等事宜，而非事事亲力亲为。以前我们常称道"鞠躬尽瘁，死而后已"的敬业精神，很多企业的领导者就是这样，"天天两眼一睁，忙到熄灯"。但是，要知道作为现代领导者更应把握的是全局，而非眉毛胡子一把抓，必须学会如何将手中的权力尽可能地下放，这样才能更好地提高管理的绩效。

因此，企业的领导者掌握有效授权的技巧就非常重要，那么，有效授权的技巧都有哪些呢？

第一，必须克服害怕授权的心理。领导者往往害怕员工能力比自己强，将来会夺自己的权，因而处处压抑员工的首创精神，导致形成"武大郎开店——不容大个"的格局，这也是西方著名行政管理定律——"帕金森定律"。所以，领导者首先必须克服害怕授权的心理。

第二，正确认识员工。正确授权很关键的一步是对员工的正确认识，领导者在授权之前必须对员工进行仔细的观察，通过西方人力资源管理中的"360度"考核方法，认识被授权者的能力、工作成熟度、所处的成长阶段等。

第三，明确权责，使权责一致。授权的前提是明确职责，这也是搞好授权反馈与控制的前提。若是职责不清，就会不断发生摩擦，相互"扯皮"或"掣肘"，这是授权的大忌。明确权责既可以调动被授权者的工作积极性和创造性，又利于授权者对工作进行评价。另外，授权还须保证被授权者的权力与责任相一致，即有多大的权力就应担负多大的责任，做到权责统一。

第四，讲究方法。领导者在授权时必须因时、因事、因人、因地、因境、因条件不同，而确定授权的方法，权限大小、内容等。

第五，反馈与控制。为保证员工能及时完成任务，了解员工工作进展情况，领导者必须对被授权者的工作不断进行检查，掌握工作进展信息，或要求被授权者及时反馈工作进展情况，对偏离目标的行为要及时进行引导和纠正。同时，领导者必须及时进行调控，当被授权者由于主观不努力，没有很好地完成工作任务，必须给予纠正，并承担相应的责任；对不能胜任工作的员工要及时更换；对滥用职权，严重违法乱纪者，要及时收回权力，并予以严厉惩处，对由客观原因造成工作无法按时进展，必须进行适当协助。

是否懂得授权之道，是优秀领导者与平庸领导者的差别。现在已非单打独斗的年代，作为领导者更应懂得如何有效授权，只有通过授权发挥团体的力量，群策群力，才能更好地实现企业的快速成长。

授权不等于放权

授权不等于放权，无论给他多大的空间，也要"抓牢放飞风筝的那根线"，监控权一定要掌握在手中。

第9章 管得少，就是要把权分出去

权力是一把"双刃剑"，用得好，则披荆斩棘无往不胜；用得不好，则伤人害己误事。成功的企业领导者不仅仅是授权高手，更应是控权的高手。曾经有人这样形容授权："授权就像打篮球一样，不是把球交到谁手里，责任就是谁的，就什么也不管了。一定要考虑整体局势，进行控制，相互照应。这样，被授权员工的智慧才会获得增长，才能有足够的力量去完成授权任务。"

现实中，许多的企业领导者常常会将授权与放权混为一谈。放任员工的后果是：不但把授权的成绩冲得一干二净，还会殃及整个企业。

法国第二大银行法国兴业银行曾经遭遇了法国史上最大的金融欺诈案。一名叫热罗姆·凯维埃尔的职员2000年进入银行，在监管部门工作5年后，凯维埃尔转入交易部门，从事套汇交易。2007年上半年开始，他在上级不知情的情况下从事违规的股指期货交易，通过了银行"5道安全关"获得了使用巨额资金的权限。最终给银行造成71.4亿美元的损失。

上面银行案中的凯维埃尔曾经在监管部门工作过，熟悉银行监管交易的流程。因此他知道怎样违规不会被人发现。这就说明了企业在将一些权力交给员工时，缺乏有效的监控措施会带来极大的负面影响。

授权不等于放权，并不是说将权力授给其他人后，授权者可以撒手不管或者对局面失去控制与把握，如若那样，就不能说是有效授权，而是盲目放权。盲目放权的后果极有可能是给企业或者组织带来混乱。

"没有监控的权力必然滋生腐败"。好的制度，可以使坏人变成好人，坏的制度则能使好人变成坏人。对于授权者来说，在授权时既没有建立有效的监控机制，也没有采取相应的监控措施，就等于弃权，实际上是放任或助长被授权者滥用职权，至少给被授权者滥用职权提供了方便。授权者必须清醒地认识到，组织内部自上而下的授权，职权是可以向下移动的，但领导者的责任是绝对的、不能转移的。在授权管理中，为了保证被授权者不至于滥用职权或偏离原定的目标取向，必须先建立起有效的监控机制，然后才能实施授权行为。

授权，是一种方式，而放权是一种放任式的管理。其也有优点，让员工能更大地发挥自己的能力。但是如果领导者不适时跟踪和跟进，难免日久会出现问题，给员工的感觉是领导者已经不存在，某某才具有话事权。如果说管理是一个游戏，那么领导者就是游戏的控制者。如何控制好那些下面的玩家则是需要讲究方法。

控制方法一：面对中层人员，每周一会。为什么说每周一会重要，如果领导者三天两头不在企业，怎么知道企业的每个部门在做什么？一定要把重要的问题记录下来并跟踪和检查该中层人员是否及时完成。

控制方法二：要有月计划，要先从企业的年度计划开始，然后是月度计划。要让部门领导者明白这一年企业要做什么，这个月的计划目标是什么。例如，业务部为了保证企业的高速发展这个月业绩提升10%。那么下面才会有方向。

控制方法三：季度总结，每一个季度让所有中层人员做一个总结，知道他们这一个季度的工作情况。

控制方法四：建立内部建议与投诉渠道，了解基础员工的想法，发现问题。但并不一定要正面去与中层人员冲突，也可以运用其他方式。

控制方法五：表扬与批评，如果员工做得对要及时表扬，如果做得不对及时批评。但表扬与批评要具体有针对性，一针见血最好。表扬可以举行全企业表彰大会，批评却只需在办公室内关门批评。

美国某著名管理学家说道：控制是授权管理的"维生素"。授权管理的本质就是控制。如果想成为一名称职的企业领导者，希望自己的企业不断成长，生命持久，渗透"一手软，一手硬，一手放权，一手控制"的授权之道，是迟早要做的工作。只有渗透这一授权之道，才能完成授权实施者与工作控制者的角色转换，只有完成这一角色转换，授权才能真正走上合理、有效的运行轨道。

授权只是提高管理效率的一种手段，而不是目的。因此，企业领导者在实行授权之后，还必须继续加强对各项工作的全面管理，尤其要加强授权过程中的管理，努力提高授权的有效性。只有这样，才能达到提高管理效率的目的。居于幕后，既能掌握对员工的管理之权，又不致陷于事务堆里，这样的领导者才是最高明的。

先秦时期的改革家商鞅就说过："英明的君主，总是处筆席之上，闻丝竹之声，驱使天下百姓，指挥千军万马，如翻覆手掌之功。"真可谓悠哉，怎么会终日忙忙碌碌不得闲呢？古今中外有许多事例证明，领导者超脱一些，轻松自如地驾驭员工不是不可能的。其办法就是，在保证大权在握，也就是有效监控和牵制的前提下，将不必由自己掌握的权力交给员工，即有所不为然后才有所为。

总之，管理员工既不能太死，也不能太放松，一定要掌握授权与控制的分寸，授权不等于放权，做到适当集权。

大权独揽，小权分散

"权"字好说，不好用，怎样用得游刃有余，得心应手，才是领导者所关心的。作为领导者，并不意味着什么都得管。应该大权独揽，小权分散。做到权限与权能相适应，权力与责任密切结合。

大权独揽，小权分散。如何分配好手中的权力，是古往今来任何领导者都无法回避的问题。作为领导者，正确认识权力，合理恰当地利用权力就至关重要了。领导者分配权力过程中的首要问题，并不在于究竟是多分一点好，还是多留一点好，而是要首先搞清楚具体应该分什么权力，留什么权力。

一个人遇到的事有大、有小，领导者要全力以赴抓大事。大事就是全面性、根本性的问题。对于大事，领导者要抓准抓好，一抓到底，绝不半途而废。一般来说，大事只占20%，你以100%的精力，处理好这20%的事情，当然会轻松自如了！只要是做领导者，无论是刚刚上任，还是已经做了很长时间，一定会面对许多事情要处理，但千万不要认为，把自己搞得狼狈不堪是最佳的选择。从原则上讲，大权独揽，小权分散，抓大放小无疑是很好的策略。

从权力的性质来看，通常情况下，一个组织的权力有三个层次：决策权、运行权、执行权。所谓大权实际上主要是指决策权，还有就是运行中关键问题的把关性权力，具有"不可替代性"。

对于事关企业、部门生死的权力，领导者必须牢牢地抓在手里。"大权集中"有利于集中力量办大事，同时保证决策的连续性和稳定性。我们知道，无论是政府还是企业，无论是民主式决策还是集中式决策，最终都得要有一个拍板的人，这就注定这个人应该掌握比较大的权力。对于一个组织的发展而言，最重要的是决策。

一个企业要有一个自己的领导核心、决策核心，这在中国的企业中特别是正在成长的企业中表现特别突出，掌握大权的领导者几乎成为企业的代名词和名片。

联想的第一代领导者柳传志，虽然已经退居二线，但影响力依然在。

万科的第一代创业者和领导者王石，虽然已经交班给郁亮，但依然是万科的精神领袖。

海尔集团老总张瑞敏、华为集团老总任正非……这些依然在一线的企业领导者对企业的影响力更不用说。

集权而不专权，放权而不放任；一手软，一手硬，一手放权，一手监督；大权独揽，小权分散，以权统人，调动员工，这就是中国企业领导者的授权之术。

那么，对于一个正在发挥重要作用的领导者来说，哪些大权是必须抓的呢？

（1）财权，古时候的人掌权时，一抓军权，二抓财权，可见财权之重要。钱是企业的命脉，把财权交出去，不是开玩笑吗？

（2）人事任免权，这主要涉及非常重要的人事调动和安排；

（3）知情权，即使某些时候不参与决策，对所有重大决策也应该有知情权；

（4）最终决策权，即对一般和重要决策进行最后拍板的权力。

"权"字好说，不好用，怎样用得游刃有余，得心应手，才是领导者所关心的。权乃身外之物，用则有，不用则无，轻轻松松来掌权，又何乐而不为呢？作为领导者，并不意味着他什么都得管。应该大权独揽，小权分散。做到权限与权能相适应，权力与责任密切结合，奖惩要兑现。

中国的企业领导者明白，能否驾驭员工，最关键的一环就是有没有权力。有权力，就能驾驭人，无权力就不能驾驭人。中国的领导者为了达到上令下达的目的，通常都把权利集中在自己的手中。身为领导者，就必须要大权独揽，才能有效地驾驭员工，如此，方能上令下达，保证命令和措施得以快速地贯彻实行。

与大权独揽相对应，中国的领导者也喜欢把小权分散给员工，如曾仕强教授所言："中国的领导者是善于用巧劲，拿出一部分权力分给员工，他们做的只是以权统人。领导者应该是帅才，总揽全局；其他负责人则是将才，他们应当各司其职，管好'线'上的工作；而员工则是士兵，应当做好自己的本职工作，做好'点'上的事情。"

身为领导者，首先要明白大权须独揽，小权要分散这个道理。大权独揽，也可称为集权，是指部门中的一切事务的决策权都集中在自己手中，员工的一切行为措施必须按照领导指令、决定去办。小权分散，也就是分权，是指员工在其管理的范围内的一切措施均有自主决定权，不必请命于领导，而领导对其员工权限内的事项也不随便加以干涉。处理好大权与小权的关系，要做到大权揽得住，小权散得开，不能大小权力一把抓，大权管不住，小权乱插手。领导者只有做到大权独揽，小权分散，才能利用有限的精力实现有效管理。

用人是高效运营权力的有力体现

领导者向下授权，就意味着他必须承受由此而产生的各种风险。凡是授权给员工的领导者，都必须保留自己的责任。如果领导者授权的目的是为了使责任下移，这就不属于正常授权，而属于推卸责任。当然，接受授权的员工由此而产生了自己的执行责任，但这不意味着领导者可以免责。

美国麻省理工学院摩文调查发现，多数成功的领导者都有一个共同之处：极力限定自己的工作范围。一个成功的领导者可以定义为：最大限度地利用其员工的能力。也就是说，权力适当的下移，会使权力重心更接近基层，更容易激发员工的工作热情。这个原理有点像一个常见的玩具——不倒翁。不倒翁是根据一个简单的力学原理制造出来的：一个物体的重心越低，它的稳定性就越好，并且高出重心的部分空的成分就越大，不倒翁的不倒原理是否能给领导者的合理授权一个启发呢？

领导者为了高效地运营权力，必须为权力寻找一个载体，这个寻找和使用载体的过程就是用人的过程。

管理的关键就在于用人。在很大程度上，管理的科学性就在于用人的科学性，管理的艺术就在于用人的艺术，它是领导艺术中最重要的一项。

人才是企业之本，这道理知易而行难。企业最根本的财富不在于有多少资产。有了人、善用人，企业就会有一切；没有人、不善用人，企业就会失去一切。通用电气前任CEO韦尔奇说，"人才是我们企业最重要的产品"。

用人是一门艺术，人才的合理培养是有效选拔利用人才的基础，既不可完全依赖"空降部队"而忽略内部人才的培养，也不可拒绝企业外部的各种优秀人才，这是回避外来优质资源的一种弱智行为，只有两者有机地结合起来才是明智之举。

权力运营包括权力的培养和利用两部分，授权和用人是领导者权力的利用部分，而培养员工是权力运营的培养部分，它是领导者思想和行动的延伸。因此，在何种领域、何种时间，采用何种手段、何种方式选拔和培养员工，把发展潜力巨大、德才兼备的优秀人才挖掘出来，并加以培养，是企业一项艰巨而又实际的工作。世界先进企业的很多经验都值得领导者学习借鉴。

微软的职业阶梯

微软人力资源部制定了"职业阶梯"规则，其中详细列出了员工一级级向上发展的所有可选择的职务，并且列出了不同职务必须具备的能力和经验，这使员工感到个人的发展前景非常乐观，因此很少有人跳槽。

IBM的"野鸭精神"

IBM有句名言：野鸭或许能被人驯服，但是驯服的野鸭已失去了它的野性，再也无法自由飞翔了。所以，企业强调需要的不是听话、平庸的人，而是那些不畏风险、勇于创新的人才。企业把创新作为"野鸭精神"的化身，采取种种措施激励员工创新。

宝洁的员工第一

宝洁认为，在经营管理中应做到"员工第一"，因为企业市场行为的全过程自始至终都体现着员工参与的作用。企业把工作重心放在激发员工的忠诚度和进取心上，给员工营造一个舒心的工作环境。

奔驰的培训计划

奔驰十分重视培训员工，经常选派管理干部和技术人员到高等院校学习深造。此外，企业还鼓励员工多提改革性建议，并按贡献大小颁发不同奖金。

东芝的重担子主义

东芝公司认为，要尊重人就应委以重任，谁拿得起100千克的东西，就交给谁120千克的东西。东芝推行"重担子主义"的用人路线，实行内部招聘，让员工自己申请最能发挥其专长的职位，从而使企业繁荣昌盛。

丰田的轮换岗位

丰田公司采用轮换岗位的方式来训练工人，从而提高工人的全面操作能力。企业通过这种方式，创造条件让一些资深的技术工人和生产骨干把自己的技能和知识传授给年轻工人，以免后继无人。

如何运用权力是一门学问，企业的领导者在掌握企业大权的同时，更要懂得运用各种方式来使自己的权力得以高效的运营。领导者在通过用人来达到高效运权的目的时要掌握以下几个原则：

原则一：唯才是举。现代企业经营日益复杂，对各种人才的要求也日益提高，只有用人唯才，才能维持企业的长期可持续发展。

原则二：能力重于学历。学历只是证明能力的一种工具，而且也只是众多工具之一，它所包括的内容也不全面。

原则三：注重发挥人才的长处。企业聘请人才是因为他能做什么，而不是不能做什么，要重视的是员工能出什么成果，而不是他有什么特点。

原则四：适才原则。把适当的人安排在适当的位置上是用人的最高准则。

原则五：把最出色的人才安排在对企业未来最重要的工作职位上。

原则六：正确看待失败。如果一项人事任命，最终证明是失败的，失败也是有价值的。许多最终成为失败的事，是因为没能从中吸取教训才真正沦为失败。

用人是一门艺术，人才的正确使用是达到企业高效运营的有力体现，如何用人、如何用好人才，是每一个领导者应当格外关注的问题。

第10章
少说多做,让执行力为管理搭桥开道

中国大部分企业之所以不能做大做强,除企业战略因素外,执行力的缺失是一个很重要的原因。往往是企业越大,行动越迟缓,不同业务单元、环节执行力越差,如何有效提升执行力,成为企业持续、健康发展的关键。

管得少才能管得好

执行力决定企业成败

执行力决定企业的生存和发展，决定企业的兴衰与成败。因为只有被执行的思路才有出路，被执行的战略决策才能出成果。优秀的企业、成功的企业一定是执行力强的企业。

拿破仑有一句名言："一只狮子带领的一百只绵羊可以打败由一只绵羊带领的一百只狮子。"强调的就是执行力的重要性。

执行力概念最早由美国资深企业家保罗·托马斯和企业管理学家大卫·伯恩提出，他们认为，执行力在企业竞争中具有举足轻重的地位。可以说"三分战略，七分执行"。如果没有牢固的执行理念和强劲的执行力，任何的决策和计划都不可能贯彻落实到底。

怎样切实改进企业的执行力，如何把工作落到实处，任何领导者都认为是一件特别难的事情。第一次海湾战争结束时，美国的一位将军写了一本书《坐在扶手椅上的战略家》，嘲笑那些纸上谈兵的人。其实内行关心的不是战略，因为战略是不言自明的。内行打仗真正靠的是后勤，即执行。战争中最难的不是制定战略，而是把武器、人员、弹药按照原定的计划在准确的时间运送到准确的地点。企业也是如此，企业成败的关键是在战略设定的情况下有没有有力的执行。执行是什么？一句话，执行讲的是管理。企业从管人的角度可分两个层面：一个是领导者，管的是定位、方向，但光有领导者还

第10章 少说多做，让执行力为管理搭桥开道

不行，还要有另一个是管理。管理的定位是执行，是战略目标设定后如何做好。执行力的好坏关系到企业的兴衰成败。

研究发现，卓越的企业尤其是"世界最受推崇企业"，他们并不一定在战略规划上花费更多的时间或努力，但他们却表现出卓越的执行力。

满街的咖啡店，为什么星巴克一枝独秀；都是做PC，为什么戴尔独占鳌头；都是做超市，为什么沃尔玛雄居零售业榜首？造成这些不同的原因，是各个企业的执行力的差异，那些在激烈竞争中能够最终胜出的企业无疑都是具有很强的执行力的。像通用电气、IBM、微软、戴尔等就是如此，他们的成功皆与其杰出的执行能力有着直接的关系。

Cisco是全世界做网络设备最大的企业，曾任Cisco全球副总裁的林正刚来中国时，他竟然不认为Cisco的成功在于技术，而在于执行力。由此可见，执行力在世界级大企业中被看得有多重。只有执行力才能使企业创造出实质的价值，失去执行力，就失去了企业长久生存和成功的必要条件。

企业经营要想成功，战略与执行力缺一不可。许多企业虽有好的战略，却因缺少执行力，最终失败。在企业的经营与管理中，建立企业的愿景、战略与计划，以及强调对人力资源、财务资源和实物资源的管理固然重要，但如何将这些管理的重要方面有效地连接和整合起来，可能才是企业真正在竞争中取胜的根本保证。这种整合的能力就是目前许多优秀领导者和学者所强调的执行力。市场竞争日益激烈，在大多数情况下，企业与竞争对手的差别就在于双方的执行力。如果对手在执行方面比我们做得更好，那么它就会在各方面领先。有人说过，如果不能执行的话，领导者的所有其他工作都会变成一纸空文或一场空谈。

在现实中，每一个企业都会被种种导致执行力低下的问题所困扰。执行力不强是全球企业界乃至政府职能部门都必须面对的问题。因为战略的正确不能保证政府和企业的成功，成功的政府和企业一定是在战略方向和战术执行力上都到位的。就连微软总裁比尔·盖茨也坦言："微软在未来10年内，

所面临的挑战就是执行力。"

某大型国有企业因为经营不善导致破产，后来被日本一家财团收购。厂里的人都在翘首盼望日本人能带来不错的先进技术和管理经验。可出乎意料的是，日本方面只派了几个人来，也只提出了一个要求：把先前制定的制度坚定不移地执行下去。结果不到1年，这家企业就扭亏为盈了。日本企业的绝招是什么？仍然是执行力。曾经有人断言，企业间过招，比拼的就是执行力，而中国企业缺的恰恰也是执行力。执行力缺乏，再好的战略也是空谈。

在中国，企业执行力弱和执行难是一个通病，也是一个顽症。企业有令不行、有禁不止的现象十分普遍。执行难在企业有各种表现形式：

（1）领导者常怀哗众取宠、邀功请赏之心，喜欢恭维和吹捧；

（2）领导者高高在上、自以为是，听不进不同意见；

（3）领导者不能以身作则，言行不一；

（4）企业的战略、目标、计划等脱离实际，"宏大而空洞"，抽象不具体，缺乏可操作性；

（5）企业内部各部门各行其是，缺乏沟通与协作；

（6）把决策与执行割裂开来，"头""手"分离；

（7）作风浮夸，华而不实，等等。

企业发展的原动力来自于市场，但企业目标能否实现，则要取决于内部管理的执行环节。企业提升执行力，维系着企业能否持续发展。执行难，缺乏执行力能够使一个企业从鼎盛滑向衰败。作为中国的企业领导者，一定要杜绝企业执行难的弊病，彻底改善执行能力，才能实现长足发展的可能。

总之，提升企业执行力，是企业建立现代企业制度中需要努力把握的重点，在实现企业改革与未来发展战略上，强化企业执行力将是一项持续工程，需要在企业改革和管理创新中不断完善。而决定企业成败的不是目标，而是措施。也就是说，执行力才是决定企业成败的最重要的因素。

中层领导者的执行力是提高企业执行力的前提

企业中层领导者既是企业领导层的执行者,又是基层的领导者,其自身在计划、指挥、领悟、协调、判断、控制、授权、创新等方面的能力表现直接影响到整个企业的执行力,因为这一层面的执行力衰减,会导致企业执行链的断链,并最终导致整个企业执行力的丧失。

有一种现象,许多人把管理这个概念几乎神话,而失去了管理本质,以至于使管理陷入一片混乱或处于僵局状态。把简单的事情复杂化了,管理如果复杂起来那就更使执行力得不到应有的落实。管理三段论中的理论评述,即"管理就是把想到的事情记下来,把记下来的东西运用正确的方法去做,然后把做过的事情再写下来",这才是管理的本质,如果抛弃了管理的本质特征,管理也就成为了一种空话。不论现在提倡的细节决定成败的管理、精细化管理还是其他先进和管理模式的导入,都离不开中层领导者将管理思想与管理的策略运用实施到实际管理当中去,这就是中层领导者应具备的执行力。

中层领导者本身的角色就是以教练者的身份指导员工进行工作和达成工作目标的,而中层领导者的执行力如果不到位,管理思想与指导方法没有尽可能地运用于实际的管理要求,导致的后果就会使员工不能认真地对待和落实上面的执行目标与工作方案。这就印证了许多企业所提出的80/20原则,如果工作中出现了问题,目标是正确的,只是执行力出现或存在问题,80%的工作未达成则应追究中层领导者的执行力,所以,中层领导者的执行力就更加重要。

美国ABB公司原董事长巴尼维克曾说过:"一位经理人的成功,5%在战略,95%在执行。"因此,提高执行力对中层领导者来说非常重要。只有参与到企业运营当中的中层领导者,才能拥有把握全局的视角,并且作出正确的决策。要做个"服众"的中层领导者,就要提升自己的执行力,具体包括以下几项能力。

（1）领悟能力：做任何一件事以前，一定要先弄清楚中层领导者希望我们怎么做，然后以此为目标来把握做事的方向，这一点很重要，千万不要一知半解就开始埋头苦干，到头来力没少出、活没少干，但结果是事倍功半，甚至前功尽弃。

（2）计划能力：执行任何任务都要制定计划，把各项任务按照轻、重、缓、急列出计划表，一一分配员工来承担。把眼光放在部门未来的发展上，放在不断理清明天、后天、下周、下月，甚至明年的计划上。

（3）指挥能力：指挥员工，首先要考量工作分配，要检测员工与工作的对应关系，也要考虑指挥的方式。好的指挥可以激发员工的意愿，而且能够提升其责任感与使命感。

（4）监控能力：监控就是追踪考核，确保目标达到、计划落实。虽然谈到控制会令人产生不舒服的感觉，然而企业的经营有其十分现实的一面，有些事情不及时加以监控，就会给企业造成直接或间接的损失。

（5）协调能力：任何工作，如能照上述所说的要求，制定完善的计划，再下达适当的命令、采取必要的控制，工作理应顺利完成，但事实上，领导者的大部分时间都必须花在协调工作上。协调包括内部上下级、部门与部门之间的共识协调，也包括工作与生活之间的利益协调，任何一方协调不好都会影响执行计划的完成。

（6）授权能力：任何人的能力都是有限的，作为中层领导者不能像员工那样事事亲力亲为，而要明确自己的职责就是培养员工共同成长，给自己机会，更要为员工的成长创造机会。

（7）判断能力：判断对于一个领导者来说非常重要，企业经营错综复杂，常常需要领导者去了解事情的来龙去脉、因果关系，从而找到问题的真正症结所在，并提出解决方案。这就要求洞察先机，未雨绸缪。要清楚这样才能化危机为转机，最后变成良机。

（8）创新能力：要提高执行力，除了要具备以上这些能力外，更重要的还要时时、事事都有强烈的创新意识，这就需要不断地学习，要求中层领导者把工作的过程本身当成一个系统的学习过程，要清楚创新无极限，唯有创新，才能生存。

中层领导者作为企业的中坚和脊梁，其重要性是不容置疑的。现代企业制度条件下对中层领导者在观念、能力、作风、品行、绩效、结构等素质上的要求更高，要想切实提升中层领导者的执行力，就必须认真研究影响领导者执行力提升的能力，积极搭建提升领导者执行力的平台，努力寻找提升领导者执行力的途径，使决策者、领导者、执行者、推动者赋予一身的中层领导者真正成为企业的"中流砥柱"。

有效执行的本质在于简单

除了制定适宜的战略外，企业要成长壮大，必须提升执行力。如果说执行是企业成长的关键要素，那么高效执行的关键是——简单化。

在当今飞速发展的经济背景下，一些企业的执行问题已经成为很多领导者的"心病"。一大批具有战略眼光与远大抱负的知识型领导者希望通过亲自率领员工，迅速提升企业竞争力，实现企业的快速、可持续成长。然而，事实并非那样简单，这些企业历史遗留的种种弊端使它们的领导"举步维艰"，而且很多企业内部关系复杂，"牵一发而动全身"，这就更加大了解决问题的难度。很多企业领导者希望理顺企业内部关系，扫除发展中的障碍，但是企业的执行问题却成为很多领导者面临的难题。

因此，现在越来越多的企业开始意识到执行的重要性，没有执行力，任何优秀的战略与精彩的策划都只是一种美好的想象。有一支执行力超强的团

管得少才能管得好

队，是每个领导者都希望的，但这并不是容易的。超强的执行力除了要有雷厉风行的领导者，要有积极主动的员工之外，还需要有一套完整而科学的流程制度。

规范化的企业需要制度，需要规范化的管理制度，尽管如此，也并非意味着管理制度越多越好，更不是越复杂越好，恰恰相反，管理制度应该是越精简越有效。因为人性是懒惰的，几乎没有人会愿意去翻看那些领导者花了很多心血著就的"作品"的；相反，简单的方法、工具，人们爱用、会用，也愿意长期使用。细心的人也许会发现，飞利浦公司现在已经把广告语换成"精于心，简于形"了，他们制造的小电器外观设计得越来越简单，使用起来也更方便，为什么会这样，因为他们知道简单会得到更多人的喜欢。

再来看看我们身边，企业里有多少繁琐的条条框框、规章制度规范着大家的职业行为？而这些繁琐的规章制度又有多少是能够认真执行，确实起了作用呢？其实，过于庞杂和繁琐的规章制度，人们根本记不住，也不愿花费时间和精力去记它，也因此实行不了、执行不下去。有的企业喜欢做一些严格详细的管理制度，一本《员工手册》几十页，甚至上百页，根本没人背得熟。企业对员工的管理，依照规章制度严格执行，一出错就会根据条例执行"警告、记过、解雇"等处分，但是有谁去想过，员工又知道多少"条例"？

"你能够看到的未来有多远，你的事业就能够走多远"，这是犹太羊皮卷《塔木德》中的精髓。在这一简单法则的指引下，伟大的科学家爱因斯坦、伟大的思想家马克思、伟大的哲学家弗洛伊德，他们所创造的理论体系也分别表征了人类在自然科学、社会科学、心理学领域思想的最高峰。在科学技术领域，犹太人大卫·舒华兹发明了宇宙飞船，犹太人亨利·裴纳发明了直升机，还有20世纪最伟大氢弹之父特勒、化学名家赖希施泰、免疫奠基人埃尔利希也是这一法则的受益者。世界著名画师毕加索、音乐大师马勒、杰出女作家米林、魔术大师霍迪尼、表演大师卓别林以及巴菲特、迪斯尼、卢宾、罗森杰尔德、卡耐基、哈默、希尔顿、斯皮尔伯格、孔菲德、J·P·摩根、洛克菲勒、萨尔诺夫、基辛格、考夫曼、普利策、奥克斯、路透、凯瑟琳·格雷厄姆、辛普洛特、福里布尔、易兹哈克、桑迪·威尔、巴尔默、戴尔、克里、戈尔、乔·吉拉德等也都是简单原则执行者,并且他们全部拥有了举世瞩目的伟大事业。

执行就是实现既定目标的具体过程,任何伟大卓越的战略,周密严谨的制度,优秀先进的文化,如果不能有效执行,都只能是水中月,雾里花,是海市蜃楼的幻景。只有贯彻到底的执行才能使企业创造出实质的价值;失去执行,就失去了企业长久的生存和成功的基石。

正如《执行》作者所言:"执行本身就是一门学问,因为人们永远不可能通过思考而养成一种新的实践习惯,而只能通过实践来学会一种新的思考方式"。人员、战略和运营流程正是驱动执行的三大核心,人员是执行的主体,战略决定了执行的方向,运营流程则是执行的方法;文化是执行之魂,是驱动执行的"软件系统"。知识经济条件下,一个企业的成功就是需要用组织的力量而不是依靠少数精英,需要建立能够执行到位的系统。有效执行的本质在于简单化,把所有重复性的管理和业务工作制作出简单、可操作的流程是有效执行的关键。流程的质量决定执行的效能!

让执行为企业管理开道

有效执行作为一种思考方法和操作技巧已经风靡全世界管理界。对于任何组织来说,有效执行不仅仅是领导者的事,也不仅仅是员工的事,而是整个组织的核心任务。

成功的人往往都具有两个品质:判断力和自信心。客观的判断力决定人生的发展方向，自信心则帮助人们克服困难、实现目标。对于企业来说，企业的决策力就相当于判断力，而自信心则相当于企业的执行力。任何一个想要成功的企业，这两种能力都必不可少。从当前的经济形势来看，中国企业要提高管理能力，尤其需要加强执行力。

执行力，就个人而言，就是把想干的事干成功的能力；对于企业来说，则是将长期战略一步步落到实处的能力。执行力是企业成功的一个必要条件，企业的成功离不开优秀的执行能力，当企业的战略方向已经或基本确定，这时候执行力就变得尤为关键。

而在实践中，经常是企业高端的愿景往往非常美好，但是却大多缺乏层层执行的环境和机制，也就是缺乏执行力。戴尔公司总裁理查德·斯科德尔曾说过："对于一个组织来说，制定正确的战略是必要的，但更重要的是战略的执行，能否将制定的战略有力地执行到位非常重要，这是一个组织生存、发展及卓越的关键所在。"

汪中求先生的《细节决定成败》一书的前言中也曾写道："中国绝不缺少雄韬伟略的战略家，缺少的是精益求精的执行者；绝不缺少各类管理制度，缺少的是对规章条款不折不扣地执行。"

红蜻蜓企业的老总钱金波也这样认为："要强化一个企业的执行力，必须从制度的制定者到制度本身都进行加强，还要充分考虑到环境对执行者的意识、心态的影响，最终还要对执行者进行正确的引导，才能使一个规定得以顺利地贯彻执行。"靠制度约束可以让执行者做到60分，但假如注重了执行力的强化，同样的人、同样的条件、同样的方法，可能会取得80分、90分的效果。企业文化的力量体现在两个方面：一是监督力，二是止滑力。文化是一种认同，假如一个企业已经形成了良好的风气，假如有员工的行为和企业的文化不符，就会有人提醒他，告诉他应该怎么做，这种善意的提醒就是一种融入日常生活中的监督。止滑力就像人，身体好的时候没有任何区别。但假如大家感冒了，有的人可能三天就好了，有的人可能要七天才好。在企业困难的时候，有良好企业文化的员工，绝对不会在企业下滑的时候说："老板，现在你有困难，我要走了。"像海尔，员工理解认同了企业"真诚到永远"的文化。所以，在为客户提供服务的时候觉得很应该，会很自觉地去执行企业的规定。这从一个侧面反映出了企业文化对人的行为也就是执行力的影响。

执行力说到底，其实质是一种企业文化——执行力文化，要想有效提高执行力水平，只有把执行力工作提升到企业文化建设的高度，要按照企业文化建设的特性、模式和方法去构建企业的执行力。众所周知，企业文化建设或者说执行力建设主要有以下特征：设立目标，建立系统；领导者重视，从上到下推行；发动员工，全员参与；循序渐进，稳步推进；针对目标，定期督查。了解了执行力建设的特征，企业就可以按照这种特征展开工作：

第一，企业要成立以主要领导者为负责人的工作小组，对企业急需解决的执行力问题进行梳理，整理出企业执行力改善的近期、中期、远期目标，建立执行力规划体系。

第二，领导者要高度重视，带头按照企业的执行力要求去做，带头进行广泛宣传，把这些要求传递到中层，再由中层传递到员工，一级带动一级，一级负责一级，从上到下，层层推进。

第三，树典型，创建"品牌团队"。要充分认识抓典型的重要性，善于深入实际发现典型，把那些体现企业文化、反映企业精神、代表企业形象的先进个人和群体树立起来，作为学习的榜样。通过广泛开展"争先进，创一流"活动，树立一个蓬勃向上的良好风气，充分发挥典型的示范作用和带动效应。

第四，抓培训，提高执行能力。必须把培训工作当成兴企方略的重要举措来抓，要坚持从实际出发的原则，既要立足当前，又要考虑长远；既要看到一般员工的岗位需要，又要想到专业人员的知识更新。做到有计划，分层次进行。

第五，建制度，保证执行力的有效行使。搞好制度建设是做好一切工作的重要保证。要建立有效的考核评价体系，切实把执行率和执行结果作为对个人、集体的考核评价及奖惩的主要依据。同时，还要建立起有效的监督机制，通过稽核检查、宣传舆论等渠道的监督，确保政令畅通、执行无误。

总之，在大多数情况下，一家企业和它的竞争对手之间的差别就在于双方执行的能力。因此，企业要把提升执行能力看成是提升企业整体竞争力和构建企业竞争优势的一个突破口，从而慎重对待，并为之付出一定的时间、人力和资金投入，执行人对每一个阶段，每一个环节都一丝不苟。作为一个领导者应当善于培养员工的执行力，从而不断提高企业的综合实力，让执行力为企业的管理开道。

第11章
低成本扩张，与竞争对手共舞

没有竞争就没有生存。企业通过管理基础的不断提高和新技术的采用，在外部环境和内部资源的制约下，能够对各种资源进行优化和配置，并最终能够以低成本、高效率从事企业经营管理活动，与竞争对手共舞。

向标杆企业学习

"他山之石，可以攻玉。"尤其在当今这样一个市场竞争异常激烈的时代，学习应该是每个企业永恒的主题，尤其是向标杆企业学习。通过学习，取长补短，有的放矢地整合自身优势资源，增强自己的竞争力，真正实现企业的可持续发展。

古人云：三人行，必有我师。学无止境，一个人在成长的过程中，应该不断地努力学习。不但要向书本学习，还要向他人学习，更要向对手学习。要明白只有学习才能不断进步、长久生存的道理。一个人的生命在于学习，一个企业的生命亦如此。

要善于向竞争对手学习，学习他的长处和优势。学习，不仅仅是自我知识和技能的充实，还包括利用他人身上值得借鉴的地方，更加完善自我。

向标杆企业学习，是一种形成创造性压力的最佳途径，也是企业打造竞争力的有效手段。国外很多知名企业，如IBM、摩托罗拉、3M、杜邦等早已深谙此道，将向标杆企业学习上升到企业的管理概念中，成为企业增强竞争实力的杀手锏。

来看看美国埃克森美孚石油公司是怎样找"师傅"，来使自己从优秀到卓越的吧！

埃克森美孚公司是由洛克菲勒建立的，早在1992年时，美孚的年收入就比世界上大部分的国家的收入还高。不过,美孚还想做得更好。为了提高销售业绩,公司做了一项调查,询问了服务站的4 000位客户什么对他们是重要的。结果显示,仅有20%的被调查者认为价格是最重要的,80%的人认为以下三样同样重要:一是能提供帮助的友好员工;二是快捷的服务;三是对他们的忠诚消费予以认可。

这一调查结果促使美孚公司对服务进行变革,具体内容分别以经营、客户服务、顾客忠诚度作为对标项目。然后,公司根据对标项目作为目标,去寻找经营最好、客户服务最优和回头客最多的标杆企业,对相应的最佳企业实践进行研究,以此为榜样来改造美孚遍布全美的加油站。

经过一番认真地寻找,锁定了在以快捷方便的加油站服务而闻名的潘斯克公司、获得不寻常的顾客满意度的丽嘉-卡尔顿酒店以及有众多回头客的家居仓储为标杆企业。

美孚公司通过对上面三个标杆企业的学习、研究和实践,最终形成了新的加油站概念——"友好服务",目的是努力使客户体会到加油也是愉快的体验。结果,公司竞争实力大大加强,当年加油站的收入就增长了10%。

而到了2000年的时候,美孚全年销售额高达2 320亿美元,位居全球500强企业第一位。由此可以看出,这就是标杆学习带来的成功。

不仅仅如此,除了能够加强企业的竞争力之外,向标杆企业学习的好处还有很多:

(1)可以帮企业辨别、寻找优秀企业及其卓越的管理功能,并将之吸收、消化到本企业的经营管理中来,从而激励领导者更好地完成绩效计划。

(2)通过挖掘对方的成功经验,决定采取何种措施保持企业的持续发展,从而克服阻碍企业进步的弊病。

(3)可以扩大企业市场信息的来源,使企业发现自己从未发现的技术或管理上的突破。

(4)学习过程中可以使企业间各个部门的协作更加紧密无间。

企业要在商海中如鱼得水、游刃有余，就要增强自己的竞争力。因而，不断地学习是一种有效的办法。向标杆企业学习，究竟需要学什么？怎样学？这是现代企业的领导者应当认真思考的问题。这里应当提醒领导者，向标杆企业学习要注意避免几个选择误区：

误区一：只选择本行业的企业。其实学习行业外的标杆企业，更有可能获得突破性进展。

误区二：选择概念好的企业，如高科技企业。其实越是高科技企业对管理的要求相对而言反而越低；而越是没有技术壁垒的企业越要讲究管理竞争。

误区三：只选择大企业，尤其是国外的大企业。

误区四：照搬或模仿对方的制度和经验。这种学习不是简单的学习、单纯的模仿，而是要创新，要活学活用。

误区五：学习是领导者的事，不用考虑员工的接受程度。这是极为错误的。

误区六：学习要立竿见影。实际上，学习是一种长期持续的过程，是企业的长效管理，而不是一次性工程。

企业一定要根据行业发展前景、企业发展战略、产品成本和收益等实际情况，仔细挑选自己应该学习的优秀企业。选准榜样、选对榜样，才能真正有所收益，才能使企业的各个方面汲取到优秀的理念与管理模式。

低成本扩张一定要做细做实前期工作

低成本扩张一般多是"虎吃羊"，而很少"蛇吞象"。如果经济"效益好"、会计信息"质量高"的企业，在没有任何外力干预的情况下，情愿被他人兼并，那么兼并者需要提高警惕。

第11章 低成本扩张，与竞争对手共舞

低成本扩张一定要做细、做实、做好前期工作。否则，低成本扩张可能会变成高成本的付出；会噩梦不断，后悔莫及！

对于如今的韩国知名品牌三星，人们是耳熟能详，殊不知三星标志的产品10年前在海外还是"廉价"与"仿制"的代名词。

1997年席卷亚洲的金融危机使三星的领导者李健熙意识到，如果企业只做低成本的简单扩张，是绝不可能在国际上与顶尖品牌的激烈竞争中获胜的。因而他开始改变发展策略，前期工作做细、做实，他从产品的设计着手，在世界各地开设设计所，包括像美国、欧洲和日本这样的发达国家，通过招募大量优秀的设计人才，用重金打造强大的研发队伍，并将营销的重点放在重量级的世界性大事上，经过一段时间的努力，终于功夫不负有心人，在李健熙的策略领导下，三星品牌在国际上提升到了一个新的地位。

三星的成功是摆在中国企业家面前最好的范例。停留在"Made in China"阶段的中国企业，必须寻找新的出路，只有掌握了原创力，中国企业才能驶向"Brand in China"和"Creative in China"的彼岸。中国企业若要在海外扩展市场，必须建立企业和品牌的公关形象，不能仅以成本低为单一竞争条件。

低成本扩张在一定程度上来说是企业快速做强、做大的捷径。一些企业凭借低成本扩张，在短时期内迅速成为同业的强者，显示了低成本扩张的巨大优势。但是，成功的低成本扩张是以严谨务实的前期工作为前提，就像三星是以雄厚的企业实力和可持续的核心竞争力为基础的。如果企业盲目扩张，危害是巨大甚至是致命的。现实经济生活中，因前期工作不细、不实的低成本扩张，而导致的企业效益滑坡、实力衰退，甚至面临倒闭的例子不在少数。

某年年末，A企业在承债式兼并B企业时，由于前期工作不深、不细，在B企业的资产状况没有完全摸清核实的情况下，就与有关方面签订了兼并协议，并与B企业的债权人——四家银行签订了约2亿元的偿债合同。

之后不久，又发现B企业与另外一些金融机构、企业等还有约3亿元的债

务。两者相加，兼并协议的笔墨未干，A企业已经背上了共约5亿元的债务包袱。

自那以后，A企业陷入沉重的债务之中。截至2003年年末，不仅为B企业支付了5 000多万元的到期债务，而且经常因债务纠纷被有关法院查封、冻结账户。企业领导者的精力大部分转移到应付诉讼和打官司上来。企业的经营管理工作受到了严重影响。

上面这个例子中的现象只能说是盲目扩张的弊端之一，A企业的教训是深刻的，足以说明扩张前做好前期工作的重要性。可见，低成本扩张的关键一环是做好前期工作。要全面、系统地摸清并核实被扩张对象的真实状况，包括资产、财务、人员、历史沿革、关联方以及是否发生过经济案件和诉讼情况，等等。

其中的"全面、系统、真实"非常重要，如果弄来的数据、信息是虚假的，那将如上面的A企业一样兼并将成为企业的灾难。

低成本扩张的基础是企业的实力和竞争力。一般来讲，被扩张兼并的企业都是弱势群体，非"小"即"病"，企业内部经营出现了难以解决的问题，很少有好的企业愿意被他人扩张兼并的。这就要求扩张兼并的主体拥有雄厚的实力，很强的竞争力，包括资金实力、人才实力、科技开发实力、产品竞争力，等等。

由于性质差异，不同的企业在低成本扩张时，会有不同的决策程序和过程。但求强求大，追求可持续发展和最大利润，却是企业共同的目标。正因如此，企业在决定实施低成本扩张时一定要做细、做实、做好前期工作。

不必按常理出牌

所有的人或多或少都具有与生而来的冒险特质。而关键是，是否敢冒不按常理出牌的险。敢于冒险，对锻炼人格也大有益处。人生不尽如人意之事十之八九，平时刻意让自己去应付一些难题，这样可以让自己预习如何去面对突发的状况。如果自己从不冒险一试，那一生也不过是随波逐流，随时等着"大浪"把自己打下去。

商业世界中似乎总有一些不按常理出牌，让外人产生雾里看花之感的故事。企业与企业之间的利益争夺，有时候比我们想象的还要精彩，因为他们经常不按常理出牌。下面就看两个生动的例子：

故事一：浙江横店集团在其战略规划中，将影视娱乐与电气电子、医药化工并列为集团的三大未来核心产业，为了落实该战略，其在浙江横店荒僻的群山之间砸了30亿元巨资和数年的时间，按1∶1的比例复制出了一个故宫建筑群，做成了当今中国规模最大的影视城。更绝的是，该影视城为了吸引剧组前来拍摄，不收场地租赁费，此举吸引了国内众多的剧组入驻，公司希望最终将横店做成中国的好莱坞。而与之相对照的国内其他影视拍摄基地，主要收入来源就是场租费与门票。

故事二：上海为承办F1中国站赛事，不遗余力投入巨资，支出主要包括上海国际赛车场的建设、向国际汽联交纳的费用、交通配套投资等费用，支出总计超过40亿元。然而，根据上海方面与国际汽联达成的苛刻协议，上海赛场的收入只有门票、电视广告分成、停车费等，据此，主办方的进账收益不过3亿元，尚且不够冲抵投资的贷款利息。

按照常规的经济原理来计算，两个项目的投资回报率都存在严重问题：对于横店集团，显而易见的是，要花费几十年时间来打造一个盈利能力值得怀疑的事业，对于永远处于资金饥渴状态、锱铢必较的民营企业来说，是很难令人接受的事情。对于上海赛车项目，其静态投资回报期至少也要十多年，从纯粹商业投资的角度，这样的项目也不是成功的项目。那么，投资者究竟为何会作出这样看似不能盈利的决定来呢？

答案其实很简单：两者都将目光盯在了土地这一稀缺的资源和要素上。

横店集团计划通过影视经营来提升当地的文化品位和层次，促使当地土地升值，进而从中受益。而上海举办F1车赛的盈利模式也遵循同样的思路，即通过承办赛事，大搞基础设施建设，大打高尚社区之牌，撬动地价这一杠杆。而事实上，该计划正在一步步得到应验：嘉定区赛场周边的地价如今已经攀升到与地价素来较高的闵行区旗鼓相当。

敢于挑战困难的人总会具有不按常理出牌的冒险精神。企业家作为一个企业的领导者更要具有不同于常人的冒险精神和思维。

成千上万的人努力工作，兢兢业业，尽管他们一生辛劳，但却默默无闻。原因之一就是他们害怕脱离正统，只按常理出牌。他们把自己局限在所熟悉的规则中，遵循传统框架，拒绝冒险。因而他们与成功无缘。平常的普通人尚且如此，对于企业领导者更是如此。

查斯特·菲尔德爵士指出："我必须承认在我的一生中，有些时候也的确会冒出逃避的念头，觉得自己已有了稳定的工作，只要考虑自己分内的事，按常理出牌就已很不错了。但不管如何，似乎每当前途渺茫时，前头总还有一点光亮可寻，于是，我又继续干下去。"

勇于冒险的领导者是不畏惧困难的，更不会因一时的困难就选择放弃，因为他们知道，困难的背后孕育着巨大的机会。

有一年，但维尔地区经济萧条，不少工厂和商店纷纷倒闭，被迫贱价抛售自己堆积如山的存货，价钱低到1美元可以买到100双袜子。

那时，约翰·甘布士还是一家纺织厂的小技师。他马上把自己积蓄的钱拿出来收购低价货物，人们见到他这股傻劲，都嘲笑他是个蠢材。

甘布士对别人的嘲笑漠然置之，依旧收购各工厂和商店抛售的货物，并租了很大的货仓来储货。

他妻子劝他说："不要购入这些别人廉价抛售的东西，我们积蓄下来的钱数量有限，而且是准备用作子女教养费的。如果此举血本无归，那么后果便不堪设想。"

第11章 低成本扩张，与竞争对手共舞

对于妻子忧心忡忡的劝告，甘布士笑过后又安慰她道："3个月以后，我们就可以靠这些廉价货物发大财了。"

甘布士的话似乎兑现不了。过了10多天后，那些工厂即使贱价抛售也找不到买主了，他们便把所有存货用车运走烧掉，以此稳定市场上的物价。

他太太看到别人已经在焚烧货物，不由得焦急万分，便抱怨起甘布士。对于妻子的抱怨，甘布士一言不发。

终于，美国政府采取了紧急行动，稳定了但维尔地区的物价，并且大力支持那里的厂商复业。

这时，但维尔地区因焚烧的货物过多，存货欠缺，物价一天天飞涨。甘布士马上把自己库存的大量货物抛售出去，一来赚了一大笔钱，二来使市场物价得以稳定，不致暴涨不断。

在他决定抛售货物时，他妻子又劝告他暂时不忙把货物出售，因为物价还在一天一天飞涨。他却平静地说："是抛售的时候了，再拖延一段时间，就会后悔莫及。"

果然，甘布士的存货刚刚售完，物价便跌了下来。他的妻子对他的远见钦佩不已。甘布士用这笔赚来的钱，开设了5家百货商店，生意十分兴隆。

再后来，甘布士成为了全美举足轻重的商业巨子了。

冒险者所选择的道路，大多布满荆棘，卓越的人无视困难的存在，他们大胆迈出先行者的脚步。

在大连圣亚旅游控股公司会议室里，当圣亚营销传播工作的合作伙伴——壹捌零（中国）品牌营销机构董事长雷少东提出请网络红人芙蓉姐姐参加圣亚海洋世界举办的2007年中国海底趣味争霸赛时，与芙蓉姐姐的出现、成名一直备受关注与鄙视一样，这个提案惹来强烈的质疑声。

雷少东"坚持己见"："芙蓉姐姐是最合适的人选，一是她娱乐化、开心好玩，二是她具有挑战传统、挑战未知世界的精神，正好符合海底争霸赛品牌的核心价值——勇于挑战。"

经过激烈的"争吵"之后,圣亚企划部终于认可了雷少东的想法。当年5月,芙蓉姐姐参加了圣亚海底趣味争霸赛。在一片"鲜花与鸡蛋"的点击下,芙蓉姐姐顺利晋级,与此同时,各大媒体对此次争霸赛的报道量也在直线上升。在比赛开始后的第三天,在谷歌上搜索"芙蓉姐姐+大连圣亚",共有30多万条相关信息,圣亚也随之蹿红。

人常说,第一个吃螃蟹的人是真正的英雄。勇敢的挑战者不循旧路,大胆地走属于自己的路。这样的人不畏困难,他们总能找到别人所想不到的方法,以最快的方式达到成功。成功,就是不走寻常路。

与竞争对手共舞

同行企业之间相互竞争是不可避免的,但应当既有竞争又有共存意识,共同维护市场,不要将市场毁灭了。同行不是冤家,而是双赢的关系,是你好我好大家好的关系。不是消灭竞争对手,而是与竞争对手共舞的关系。

生物界有个众所周知的生存定律,那就是达尔文的生物进化论。生物进化论揭示了生物的适者生存的规律,要适应外界环境而生存,就得改变自身的适应能力。而要改变自身的适应能力就需要竞争,要和周围环境、生物进行竞争。同样的,人类的竞争就是为了自己的利益与他人竞争。

竞争可以使人类社会进步和发展,这是一个人人都认可的真理。在商业上的竞争也可以带来双赢,这是良性的竞争;而不择手段的竞争却是商业竞争中的忌讳,这实际是种自杀式的竞争。因为不按商业规律,不按职业道德的所有竞争在短时期内或许会得到些蝇头小利,但是,这种竞争行为毕竟是违背经济规律和生存定律的,因而最终必然会自取灭亡。

竞争是地球上有了生物时就有的自然现象,竞争存在于一切领域。在当今社会，经济领域里的竞争尤其令人瞩目。

诺贝尔经济学奖获得者莱因哈特·赛尔顿教授有一个著名的"博弈"理论。假设有一场比赛，参与者可以选择与对手是合作还是竞争。如果采取合作策略，像鸽子一样瓜分战利品，那么，对手之间浪费时间和精力的争斗不存在了；如果采取竞争策略，像老鹰一样互相争斗，那么，胜利者往往只有一个，而且即使是获得胜利，也要被啄掉不少羽毛。现代社会中的企业关系，追求的是互惠互利的有序竞争。所以，不论对个人还是对企业，单纯地追求一己私利的竞争只能导致竞争的恶性循环，使外部环境恶化，进一步促使经济停滞。因此，企业之间不能单纯互相竞争，也要有互相激励、互相合作，这才能真正做到双赢。

任何企业都会有竞争伙伴，只有这样才能加速企业的发展。因为，有容乃大，竞争对手是成功的最好动力。树立竞争对手，把他们视为最刺激的伙伴，一路同行，这才是成功企业领导者的成功定律。

在中国，无绳电话市场竞争的白热化始于2000年3月下旬。当时，广东两家著名的无绳电话厂商展开了针锋相对的"恶性竞争"。

步步高的广告词是："步步高无绳电话，方便千万家。"

美之声的广告词是："无绳电话不清晰，方便又有什么用？"

两家针对性极强，竞争火药味极浓，大有剑拔弩张之势。尽管步步高方面对竞争对手的广告提出了强烈抗议，但是，美之声依旧我行我素，针锋相对的广告照播不误。在这样的情况下，步步高方面当然也不甘示弱，随即进行了措辞强烈的相应的反击。于是，一些媒体上也出现了极不利于美之声无绳电话的文章。

一时间，无绳电话市场"战火"浓烈，引来社会各界广为瞩目。

这场针锋相对的广告大战持续了大半个月之后，双方的市场份额并没有相应的扩大多少，反而出现了滑坡的迹象。这时候，交锋的双方都开始冷静下来了，反思过去的攻击行为，一致认为互相攻击的结果对谁也没有好处，最终的结果只能是毁掉整个无绳电话市场，或者鹬蚌相争，渔翁得利。

于是，在2000年4月16日，僵持的双方终于打破僵局，相约在深圳一家酒店共进晚餐、共商大计。一番开诚布公、推心置腹的和谈之后，终于化敌为友，决心共同开拓无绳电话市场。步步高方面作出全面的让步，将所有攻击性的广告全面撤下来，另外重新制作宣传广告。

步步高此举至少损失百万元值不值得呢？

当然值得！步步高这样做，才是真正具有"吴越同舟"的共存意识，虽然作出让步会损失一点点眼前利益，但是，对于共同将无绳电话市场做大做强是极为有利的。

竞争可以双赢，汽车领域里"宝马"与"奔驰"并驾齐驱；饮料市场中"可口可乐"与"百事可乐"同时并存；草原上"蒙牛"与"伊利"共荣共生。诸如此类，不胜枚举。

值得一提的是，"蒙牛"和"伊利"是竞争对手，在"蒙牛"董事长牛根生的办公室里，可以看到一侧墙面上挂着，其称为"竞争队友"的伊利企业的战略分布图，牛根生解释为"竞争伙伴不能称为对手，应该称为竞争队友"。"蒙牛"和"伊利"的目标是共同把草原乳业做大，因此他们是休戚相关的。牛根生说得好："竞争只会促进发展，你发展，别人也发展，最后的结果往往是'双赢'，而不一定是'你死我活'。"今天的企业领导者们也应像"蒙牛"的董事长牛根生一样，真正认识到同行企业一荣俱荣，一损俱损的道理，是企业推动自身品牌的大营销战略。

第12章
管理简化，产品质量不能降低

质量是企业生存和发展的根本，要提高产品质量，必须全员参与，每位员工都有义务和责任提高产品质量，并牢固树立质量意识，严格控制和执行好产品的操作流程。要求领导者和每位员工全身心地投入产品质量管理当中，把质量目标灌输到每个人的心中。

质量是企业的生命

企业若想在竞争中生命不息,发展不殆,就必须使全体员工增强质量意识,加强生产现场管理,进行质量攻关,才能够促进企业的更大发展。

质量是企业的生命。美国现代质量管理协会主席哈林顿这样描写过:现在世界上进行着一场第三次世界大战,这不是一场使用枪炮的流血战争,而是一场商业战,这场战争的主要武器就是质量。谁的质量好,谁就能赢得这场战争。

一个企业要在竞争中乘风破浪,立于不败之地,靠什么呢?靠的就是优良的产品质量。2007年世界质量大会的主题是:"质量第一、永远第一"。社会发展到今天,质量成了热点,成了追求,是衡量和鉴定一切的总标准。

产品质量是企业的生命力,众多商家在推销其产品的时候,想尽了各种办法,用尽了各种手段,上门推销、召开订货会、借助明星代言、耗资不菲的资金在媒体广告上大肆宣传等,时间久了,经得起市场考验的,仍旧是那些质量好的产品。

产品质量,说起来很简单,但真正把产品做好,做成一流的产品,把企业做成一个品牌,一个在市场上响当当的金字招牌,一定是渗透着企业领导者和企业员工的无数心血。

如果企业是这样的情况:运行正常,工资和奖金按时发放;客户不断前来要求增加订货;没有人退货或撤销订单;负责客户投诉的部门工作愉快而轻松；管理层和工人友好相处；利润不会比上一年少，今年的市场份额预计会提高5%。

如果企业又是另外一番情况：凡是可能出问题的地方都出了问题。加薪遭拒绝，客户对企业产品质量屡屡投诉，生产效率在行业中地位每况愈下，管理人员忙于"救火"，并相互推诿、指责。

以上两种情况，要使质量发生翻天覆地的变化都是十分困难而艰辛的。在前者，我们必须唤醒那些不愿承认自己已"沉睡"的人们；在后者，我们则需要摆脱"梦魇"的困扰。

很多企业在市场竞争中被迫倒闭停产，其中最为主要的因素就是产品质量差，不能满足客户需求，在激烈的市场竞争中惨遭淘汰。而怎样才能保证产品质量，怎样才能在市场竞争中立于不败之地，这就需要企业上下团结一心，共同进取，按部就班地完成好每一项工作，消除每一个环节的隐患，时刻切记产品质量就是企业的生命，在心中有数的情况下把产品生产下线，再利用科学技术进行有效的鉴定，首先做到在企业内部把好质量关。而在一些企业中，部分员工总误认为产品质量是质量保证部的事情，是销售部门的事，是企业领导者的事，而正是这一错误观念在侵害着企业，在葬送企业的明天。企业内部导入市场化是提高和控制质量的手段之一。在企业内部供应链之间、部门协作之间、内部上下环节之间实现完全市场化运作，一个员工就是一个市场，就是一个客户，上环节质量有问题，下环节可以拒绝接收，每个员工都有权对不合格产品说"不"。不接收不良品，不发出不良品。树立市场意识，按市场规则办事，生产优质产品，才能使企业永远保持旺盛的生命力。

客户、竞争对手、成本和危机，是威胁企业生存发展的四个因素。企业必须时刻准备应付各种逆境。产品就是企业需要应战的头一张牌，如何出好第一张牌？除了全面的质量管理与持续的质量改进，别无他法。

如果说水是生命之源，那么质量又何尝不是企业的生命呢？企业以质量谋生存。任何企业，若想在星罗棋布的同行中立足，不讲求质量，注重信誉，那么后果不堪设想。千里之堤，溃于蚁穴，如果厂里质量把关不严格，那么就会生产出不合格的产品，投入市场中，损害了客户的利益，那么企业的形象将会一落千丈，产品滞销在所难免。

企业以质量求发展。机不可失，时不再来，企业要发展，就是要抓住机遇，而能够抓住机遇的那一支强有力的手——就是质量。

总之，质量是企业生存的奠基石，质量是企业发展的"金钥匙"，换句话说，质量就是企业的生命。

从产品标准化做起

标准化不仅仅是在产业化、国际化中遇到的问题，它显然是一个更基础、更本质的问题，它不仅是规模化生产、商业化运作的需要，更是产业成长、国际贸易的通行证。不管愿不愿意，有没有意识到，企业要实现现代化、标准化都是无法绕过的。

在营销界早就流传着一句话，"一流企业做标准、二流企业做品牌、三流企业做产品"。

当前，标准正引领行业和企业的发展并逐步成为企业发展的重要技术基础，在推动企业自主创新、保持效益快速增长、提高竞争力方面发挥着重要作用。一个企业的标准水平，已成为评估其产品质量的重要依据。

不同国度的人，靠相同的语言进行情感和思想交流。那么，在跨地区的贸易活动、技术交流中，人们用什么来衡量产品或技术的性能、水平呢？用的是标准。WTO有一项很重要的原则，就是标准的对等和可比性。

标准化是随着近代大工业生产的发展而发展起来的。1798年，美国人惠特尼提出零部件互换性建议，应用生产，开始了最初的标准化。1947年，成立了当时世界最大的国际标准化机构——"国际标准化组织",中国于1978年9月加入。

实施产品标准化的结果是使企业产品的生产变得简单、规范。就拿餐饮业来说,一个中餐店的复杂性要比麦当劳的复杂性大得多,因此管理也复杂得多。中餐对于产品特性的描述是模糊的,如加盐少许、适当加温,同样一道菜的样子、味道在不同的餐馆千差万别。麦当劳就不一样,水多少克,油多少克,几种选择,都是非常明确的,因此,在全世界找不到不一样的麦当劳食品,不一样的味道。麦当劳技术、产品标准化了,管理也就简单,也容易出效率、效益,并形成一个庞大的产业。

一个想冲击国际化的企业,首先应当让自己的产品标准化。企业标准化是企业实现科学管理的基础,企业通过标准化活动,来制订和实施标准,从而使企业进行高效率的经营管理。近几年,随着标准化事业的发展,其重要意义已被企业逐渐所认识,已由原来单一的技术标准发展到由管理标准、工作标准和技术标准三方构成的标准体系。标准化贯穿于产品生产的全过程,完整的、科学的管理体系是提高产品质量的重要保障。

在"三年一换大王旗"的中国餐饮业,创立于1999年,来自内蒙古大草原的小肥羊是个奇迹。截至2007年,小肥羊连续4年跻身中国餐饮百强企业的第二名,仅次于拥有肯德基、必胜客等著名品牌的百胜(中国)投资有限公司,成为真正意义上的餐饮行业的中国冠军。

小肥羊的品牌战略以"不蘸小料涮肥羊"面世,以"标准化"闻名,以连锁形式壮大。从标准化到国际化,小肥羊一直被认为是中国餐饮的排头兵和探路者。持续的标准化为刚刚起步的国际化打下了坚实的基础。

小肥羊肉业公司以整洁、流畅的生产线,科学、规范的管理模式,专业、严谨的工作作风闻名于世。单单从洗手这一环节来说,就让人对此产生了百分之百的放心,加工人员手的清洗消毒步骤:先是清水冲洗→皂液清洗→清水冲洗→50ppm次氯酸钠消毒浸泡30秒→清水冲洗。

在速冻库、冷藏库里，库的容量与生产相适宜，库内整洁，码垛整齐，离墙30厘米，离地10厘米，离顶棚50厘米；按照各种库的不同要求准确调整温度，速冻库温-28℃以下；冷藏库的温度为-18℃；排酸库的温度在0℃~4℃之间。加工车间有供给常温水40℃和82℃热水的设施，并采取了防止虹吸和倒流的措施。

目前，小肥羊调味品公司已经通过了HACCP食品安全管理体系的认证和ISO9000质量管理体系的认证、出口企业的认证，被国家标准化管理局、卫生局等部门授予"标准化管理优秀企业""量化分级管理A级企业""质量诚信单位""质量管理先进企业""内蒙古名牌产品"等多项荣誉和称号。

在产品的生产过程中，标准是企业生产的依据，是企业实现专业化生产，不断提高技术水平的重要前提，也是加快新产品研发，缩短生产周期，节约原料和能源的重要途径，更是稳定提高产品质量的重要保证。高水平的标准，必将促进产品质量的提高；相反，没有高水平的标准，就不可能有高质量的产品。因此，企业加强产品标准的执行和质量监督，对保证产品质量，提高企业信誉，使企业在激烈的市场竞争中立于不败之地起着至关重要的作用。

总之，随着科学技术的进步，标准化事业的发展，标准化已经进入各个行业的各个领域。企业标准化会促进企业生产技术的进步和管理水平的提高，为实现专业化生产创造条件，进而保证产品质量的稳定和提高，使企业获得良好的经济效益。

1%的失误可能导致100%的失败

用生命和鲜血写成的案例无不警示着每个人，安全生产无小事。不经意间一个小小的疏忽、一次小小的违章就是1%，可能导致100%的重大事故的

第12章 管理简化，产品质量不能降低

发生。这个小小的失误对每个人而言不是一次考试，也不是填写一张增值税发票，小的过失或许会给本人、家庭和企业造成不可弥补的损失。

《细节决定成败》这本书作者曾写道：在学校的考试中，100分的题如果错了一点点，那么我们可以得到99分，其计算公式为：100－1=99（分）；在实践中，所做的事情如果错了一点，那么我们只能得到零分，其计算公式为：100－1=0。又如，在购销业务中，填写增值税发票时，无意将其中一项填错了，那么，这张发票就作废，在财务上核销了。这种事例在现实中时有发生，应该说还是比较幸运的，因损失的只是一张发票。如果是涉及生命安全的差错，那么1%的错误会导致100%的失败。

在很多企业领导者的传统观念里，企业应该是为盈利而存在的，而盈利也应该是企业的唯一目的和最终的追求目标。然而，事实上随着社会的进步，由于现代社会企业所具有的特征，企业已不单单是经济组织，也已成为社会组织；不仅仅具有经济职能，也具有社会责任。企业的生产不能仅仅成为企业追求利润最大化的工具。社会中频频发生的煤矿事故、有毒食品事件、产品质量缺陷问题，以及企业生产对环境造成的严重污染等，使得企业的生产安全问题、企业在生产过程中的道德问题成为社会关注的焦点，即人们关注的不是企业生产什么，而是企业如何生产的一连串的问题。生产的产品应该是安全的，不会对使用这些产品的客户造成伤害；生产的过程应该是安全的，不会对那些从事生产的员工造成伤害，并在生产过程中把对环境的破坏降低到最低限度；企业的生产对人负有不伤害责任；企业对环境安全的责任是实行绿色经营，与自然和谐共处。

中国企业应该承担起必要的社会责任与道德责任，越来越多的事实表明，一个具有良好公众形象的企业，首先是一个担负企业社会责任、在安全生产方面表现优秀的企业。

分析事故发生的原因，大多是由于安全生产措施没有落到实处造成的。

有很多的安全生产措施和保障措施只是停留在会议、文件和口头上,没有得到认真执行,有些是由于生产企业安全生产责任落实不到位造成的。一些企业的基础管理工作薄弱,多数员工缺乏安全生产培训,缺少自救互救知识的培训。还有一些企业安全意识、责任意识淡薄,把利润放在第一位,忽视对员工和对客户的人身责任。部分企业生产经营观念落后,仍然走高耗能低效率、高污染低环保的道路,没有把企业的发展转移到依靠科技进步上来,而是一味地增强劳动者的劳动强度,缺乏对社会、对环境的责任感。

在中国企业增强社会责任感的同时,安全生产问题依然层出不穷。安全生产问题已经成为处于经济转轨和迅速工业化发展阶段中的中国经济不可逾越的障碍。任何一个不断成长的企业,都强烈地感受着社会责任的推动力。如果说创新是奔腾不息的河流,人本思想是永葆生机的源泉,那么,社会责任就是企业长久不衰的坚实河床,落实安全责任关键在于建立安全的责任体系,积极履行社会责任已成为众多企业追求的一种精神理念。

安全生产责任重于泰山,社会的发展不能以牺牲精神文明为代价,不能以牺牲生态环境为代价,更不能以牺牲人的生命为代价。企业是独立承担民事责任的法人实体,也是安全生产的责任主体。企业领导者必须自觉遵守安全生产法律、法规,落实责任制,加强安全管理,注重员工培训,从而实现安全生产稳定好转,承担起安全生产责任主体的职责。

企业要做好安全生产工作,应当从以下几个方面做起:

一是企业要做到有法必依。目前,由国家法律、行政法规、部门规章以及地方性法规规章所组成的安全生产法律体系正在形成,关键在于贯彻执行。

二是要强化企业安全生产管理。大量的责任事故多是"三违"(违章指挥、违章作业、违反劳动纪律)造成的,多是管理混乱造成的。因此,要加强安全生产工作,必须加强生产管理和安全管理,打牢安全生产基础,严格执行各项规章制度,杜绝违章指挥、违章作业和违反劳动纪律等现象。加强安全技术人才培养和员工安全技能的培训。依法实行强制性全员安全培训制度，煤矿等高危行业主要工种必须持证上岗。企业负责人要依法取得任职资格证书，严格执行任前培训制度。

三是要强化企业自律约束。强化企业自律约束就是企业从内部承担社会责任的角度，对自己的经营理念、经营行为进行自我规范、约束和控制。企业自律约束是企业一种内在的、自觉的行为。具体来说，首先要提高企业道德标准。企业自主地制定高标准、高水平的道德目标，制定相应的产品质量检验标准、安全标准和环境保护标准。高标准、高水平的企业道德目标，可以提高企业道德建设的层次，塑造良好的企业形象。其次要实行企业道德建设的内部制度化。在企业内部组织和行为中，导入正确的道德判断基准，作为规范员工行为的管理制度，使之形成良好的道德行为规范。

总之，安全生产教育和管理工作要求企业不能存有一丝一毫的麻痹心态和侥幸心理，在追求产品质量和企业利润的同时，万不可忽视质量安全的保障，企业领导者一定要牢记1%的错误会导致100%的失败。

市场不相信眼泪

质量是企业生存的奠基石。市场竞争实质上就是质量竞争。谁的产品能抓住消费者，谁就赢得了市场。市场不相信眼泪，产品质量不过硬的企业终究会被无情的市场所淘汰。

人们的物质购买力提高了，消费观念里又多了一种叫奢侈品消费的新种类，有相当一部分人热衷于高档名牌商品，名牌产品，人见人爱，它对消费者的吸引力来自其非凡的质量。名牌追求的不是一般的质量，而是超群的让消费者无可挑剔的质量，是最高层次的质量。

市场实际上也是企业自己设计规划出来的。市场经济是买方市场，消费者能自由选择卖主。谁的产品性价比最优,谁的产品就能抓住消费者,谁就赢得了市场。不合格的产品,投放到市场中,损害了消费者的利益,消费者就会不买账,结果企业的形象会一落千丈,产品滞销、市场萎缩在所难免。失去消费者,失去市场,企业也就失去了生存的基石。海尔总裁张瑞敏说:"在新经济时代,什么是克敌制胜的法宝?第一是质量,第二是质量,第三还是质量。"

当年,张瑞敏第一个抡起铁锤,砸烂质量有问题的冰箱,轰然砸醒了员工:有缺陷的产品就是废品。

1985年,张瑞敏刚到海尔(时称青岛电冰箱总厂)不久。一天,他的一位朋友要买一台冰箱,结果挑了很多台都有毛病,最后勉强拉走一台。朋友走后,张瑞敏派人把库房里的400多台冰箱全部检查了一遍,发现共有76台存在各种各样的缺陷。之后,张瑞敏说了一句话:"有缺陷的产品就是废品。"他宣布,这些冰箱要全部砸掉,谁干的谁来砸,并抡起大锤亲手砸了第一锤!

从此,海尔的质量意识树立起来了。在1989年全国冰箱降价的时候,海尔的冰箱因有质量保证,尽管维持在高价,但并没有失去市场。"酒香不怕巷子深",只要真心付出就会得到消费者的厚爱。3年以后,海尔人捧回了我国冰箱行业的第一块国家质量金奖。

如果给质量下个定义,可能10个人会有12个答案。长期以来,人们都认为质量就意味着好,是奢侈的东西、闪光的东西或者身份的象征;因此,它是无形的、难以衡量的东西,只能仁者见仁、智者见智;人们也因此认为的确存在一种"经济"质量,即一分钱一分货;而且还认为,所有的质量问题都是由一线的员工造成的,质量部门必须要为质量问题负责。但是,"零缺陷"的创始人克劳士比曾给质量简明有效地定义为:"符合要求"。

所谓"零缺陷"就是要把在质量管理工作中可能出现的质量缺陷或错误降低到零。这种管理方法最早是由美国人克劳士比在1961年提出的。

第12章 管理简化，产品质量不能降低

克劳士比曾任马丁·马丽埃塔公司质管经理、美国ITT公司副总裁，现为克劳士比公司总裁，有《品管免费》《质量不花钱》《零缺陷的质量管理》等著作，并在这些著作中详细阐述了"零缺陷"的观念。他认为"零缺陷"关键在于观念的改变，"人们在生活上，自小接受的观念便是'人非圣贤，孰能无过？'当他们踏入社会生活时，这样的观念已经根深蒂固，于是人们流行说，'凡人必为人类，凡人类必会犯错。所以凡有人参与的事，就永远不可能完美。"但克劳士比认为："酿成错误的因素有两种：缺乏知识和漫不经心。知识是能估量的，也能经由经验和学习而充实改进；但是，漫不经心却是一个态度问题，唯有经由个人彻底的反省觉悟，才有可能改进。任何一个人只要小心谨慎、避免错误，便已向'零缺陷'的目标迈进了一大步。"

20世纪60年代初，克劳士比率先在马丁·马丽埃塔公司实行"零缺陷质量管理"，1年后，这家公司的不良产品减少了54%，第二年再减少25%，共节约165万美元。1963年，美国通用电器公司在各生产部门也推行了"零缺陷质量管理"。1964年，美国国防部把"零缺陷质量管理"计划正式列入防御制度，并建议全国军需企业都采用这种管理方法。很快地，这种管理方法便在美国企业风行。从1965年开始，日本管理协会与"日本电器"合作，全面推行"零缺陷质量管理"，并在日本得到了广泛运用。

工作标准是"零缺陷"，"差不多"的质量态度在克劳士比方法中是不可容忍的。错误的代价实在太高，让企业无法忽视。领导者必须通过对所有员工的培训、提供时间和工具等方面的资源，帮助他们达到符合要求的目标。工作标准必须是"零缺陷"，而"零缺陷"的工作标准，则意味着企业每一次和任何时候都要满足工作过程的全部要求。它是一种认真地符合企业所同意的要求的承诺。如果企业要让工作具有质量，那么，就绝不能向不符合要求的情形妥协。

市场不相信眼泪，根据"零缺陷"管理的理论，企业要推行"零缺陷"

管理，必须首先建立约束机制，也就是建立质量问题追究机制。

首先，问责制的建立，应该从完善激励机制入手。为什么这么说？多劳多得，才能有错必罚。约束与激励是一驾马车的两个轮子。

其次，问责制不是孤立的，更不是万能的。如果把问责制仅仅理解成为一罚了之，那企业的质量管理也太简单了。无论干什么，目的与手段都不能混淆。"零缺陷"是目标，问责制是手段。不能为问责而问责。

再次，问责制推行的原则，应该是坚持"由浅入深、由点到面，逐渐完善、逐步推开"的原则。其实，谁都希望安于现状，不想改变周围的一切，但是企业面对激烈的市场竞争，面对消费者和社会要求的不断提高，实际上作为企业来讲已经别无选择了，必须比别人更好，否则就没有市场，就无法生存，道理就这么简单。

最后，顶住压力、贵在坚持。科学的管理理论与方法的实效性，不在于它的技术有多少含金量，而在于执行的长久坚持。

企业中的质量概念包括工作质量、服务质量、产品质量，质量决定一个企业的品牌与信誉，决定一个企业的生存与发展。在现阶段，以"零缺陷"管理为指导思想，以质量问责制为约束手段，才能共同维护企业、社会的和谐发展。

除了品质，还是品质

"只有拿出更好的产品来击败自己的原有产品"这就是所有企业共同的生存之道。注重精细化的管理，加强每个管理环节数据化的科学管理，千流百川，汇聚一统，凝聚科学发展观、知识观，提升企业产品品质，企业就会有更广阔的发展，才能立足于世界企业的前沿。

第12章　管理简化，产品质量不能降低

品质是产品的基础。在对一个产品的品质都不信任的前提下，无论企业品牌建设怎么搞，都仿佛在沙滩上建大厦，根基不牢。

有一流的品质，才会有广阔的市场。企业如何才能提高产品品质，是每个企业永恒的话题，也是每个领导者的责任和任务。

品质的认知度不仅仅是某个单一品牌的问题，消费者往往还会形成对某个国家整体品牌的"国别"品质认知度。例如，大家往往认为，日本的产品"精细实惠"，美国的产品"时尚高档"，德国的产品"稳重严谨"等。那么，在国外，中国品牌的整体认知是怎样的？几乎无品牌可言，仅仅是价廉而已。从其他国家不断对中国产品的反倾销中很容易地理解这一点。因此，站在中国品牌整体提升的角度，中国企业也更应该加强品质的建设。这一点中国乳业之王伊利集团就做得很好。

哈佛商学院高级副院长麦伟略教授，最喜爱伊利牛奶，通过长期以来对于伊利案例的深入研究，麦伟略教授几乎已经变成了伊利的"粉丝"，伊利对于流程、质量控制、生产安全等环节的标准化、精确化管理，令他直到今天依然记忆犹新。而"平衡为主，责任为先"的伊利法则，则被他称为是具有东方文化精髓的新型企业管理理念。在被问到会如何向美国消费者介绍伊利时，他毫不犹豫地答道："我能说的，除了品质，还是品质。"

伊利是中国食品行业第一个进入哈佛案例库的民族品牌。哈佛对其格外重视，前后用了将近1年的时间对伊利案例进行研讨，并在正常的案例课程之外特别增加了一倍课时，用于对伊利案例的解读，这在中国企业中尚属首次。

"我们坚持用世界最高的标准，为消费者生产最好的产品。这是伊利赢得一切认可最重要的理由，也是伊利发展的核心驱动力之一。"伊利集团总裁潘刚这样说道，"'中国制造'绝不廉价。我们欢迎每个人品尝我们的产品，用你们最挑剔的标准！"

产品品质是企业生存的命脉，只有产品品质有了保证，企业才能放心大胆地去运作。

企业不能简单地从产品质量和结构来看竞争优势，其实产品只是一个表面现象，在产品背后有很多深层的管理方面的东西，获胜者的真正优势在于其产品背后的一套严格的管理制度。

作为一个发展的企业，只有在完善自身的条件下，注重自身不被外界不良因素侵蚀，摒弃传统思想的束缚，加强与国际企业间的互融互通，才能知己知彼，巩固创新成果，并尽善尽美提升自身竞争的能力。

第13章

管理要提速，创新是关键

很多领导者都在说，"我们要进行理念创新、战略创新、管理创新、产品创新、技术创新""我们要实现全方位创新""不创新，我们就死路一条"等。的确，创新精神是企业发展的动力和永立于不败之地的基石。企业能否发展壮大，关键看其是否有一种与时俱进的创新精神。

创新是企业做大做强的捷径

市场发展到一定程度，资本越来越集中，竞争也必然越来越残酷，尤其在中国，消费增长比投资增长慢，必然会导致生产过剩的时代提前到来，所谓的红海战略，描述的就是在这种环境下竞争的企业战略，其一个主要特点就是"血腥"。

资本集中导致产品技术竞争的差异化程度越来越小，创新就成了许多企业的救命稻草。因此，作为一个企业领导者，要想把企业做强做大，就必须通过创新这一关口。

创新概念的起源可追溯到1912年美国经济学家熊彼特的《经济发展概论》。熊彼特在其著作中提出：创新是指把一种新的生产要素和生产条件的"新结合"引入生产体系。它包括五种情况：引入一种新产品，引入一种新的生产方法，开辟一个新的市场，获得原材料或半成品的一种新的供应来源，实现任何一种工业的新的组织。熊彼特的创新概念包含的范围很广，如涉及技术性变化的创新和非技术性变化的组织创新。由此可见，创新是任何事物获得发展的源泉，对于企业的经营也是如此。

创新，是人类进步的灵魂，也是一个民族最重要的特质，是一个企业长盛不衰的不竭动力，是企业生存之源。创新之所以是企业的生存之源，是因为创新就是企业的发展和提高。

第13章 管理要提速,创新是关键

创新做得不好,企业要想做强做大就面临着严重的瓶颈。中国统计局根据其最新的创新专项调查结果显示,中国企业收入只有一成来源于创新。

有一个美国记者走访了某跨国企业在中国上海和美国密歇根州的两个工厂,发现生产同样的汽车配件,美国工厂只多出20%的员工,产量却多出3倍;尽管工人的薪水要高出10倍,美国工厂的毛利率却比中国工厂高出33%。

有一位经济学家把企业成长的制约因素归纳为市场约束、要素约束、创新约束,并且认为,创新力是企业最核心的竞争力、最重要的利润源。的确如此,企业要做大做强,内部管理、市场营销这些基础性的工作都需要去抓,但是如果忽视了创新,就失去了竞争力、失去了生命力。

企业是创新的主体,规模企业更应该成为创新的主导。这不仅是企业发展的需要,而且对提升地区经济发展的层次、加快建设创新城市,都具有十分重要的意义。而作为规模企业又如何做才能当好自主创新的排头兵呢?

第一,规模企业要加大投入来推动自主创新。企业推进自主创新,主要还是靠企业自主投入。公共财政的投入一方面非常有限,另一方面也只能用于政策激励和扶持,起一个导向的作用,企业始终是科技创新投入的真正主体。从总体上看,企业在科技创新上的投入,说到底是一个发展理念和眼光、胆略和气魄的问题。

第二,要善于借外力来加快自主创新。创新必须是开放的,关起门来搞创新必然行不通,也不会有成果。充分利用一切可以利用的资源,才能更好地实现自主创新。原始创新、集成创新、引进消化吸收再创新,这三个自主创新的路径当中,最现实、最可行的就是引进消化吸收再创新,借助外力发展自己。可以这样讲,现在走在技术创新前列的规模企业,无一不是推进开放式创新的典型,通过引进战略投资者,既引进了资本,也引进了技术,在此基础上大力开发具有自主知识产权的产品和关键技术,实现了技术跨越。实践证明,这是一个十分重要的思路。

第三,就是要依靠人才来支撑自主创新。深圳的华为,2.3万名员工,其中1.3万人在搞科研；汽车行业的后起之秀奇瑞，它的汽车技术开发研究院集中了全国近60%的汽车行业开发人员。这两个事例充分说明，人才是创新发展的根本支撑。领导者不可能都成为专家、学者，但是要有识才的慧眼、用才的高招、容才的雅量。与此同时，要加强与高层次科研院所的合作，集聚各方面人才合力攻关。

创新是企业发展永久的发动机，是企业经久不衰的永恒主题。一个企业的创新是在企业领导者的带动下进行的，一个没有创新精神的领导者是不会带出一个创新的企业，创新是领导者精神的全面再现。

在中国内地，凡是有竞争实力的企业，都在创新方面作出了重大成绩。由赛迪承办的"2007中国互联网市场年会"上，上海征途网络科技有限公司董事长史玉柱凭借旗下网络游戏《征途》的良好表现，以及2006—2007年度在网游营销方面的巨大成功，荣获"2006—2007年度中国互联网市场年度先锋人物"大奖，成为唯一获此殊荣的网游业经营人物。

《征途》是完全依靠本国科技力量研发、运营的网游产品，创造性地将宠物代练等特色内容与智力问答、休闲游戏等多样化内容融为一体，被称为网游"大百科全书"。

打破死板的教条

现代社会的竞争之激烈，是历史上任何一个时代都无法比拟的。在一般意义上说，应变素质已经成为一种新的生存能力。谁能及时地正确洞察社会变化，并能作出最迅速的反应，谁就将走在前头；而头脑封闭、反应迟钝、因循守旧、故步自封的人，就会一再地坐失良机。

企业好比斜坡上的球体，由于受到来自市场竞争和内部员工惰性的影响形成的制约力,有向下滑落的本性;要想使其往上移动,需要两个作用力:一个是支撑力,保证其不向下滑,这好比企业的基础工作;另一个是拉动力,促使其往上移动,这好比企业的创新能力。这两个力缺一不可。企业要稳步发展,必须使企业的拉动力大于制约企业的制约力。企业要发展,就必须打破教条主义、经验主义,克服自由主义,不断完善机制,创立健康有创造性的企业文化。

现在几乎所有的美国人都知道健怡可口可乐,它是可口可乐公司在20世纪80年代推出的一种减肥可乐。但是并没有多少人还记得特伯。其实特伯才是可口可乐公司最早的减肥可乐。那么为什么特伯失败,而健怡可口可乐能够成功呢?

1962年,新任董事长奥斯汀的首要任务之一就是发明一种新的减肥饮料。20世纪50年代美国妇女越来越留心食品的卡路里含量了,她们疯狂地努力与肯尼迪总统夫人苗条的身材看齐。1961年,皇冠把它的减肥可乐在全国推销,强力冲击可乐市场。在市场调查显示28%的人们密切关注体重之后,可口可乐和百事可乐你争我抢地追赶减肥可乐。奥斯汀给可口可乐的减肥饮料研究编码命名为"Q计划",投入的大量人力和精力丝毫不逊于后来在健怡可口可乐上的投入。

问题出现在对新产品的命名时,汤姆·劳,芬达饮料公司主管营销的"一把手",论证说应该把它取名为健怡可口可乐,但遭到奥斯汀的厉声驳斥,"这个建议简直是异教邪说,为什么公司要拆分自己的招牌,而将其用到另一种减肥饮料上呢?况且,难道另一种带有可口可乐名字的产品不会削弱商标,搅混消费者,影响已经低迷的瓶装商士气吗?"最终新产品选定特伯这个名字。

因为公司对这种新生的饮料态度含糊,特伯没能成为减肥饮料市场的主控饮料,美国整个软饮料消费中有10%都消耗在减肥饮料市场上。截至1964年,特伯只在这个关注体重者的市场上占据10%的份额。"饮食百事"也在

管得少才能管得好

那年首次亮相，因为百事可乐不像可口可乐有太多的传统羁绊，于是它抓获了更多的市场份额。

随着市场形势的变化，1980年新任CEO郭思达和戴森重新开始了生产减肥饮料的计划。健怡可口可乐这种新产品将会构筑一条"延伸的生产线"。时机与民意相得益彰，消费者没有减少可乐饮料的消费量，但由于减肥时尚的开始，他们的消费方向也发生了相应的转移。

这一次不同的是，整个工程的重点在于使用了可口可乐名字的"商标权"。他们深信，健怡可口可乐会给公司带来活力。就像在1980年给企业高层的备忘录里说的那样："过去几年，我们的公司形象已经沦为传统、固定和保守。"郭思达指出可口可乐的被动时代应该结束了。

"不能适应就要落后或者被淘汰，不管现在的位置有多高。"他直言不讳："没有所谓神圣不可侵犯的东西。"为了解决竞争问题，郭思达强调他会考虑："修改任何一件或所有产品的配方"。

立竿见影，健怡可口可乐超出了公司原有的期望。1983年年底，它已经占有了市场17%的份额，成为美国饮料界第四大畅销产品，并且占领了28个海外市场。重要的是健怡可口可乐打破了死板的教条，为可口可乐公司注入了活力。

现代社会的竞争之激烈，是历史上任何一个时代都无法比拟的。生活于这样一个变化多端的社会，人们需要具有灵活而敏捷的应变能力，审时度势，综观全局，于千头万绪之中找出关键所在，权衡利弊，及时作出可行的判断与行动。

总之，创新不是空洞抽象的，从根本上说就是要打破旧的条条框框，突破传统观念的束缚，冲破本本主义、教条主义对人们的思想禁锢，把创新作为灵魂、动力和源泉，用创新的思路谋发展、用创新的精神凝聚力量、用创新的措施破解发展的难题。因此，打破教条的思维是改革创新的前提条件，而改革创新则是放开思维的必然要求和具体体现。

第13章 管理要提速，创新是关键

创新思维就是新的生产力

在新经济时代，不论国家、企业还是个人的生存环境或成功规则已经发生了急剧的变革。唯有那些具备较多创新因子的组织和个人才懂得如何在变革中灵活应变，把握先机，成为变革中的成功者。

人类已经走过了渔猎经济时代、农业经济时代、工业经济时代，到达知识经济时代，很快也将进入创新经济时代。方法无价，创新无限。创新创造了人类的昨天和今天，也必将创造人类的明天，创新一定会成为改变和影响未来世界的市场需求与供应的决定性力量。

企业界正流行一个说法："你不射门，你百分之百没有命中率"。创新是一种具有高度自主性的创造性活动，依赖于不同思想、意见的相互交流的撞击，依赖于全体员工的积极参与和真诚投入。正如英特尔公司的一位项目经理欧佩达所说的："我们尽可能给予基层员工更多的责任，让他们比过去更多地参与公司的经营。"

企业作为一个经营运作体，靠获得利润来维持发展，每一家企业都需要用常新的眼光关注这个世界的动态，以便采取相应的措施，谋求拓展。只有不断地创新，企业才能跟得上时代的步伐，才能得到发展；不创新，企业就没有生命力。因此，企业的创新思维就是新的生产力。

1984年以前的奥运会举办国，几乎是"指定"的。对举办国而言，往往是喜忧参半。能举办奥运会，自然是国家民族的荣誉，也可以乘机宣传本国的形象，但是以新场馆建设为主的强大硬件软件的投入，又将使政府负担巨大的财政赤字。奥运会几乎变成了为国家民族利益而举办，为政治需要而举办。

直到1984年的洛杉矶奥运会，美国商界奇才尤伯罗斯接手主办奥运会，他运用其超人的创新思维，改写了奥运经济的历史，不仅首度创下了奥运史上第一笔巨额盈利纪录，更重要的是建立了一套"奥运经济学"模式，为以后的举办国如何运作提供了样板。从那以后，争办奥运者如过江之鲫，就连一些比较贫穷的第三世界国家也怦然心动，趋之若鹜。

此届奥运会也开创了民办奥运会的先河。因为，洛杉矶市政府在得到举办权后即作出一项史无前例的决议：第23届奥运会不动用任何公用基金。这就是一个创新。

尤伯罗斯接手举办奥运会之后，一切都要是从零开始，奥运组委会可以说是一无所有，没有秘书、没有电话、没有办公室，甚至连一个账号都没有。尤伯罗斯决定破釜沉舟，他以1 060万美元的价格将自己旅游公司的股份卖掉，开始招募雇佣人员，然后以一种前无古人的创新思维定了乾坤：把奥运会商业化，进行市场运作。

于是一场轰轰烈烈的"革命"就此展开：

第一步，开源节流。尤伯罗斯认为，自1932年洛杉矶奥运会以来，规模大、虚浮、奢华和浪费已成为时尚。他决定想尽一切办法节省不必要的开支。首先，他本人以身作则不领薪水，在这种精神感召下，有数万名工作人员甘当义工；其次，沿用洛杉矶现成的体育场；再次，利用当地3所大学的宿舍做奥运村。仅后两项措施就节约了数十亿美金。点点滴滴都体现其创新思维的功力、胆识。

第二步，声势浩大的"圣火传递"活动。奥运圣火在希腊点燃后，在美国举行横贯美国本土1.5万千米的圣火接力。用捐款的办法，谁出钱就可以举着火炬跑上一程。圣火传递权以每千米3 000美元出售，1.5万千米共售得4 500万美元。尤伯罗斯实际上是在拍卖百年奥运的历史、荣誉等巨大的无形资产。

第三步，狠抓赞助、转播和门票三大主营收入。尤伯罗斯出人意料地提出，赞助金额不得低于500万美元，而且不许在场地内包括其空中做商业广告。这些苛刻的条件反而刺激了赞助商的热情。一家企业急于加入赞助，甚至还没弄清所赞助的比赛程序如何，就匆匆签字。尤伯罗斯最终从150家赞助商中选定30家。此举共筹到117亿美元。

最大的收益来自独家电视转播权转让。尤伯罗斯采取让美国三大电视网竞投的方式，结果美国广播公司以2.25亿美元夺得电视转播权。尤伯罗斯又首次打破奥运会广播电台免费转播比赛的惯例，以7 000万美元把广播转播权卖给美国、欧洲及澳大利亚的广播公司。

门票收入，通过强大的广告宣传和新闻炒作，也取得了历史上的最高收入。

第四步，出售以本届奥运会吉祥物山姆鹰为主的标志和相关纪念品。

结果，在短短的十几天内，第23届奥运会总支出51亿美元，盈利25亿美元，是原计划的10倍。尤伯罗斯本人也得到475万美元的红利。在闭幕式上，国际奥委会主席萨马兰奇向尤伯罗斯颁发了一枚特别的金牌，报界称此为"本届奥运会最大的一枚金牌"。

这就是所谓的"创新就是生产力"。

历史经验告诉人们，变革总是在最残酷的时刻降临，今天，提升组织和个人的创新能力不是需不需要的问题，而是已经太迟、太慢的问题。竞争越是趋于残酷、白热化时，对成功而言，模仿法则就会越来越多失去效用。组织和个人如果只会模仿而没有创新能力就意味着快速僵化、快速同化，进而被快速替代、被快速淘汰。

创新思维能力不是少数天才的专利，它是每一个现代领导者必须掌握的高级智慧和技能，是决定组织生死存亡的核心竞争力！

以提升技术发展企业

技术创新是企业发展的动力，创新是企业永恒的主题，没有创新就没有企业的生命力。技术创新是一个持续不断的过程，企业凭借具有核心竞争力的技术可以迅速占领市场。但要保持市场占有率，必须持续不断地更新技术和产品。

信息技术高速发展，市场瞬息万变，技术和市场的激烈竞争，常常影响着企业的发展。它既可给企业带来风险和挑战，又可给企业带来商机。在激烈的市场竞争中，企业既要面对国内企业的竞争，又要面对国际跨国企业的竞争。企业能否随着市场的需求和变化，不断研发市场需要的新技术、新产品，就需要采取相应的发展策略，这是企业在竞争中求生存、求发展的关键，创新是企业发展的灵魂。

2007年，搜狐公司与清华大学于搜狐网络大厦举行"清华大学（计算机系）—搜狐搜索技术联合实验室"的合作就是一个企业不断追求技术提升的良好示例。这种强强联合将为推进我国网络技术产业化发挥重要的作用。

清华—搜狐搜索技术联合实验室的目标是让搜索更加智能化，同时以搜索技术带动人工智能的发展。由清华大学计算机系智能技术与系统国家重点实验室、软件研究所和搜狐研发中心共同建立。

联合实验室将充分发挥清华大学在计算机科学领域的技术优势，结合搜狐公司的产品经验和市场优势，在网络信息检索领域研发基于自主知识产权的网络信息存储、检索、管理和应用技术，并且利用搜狐门户矩阵的平台，以及搜狐公司的数据、代码、经验等一线资源，快速完成技术向产品的转化，从而增强搜狐公司以网络信息服务为主的相关产品和服务核心竞争力，实现依靠科技创造未来的战略。

联合实验室的成果形式包括高水平学术论文和相关技术发明专利。同时实验室也将积极参与国际重要评测（如TREC、TRECVID等）和国内相关评测，提高在国内外相关研究领域的影响力；并选定与行业技术发展密切相关的研究课题，更好地衔接高校人才培养和企业人才需求，在高水平合作研究中，促进尖端创新人才的成长。

搜狐公司董事局主席兼首席执行官张朝阳表示，清华大学在计算机方面的基础研究领先国内，在世界范围内也有着明显的优势，搜狐公司拥有最有价值的网络门户矩阵和数亿网民，双方的结合，必将对中国互联网行业的技

第13章 管理要提速,创新是关键

术和整体发展,产生巨大的影响,搜狐公司也将在合作中受益,并将为网民提供更好的技术产品服务。回归中关村之后,搜狐一直致力于"技术驱动"和"产品导向",为用户提供良好的互联网内容和服务体验,与清华大学的合作,将进一步强化搜狐的技术竞争优势,同时,清华的研发成果,通过搜狐可以迅速地转化成产品和服务,也将促进清华大学相关技术的研究。

世界知名的摩托罗拉公司的半导体事业部也是体现摩托罗拉技术创新精神的典型。摩托罗拉的半导体产品1997年的销售收入为80亿美元,在世界半导体行业仅次于Intel和NEC而居第三位。

1949年1月,摩托罗拉在亚利桑那州的菲尼克斯建立了它的第一个军事电子学实验室,并聘请了科学家威廉·泰勒博士作为它的第一个固体和半导体专家。泰勒博士发明了一种加工程序,使摩托罗拉成为动力晶体管的第一家生产者。经过以后的30多年发展,这里已成为摩托罗拉实力雄厚的半导体总部。当地人流传着一种说法,就是每一个菲尼克斯市民的家庭中至少有一个人是在摩托罗拉半导体部门工作,足见摩托罗拉半导体在当地的影响力。但是,当年在此地发展半导体事业时,老高尔文是承受了内外部巨大的压力的。因为当时对于半导体是什么还没有人能说得清楚,半导体工业的前景更无法预测。但是,这种技术创新的强烈意念使摩托罗拉走出了至关重要的一步。

企业的核心技术,对企业发展具有深远影响。只有不断推陈出新,企业才能不断发展壮大。自有基础技术研究成果,直接关系企业核心竞争力。

康佳集团成立于1980年,是我国第一家中外合资电子企业。康佳历来视技术创新为企业的生命,以构建世界一流水平的高科技家电信息企业为目标,在实施发展和提升经营战略的过程中,以技术研发为龙头,通过引进高级技术人才,强化产品线规划,推进研发体系变革,创新技术研发模式,积极抢占技术制高点,并形成了一套市场导向型、适合于康佳发展需要、领先于国内同行的技术创新体系,使康佳在主导产品领域中始终保持技术领先的优势。

经过23年的快速发展,康佳集团现已发展成为以多媒体电子、移动通信、信息网络及白色家电为主导业务的多元化大型家电信息企业,年销售额超过100亿元,并列为国家300家重点企业和广东省、深圳市重点扶持发展的大型集团。

由此可见,技术创新是企业发展的动力,研究企业技术进步的内涵,把技术创新放在企业发展的首位,具有很强的现实意义。所有工业化国家的实践都证明:在推动经济增长的诸多因素中,技术进步比单纯的资本积累要重要得多。

第14章
企业文化,让管理简化于无形

企业文化是企业长期生产、经营、建设、发展过程中所形成的管理思想、管理方式、管理理论、群体意识以及与之相适应的思维方式和行为规范的总和。通过企业文化的建设,使企业人文素养得以提升,归根结底是推进企业竞争力的提高,促进企业经济效益的增长。

文化是永不枯竭的资源

企业文化是企业核心竞争力中的牵引力。对企业来讲，要追求长久的发展，要做大企业，要把企业做下去，就必须要有长久的动力，能够引导企业突破它的寿命周期。这不是金钱、不是权力、不是制度、也不是企业家。金钱会消失，权力会被剥夺，制度会被破坏，企业家是有寿命的。而唯有价值体系才是一个可以持续长久的东西。

企业文化不仅是一种无形资产，而且是最重要的无形资产，它比有形资产，或者品牌等的无形资产还要重要。企业文化不仅是一种投资，而且是一种重要的长期投资，是一种回报巨大的投资。因此科特认为：企业文化在下个世纪（指21世纪）10年内，很可能成为决定企业兴衰的关键因素。

这些代表企业文化价值的"口号"，看似非常简单，但却蕴含着创造一个充满竞争力和活力的强大企业的力量。"口号"可以成为催化剂，使人的潜能发挥出来，这种发挥与创新、发展生产力等密切相关。

一个企业所形成的企业文化，实际上往往就是管理层的风格、精神，以及其经营理念的传播和贯彻。韦尔奇上任之初就认识到，要使他们的体制改革、产业结构调整等行动得以落实和见成效，就必须同时采取一些与它们相配合的理念，以整合被重新创造的通用电气公司。在韦尔奇的心目中，重新塑造公司文化的推动力并非在财务上，也不是员工要求提供更令人满意的工

第14章 企业文化，让管理简化于无形

作环境。韦尔奇在20世纪80年代初就提出"追求卓越"的理念，并对其进行最好的诠释：它是一种"超越过去我们对品质要求的极限，我们要做得比我们认为最好的还要好的信念"。他认为，"卓越"并非是一种成就，而是一种精神。这种精神会掌握一个人或一个公司的生命与灵魂，它是一个永无休止的学习过程，本身就带有"创造性不满足"。"卓越"是因为有能力学习而产生的，也就是有能力以积极的方式来适应一个人所处的环境。在他的带动之下，公司内部形成了一批带有"追求卓越精神"的高级领导者。他们能根据改变而做调整，也能领导改变，把"求新求变"等信念引入公司文化之中，并发扬光大。

韦尔奇是全世界公认的企业英雄。企业在发展过程中是需要英雄的，企业的文化是造就英雄的土壤。如果说价值观是企业文化的灵魂，那么英雄就是这些价值观的化身和组织机构力量的集中体现。企业中的英雄向人们传达一个重要的信息是，"我们这个企业提倡的是什么，应该像谁一样才是最好的，这就是我们企业的行为模式和行为标准。"同时，英雄身上所折射出的企业的文化价值观，会在企业中产生一种持久的影响力，为企业今后的发展和克服遇到的困难起到不可估量的作用。

文化的作用并不仅仅在于这些，企业的执行力也同样诞生于企业的文化，并且也反作用于企业文化，成为文化的一部分。执行也应当是领导者和每一层经理最重要的工作。执行不是空谈战略，它应该是细微而现实的，它是每一个细节的探究。当大多数平庸企业的领导者在办公室里幻想着企业未来远景的时候，可口可乐的总裁在上海的马路上询问"为什么卖茶叶蛋的老大妈不卖可口可乐？"尽管可口可乐的分销网点已经是全球最大的；欧莱雅的CEO在商店里仔细地观察每一个竞争品牌的柜台陈列，尽管欧莱雅早已把这些竞争品牌都全部击败。

执行就是每一层的经理都用企业的文化标准去判断和做一件事情。

在1950年以前，百事可乐公司只是纽约的一个小饮料厂，因为后来的领

导者有很大的雄心,想争取饮料界的领导地位,要创造竞争性的企业文化,于是对经理人施加压力,以努力争取市场的占有率,作为升迁的主要考虑,如不能增加市场占有率即予以调职,这就给员工一个信息,争取市场占有率是最重要的事情。因为有调动的威胁,所以在百事可乐公司里,便培养出一种创造性的紧张气氛,员工们都将重心放在如何争取更高的市场占有率。同时为培养竞争的精神,公司举办了许多运动比赛,用间接方式培养竞争的精神,让员工不认为可以安安稳稳地过日子。

我们可以看到,世界上大多数优秀的企业,普遍具有以下几点文化精神:人员充满自信,认为所服务的企业乃是最好的企业,而非做一行怨一行,不像很多人一提到他的企业,便抱怨不休或一肚子牢骚;做事认真,不马马虎虎、虎头蛇尾,而是贯彻到底;重视人的因素,人最重要,培养人的成长,而非重视东西或金钱;重视品质和服务;重视创意,如果员工有好的创意,受到企业的重视,企业会设法让他去尝试,若应用有效,就有适当的鼓励;重视非正式沟通,在上位者并非把命令下达,就算把事情做了,应重视非正式的沟通和组织,以消息沟通、人的接触,彼此了解,达到沟通的目的;重视企业成长和利润。

所有企业都有着自己的企业文化,有的企业文化显得比别的企业更为强大雄厚。这些企业文化均对企业员工和企业经营业绩产生着巨大的作用,特别是在市场环境竞争激烈的时候更是如此。这种文化的影响甚至大于企业管理和经营策略研究的文献资料中经常出现的那些因素。美国、日本企业界最优秀的领导者们总是不惜耗时费力,大力塑造、维护自己力量雄厚的企业文化。

企业文化是企业生存发展的永续动力的源泉。大多数企业是以追求经济目标为根本宗旨,把获得最大投资报酬、最高销售额和最大市场占有率作为成功的标准,这样的企业最终会成为一部循环运转的赚钱机器,寿命会很快衰竭;现在能成功地生存发展的企业是超越经济利益的有生命的组织,它是为"生命意义"而发展，而不是为"赚取利润"而存在。企业通过一个共同的愿景把员工凝聚在一起，通过强有力的健康的企业文化，突破传统管理模式中那种短期的商业竞争和追求利润的短视行为，注重企业的长远利益，使企业不断发展壮大。它充分印证了物质资源终会枯竭，只有文化才能生生不息的哲理。

不要把企业文化当儿戏

企业文化不只是一种文化，企业文化的核心是一种精神和情感，而且是与员工和消费者能够产生共鸣的精神情感。所以，企业文化的重要性不言而喻。

一个企业必须创建人性化的企业文化，让每一位员工都能够在企业文化的氛围中感受到企业的关怀、温暖，提升员工的责任感、团队感、荣誉感、使命感、成就感、归属感，充分调动员工的积极性、主动性、创造性。

企业文化是一个企业信奉并付诸于实践的价值理念，是企业的"灵魂立法"。企业文化反映了一个企业内部隐含的主流价值观、态度和做事的方式。企业文化可以使企业产生凝聚力并且提供竞争优势，但过时的企业文化，包括核心价值观和管理原则及习惯，也可以扼杀一个企业。企业文化是企业可持续发展的最重要关键因素之一。

然而，现实中却有一些企业的领导者对企业文化理解偏向，把企业文化当儿戏。

有一次，一位财经记者小李到一家企业去采访，刚好晚上企业有活动，领导者说："李记者，今晚请你看看我们的企业文化。"

原来，该企业员工吃饭后，有一个活动时间，干什么呢？跳舞。地点是员工食堂。

看着黑压压的人群,看着企业领导者如此深情的投入,李记者也大受感动,加入了跳舞大军里。舞会结束后,赞叹:"的确是很有特色的企业文化。"

没想到领导者回过头来,笑道:"什么狗屁文化,你知道吗?十年前,因为我流浪街头,没钱进舞厅,有一次,还被舞厅的保安给打了出来。现在我就自己开舞厅。这不,我的企业天天晚上都可以跳舞,想怎么跳就怎么跳,跟我自己开了个舞厅有什么两样?"

记者哑然。

原来,一个领导者有这样的权利,为了一己之好,将企业文化定义为自己的游戏。

如果企业领导者都这样按照自己的喜好来搞所谓的"企业文化",那员工就要受苦了。有些企业领导者,总认为自己是"太阳",而其他人包括高级管理人员则是"行星",中层管理人员是"月亮",普通员工是"小行星",大家都按这种规律转来转去,美其名曰:企业文化。这种企业文化很容易形成独裁文化。

现在是到了一些领导者应该做一些改变的时候了。否则的话,企业文化,仅仅是领导者个人的文化,它注定是得不到员工们打心眼里接受,得不到员工们源自内心的重视和始终如一的推行的,它也是成不了员工们的价值理念和行为操守的。说得严重一点,它不过是领导者一厢情愿、自欺欺人的"单边"文化,不过是领导者的"梦魇"而已。

因此,作为一个企业的领导者,应当发挥员工在企业文化建设中的积极性和参与性。

企业文化必须得到员工的认可。在企业文化理念的提炼过程中,如果缺少广大员工的广泛参与,员工未能做到畅所欲言,他们难免会不自觉地排斥企业文化;相反,如果给员工提供尽可能方便、广泛的参与和交流方式,既可以提高员工的积极性和主动性,又可以加深其对企业文化的认识。企业文化建设和科技攻关不一样。对于科技攻关来说，掌握了技术之后，实施起来就相对简单了。而对于企业文化建设来说，员工知道了却不一定能做到，更不能保证长久能做到。所以，企业文化一定要得到员工的认可，让员工知道企业文化是怎样产生的，明确企业文化对其自身价值的实现有什么帮助，从而使企业文化在员工心中扎根，使员工做到"行其所信、信其所行"。

员工在企业文化建设中发挥作用之后，便会更加重视学习和遵守企业的企业文化，便会树立一种主人翁意识。

重视和建设企业文化可以为企业的发展提供精神支柱，增强企业凝聚力。企业在生产经营中所奉行的精神信念是企业文化的集中表现，它最重要的功能就是为企业的发展提供精神支柱，从而形成企业的凝聚力和向心力。把企业凝聚成一个上下一心的整体，并以此激励企业全体员工为实现目标而努力奋斗。

担当社会责任

承担社会责任并不是企业单方面的付出，而是可以给企业带来诸多益处的，有利于加强和社会各界的沟通，有利于树立企业良好的社会形象，提高公众对企业的认同感和亲近感，有利于树立和弘扬企业的文化观念和核心价值，有利于吸引人才、促销产品和企业的可持续发展。

企业是社会的组成部分，社会是企业利益的源泉。企业在享受社会赋予的条件和机遇时，也应该以符合伦理道德的行为回报社会。除了外部法律所加于企业的义务之外，企业的剩余目标也包含股东、债权人、员工、消费者、供应商、政府部门、社区、媒体、自然环境等各种利益相关者的价值最大化。

在一定意义上说，企业的形象就是企业家的形象，企业承担社会责任的

管得少才能管得好

多寡体现着企业家社会责任感的强弱。一个有境界、有见识的企业家，应当带领自己的企业积极承担相应的社会责任。因此，各大跨国企业纷纷将社会责任上升为企业战略，视为企业核心业务运作的重要组成部分，从而使得社会责任竞争成为跨国企业继价格、质量、品牌竞争之后新一轮国际竞争的重要方面。

2008年新年伊始，中国南方就遭遇了50年一遇的冰雪灾害，受灾地区的天气牵动了青岛啤酒上下员工的心。

2008年1月29日，青岛啤酒公司组织上百名员工冒着严寒为久困在京珠高速湖南路段的春运返乡人员送上大量的食物和衣物，帮助受困人员渡过难关。

青岛啤酒作为2008北京奥运会赞助商和一家拥有百年历史的企业，是"中国最具社会责任感企业"之一，先后五次荣获中国社会责任最高荣誉"中国最受尊敬企业"称号，荣誉的获得靠的是实实在在的行动和全社会的认可及肯定。

很久以来，企业作为一个经济组织，它的唯一目标是要赚钱，它要追求利润的最大化。那么，企业在完成其经营目标之后，要不要完成其他的目标？企业承担其他目标（也即社会责任）后，会不会影响其竞争力？企业担当这个目标后是不是就可以讨价还价，并认为它是可以做或不可以做的呢？

企业经营组织，尽管要追求经营利润最大化，但是，在现代社会或者说在当今国内社会，企业已经不能作为一个纯粹意义的经济组织存在了。本来，经济活动就是"嵌入"社会结构之中的，而企业也只能存在于社会背景之内，企业是社会之中的企业，企业是社会当中的主体，完成了纳税任务以后，并没有充分完成其应尽的社会责任。企业担不担当社会责任，这是社会的期望或者是周围大多数人的期望。企业在社会当中的影响越来越大，担当的社会责任就越来越重。

中国企业社会责任活动刚刚起步，还有很多企业缺乏履行社会责任的意识，对企业与社会关系的定位认识不清，对企业社会责任的重要性认识不足。有些企业对社会责任避之唯恐不及，有些企业的盈利甚至以巨大的资源消耗和严重的环境污染为代价,给社会造成长久的不良后果。这表明,唤醒和加强企业的社会责任意识,是一项重要而紧迫的工作。

伊利集团是全国乳品行业的龙头企业,连续4年销量第一,也是唯一一家为北京2008年奥运会提供乳制品的食品企业。伊利在社会责任方面,做了大量工作,体现了其价值取向和发展追求,为我国企业社会责任活动的发展起到了良好的示范作用。

在发展过程中,伊利集团始终坚持"企业与社会共发展"的发展理念;始终坚持"社会价值高于商业利润、安全与健康大于物质财富"价值观。正是在这样的指导思想下,伊利集团发展历程中,始终没有发生一起食品质量安全事件,为数以亿计的消费者提供了安全、健康、优质的产品。

10多年来,伊利集团累计纳税60亿元,相当于伊利现有的总资产规模。这也就意味着,通过上缴税金,伊利集团已经向国家又上缴了一个"伊利"。

伊利集团积极支持社会主义新农村建设,截至2007年,累计为养奶牛户发放奶款230多亿元,以滚动的方式累计向农户发放购牛款20亿元。为确保乳品行业的健康发展,伊利集团一次性投入2 000多万元,用于防疫工作补贴和疫病防治,伊利集团设立了2 000多万元的风险基金,补偿奶农在养牛过程中的意外损失,解除奶农的后顾之忧,在伊利集团的带动下,数百万农牧民脱贫致富。

企业承担社会责任是企业存在与发展的内在要求。一个企业可以从履行社会责任中获得众多益处:一是有助于企业规范经营;二是有助于保持员工的忠诚;三是有助于赢得公众对企业和品牌的认可;四是有助于把参与解决社会问题转化为企业发展的机会;五是有助于更好地预测、管控风险,使基业长青。可以说,企业履行社会责任是企业的正常生产经营管理行为;企业承担社会责任的必要成本是一种高回报率的投资。

往企业文化中注入"和谐基因"

企业文化是企业的一种精神动力和文化资源,是社会主义先进文化的主要组成部分。建立企业文化,不是建立"机械"的、形而上学的文化,而是建立以人为本,以和谐理念为核心的企业文化。

一个国家的发展离不开这个国家的文化,一个企业的发展同样离不开这个企业的文化。构建和谐的企业文化,是营造和谐企业氛围和优良环境,促进企业稳定、健康发展和推动和谐社会建设的根本保证。

一个企业有什么样的精神、价值观和经营理念,就决定这个企业有什么样的组织结构、经营方式、管理制度、员工队伍和服务质量。企业在运营管理中强调"和气生财""和为贵",在加强企业文化建设中,强调以人为本。因此,加强企业文化建设必须以科学发展观为指导,将全面发展、协调发展、可持续发展有机地结合起来,以和谐理念贯穿于企业文化形态和文化现象之中,以和谐作为企业文化的基本价值取向,并以此影响其他各种文化形式,促进整个和谐社会的建设。企业在加强文化建设方面,秉承和谐文化理念,在汲取现代管理思想的基础上,坚持继承与创新相结合,将以人为本作为企业文化建设的核心,形成企业共同价值观,为推动企业持续有效快速协调发展提供强大的精神支柱和动力源泉。

企业培植和谐文化,是对传统经营理念的极大跨越,也是对传统发展视野的极大拓展。不同的人性假设往往带来不同的企业价值观,以前海尔曾采用"黄脚印"的负激励方式进行管理,每天都有绩效最差的员工站在大脚印前检讨自己,在1998年后,海尔把脚印换成绿色,采取正激励方式,让绩效最好的员工站在脚印前和大家分享经验。从人总是有惰性的,需要皮鞭驱使的假设,转移到人总是向上的,可以进行人格完善的假设,总结为一句话:人的内心是渴望被"点燃"的,也是一定可以"点燃"的!这种"理念人"

的假设,使企业建设和谐文化找到了深层次的支撑点。

实践和谐文化,是内部的和谐,包括人与人、人与组织、人与工作之间的和谐,强调相互信任和协作、团队精神、知识共享,达到理性和感性的平衡,思想和行动的协调等。

"和谐"一直是青岛啤酒文化的重要特征之一。在青岛啤酒的企业文化中,最重要的元素就是诚信与和谐。青岛啤酒公司从一开始,就把和谐作为一种追求。此外,和谐也是啤酒行业的内在要求。啤酒酿造过程不是机械的流水作业,产品酿造等环节需要操作者自觉用心,单靠外力的督促,很难实现质量的控制,只有处在和谐的文化状态下,才能实现完美的工艺操作。所以青岛啤酒员工一直坚信"好人酿好酒"。很长时间以来,青岛啤酒刷洗酒池以及很多工序不用监督,因为企业讲求员工间的和谐、干群间的和谐、部门间的和谐,这种文化促成了员工自觉性的培养,青岛啤酒的和谐文化逐渐形成。1998年,青岛啤酒公司编写了第一本企业文化手册,确立了"科学严格的管理与和谐的人际关系相统一"是青岛啤酒管理模式的核心,确立了和谐文化在整个青岛啤酒企业文化中的地位。

建设和谐企业文化,要从以下几方面着手:

(1)要构建和谐的企业思想道德体系。从一定意义上说,和谐企业文化也是一种道德文化,和谐的企业思想道德体系是和谐企业文化的灵魂所在。一个企业能否和谐,发展能否持续,很大程度上取决于全体员工的思想道德素质。企业要突出加强对员工的职业道德教育,大力倡导爱岗敬业、诚实守信、办事公道、服务群众、奉献社会为主要内容的职业道德,引导员工在平凡的工作岗位上履行崇高的社会责任,促进个体与社会责任的和谐。

(2)要正确处理企业与员工协同发展关系,塑造和谐团队。企业是一个协作的系统,而参加组织协作的个人又有其个人奋斗目标和要求,企业只有按照公正合理的贡献报酬原则,将组织的要求同个人的需要相结合,达成企业目标和个人目标的平衡,才能求得和谐。既要培养企业整体意识与团队精神,又要将企业发展规划与员工职业生涯规划结合起来,实现个人进步与企业发展的双赢。

(3)要广泛建立企业与其外部环境和谐统一关系。其一,需要企业本着共生共赢的原则,建立企业与外部社会环境的和谐关系。其二,企业应自觉树立科学发展、可持续发展的发展理念,把保护环境作为自己的责任和使命,并付诸于行动,建立企业与自然环境的和谐关系。

(4)建设和谐的企业文化,其落脚点应体现在"以人为本"上。这就要求在企业管理中不但把人作为管理的主要对象,而且作为管理的最重要资源和管理的最终受益者,尊重人的价值,全面开发人力资源,激发人的潜能,发展人的个性,以谋求人的和谐、全面、自由发展为最终目的。

创建和谐企业是企业自身改革发展的重要保证。在市场经济环境下,没有良好的经济效益和企业的健康发展,和谐企业建设无从谈起,没有和谐的企业氛围,企业的经济发展就不能得到保证。企业员工来自五湖四海,有着不同的家庭、教育、社会背景,要为企业的目标共同奋斗,首先要形成共同的价值观和行为准则,加强员工对企业的凝聚力、向心力,往企业文化中注入"和谐基因",以和谐促发展,把企业建设成为人际关系融洽、充满友爱、精诚团结、蓬勃向上的和谐集体。

第15章

拧成一股绳，团队总能赢

　　团队是指一些才能互补、团结和谐并为负有共同责任的统一目标和标准而奉献的一群人。团队不仅强调个人的工作成果，更强调团队的整体业绩。团队所依赖的不仅是集体讨论、决策和信息共享以及标准强化，它强调通过成员的共同贡献，能够得到实实在在的集体成果，这个集体成果超过成员个人业绩的总和。

管得少才能管得好

崇尚简单，追求多元

最不简单的问题是搞"关系"。所有的领导者都将大把大把的时间消耗于此。上下级关系、内外部关系，把人与人相处最简单的问题复杂化、关系化。

请人吃饭不能简单，关系不好的人吃不到一块；开会发言不能简单，需察言观色，以防祸从口出；处理问题更需谨慎小心。大人物可以简单，权大说了算；小人物简单不了，要绞尽脑汁维持"关系"。不知道多少人为此感到痛苦，不知道多少事为它付出代价。

人们在追求现代的生活方式时，总是以简单为目的：为了方便摄影，发明了"傻瓜"相机；为了驾驶容易，开上了自动挡汽车；还有洗衣机、电饭锅、银行卡……无不为人们的生活提供了方便。方式越简单，生活越自由。自由的生活使人们得到了解脱，也得到了快乐。

但是，办事的程序却似乎变得越来越繁琐。一件事多人管，多人管就要"拜八方"，往往会搞得我们无所适从、筋疲力尽。这种"简单的事情复杂办"不但影响了办事效率，也阻碍了社会的进步，磨灭了人们的意志。

现代企业领导者，应当力尽所能地在管理过程中追求简单的管理方式，让员工有一个简单的工作环境。因为简单与实效是紧密联系在一起的。崇尚简单，目的是为了力求实效；务求实效，要求我们的管理必须崇尚简单。这是一个辩证统一的关系。这里说得简单，不是肤浅与单纯，不是无视现实的复杂性，而是化繁为简，是一种高层次的简约与简洁，是加快工作节奏、提高工作效率、简化管理程序，一句话就是为了获得实效必须遵循的思想方法与工作作风。务求实效，就是要坚持"一切从实际出发，实事求是"的思想路线。大力倡导"干实事、重实效、敢负责"的精神。想问题、办事情出发点与落脚点，都要放到效率与效益上来。

"简单大师"前田约翰的《简单法则》阐述得非常清楚。前田约翰指出，有10条法则可以实现简单。第一，减少。就是说，达到简单的最简单方法，就是要有所割舍，割舍一些没用的功能，割舍一些多余的部分，就能简单许多。第二，组织。妥善组织能使复杂的系统显得比较简单。第三，时间。节省时间也会让人感觉简单，但这种简单不一定是真的简单。第四，学习。知识、经验的积累能使一切变得简单。第五，差异。简单和复杂相辅相成，没有复杂的对比反差，简单就不能更好地显现。第六，背景。简单的周边事物绝非无关紧要，它有助于形成一种简单的氛围，让人感觉简单。第七，感情。感情的寄托也有助于简单。第八，信任。要对一些简单的事物报以必要的信任。第九，失败。要相信有些事物不可能简单，不是所有东西都适合简单。第十，单一。简单就是要求减少明显的，增加有意义的。

可以这么说，《简单法则》首次对"如何简单"做了全面而又深入的探讨，给人以清晰、透彻的指引，从而帮助人们将简单转化为产品、服务最重要的特色。比如，iPod，它的功能比其他数字播放器简单得多，但价格却高出同类产品一大截，问世以来广受年轻消费者的喜爱；又如Google，它有着超强的搜索能力，但界面却做得非常干净、简洁，它的存在一度使"Google"成为"网络搜索"的代名词；再如飞利浦，它的"精于心，简于形"的愿景追求使它当之无愧地成为它所在行业的标杆。对飞利浦而言，简单已不仅仅是一种能引发人热爱小众产品设计的特质，而且还是企业对抗本身复杂机制、超越自我的重要战略工具。在这一点上，飞利浦值得所有企业学习。

当然，仅仅依靠简单来管人还是不够的，还需要多元作为简单的补充，而"多"的代表就是IBM。

在IBM，多元文化的最显著体现是对女性职员的尊重，其在最受上班母亲欢迎的企业排名中名列第一。2006年5月，IBM召开了首届中国妇女大会，用组织者的话说，这是一次没有任何商务目的的大会，事实上这只是IBM所倡导的女性多元化发展的一个体现。截至2001年，IBM中国公司的本土员工中，数量已达1 047名，接近员工总数的40%，而1995年女性员工数量为334名。来自中国大陆的IBM高级管理层中，女性比例从1995年的零增长到2001年的57.14%，在IBM亚太区已经产生了3名女性地区总经理。在公司内部，培养女性员工不仅被看成一种道义和责任，更被视为是一项公司级的战略任务。

据IBM大中华地区金融服务事业部运营总监和副总经理，以及大中华地区女性多元化团队的带头人童至祥女士介绍，为了更好地发挥女性员工的才华，IBM有所谓的导师制，常常在职场上给员工一些建议。有女性的读书会，定期有一些聚会，希望女性能够把自己的人际网络建立起来。同时，当国外有非常杰出的女性高级主管来的时候，会有圆桌会，可以用这些杰出的女性来做模范。

IBM在帮助科技女性发展职场生涯有一套自己的模式。科技女性进了公司以后，有三个层面的伸延发展，第一个是资浅的层面；第二个是资深的层面；第三个是高级主管的层面。第一层面到第二层面，第二层面到第三层面，都必须经过技术上的认证，并遵循一定的认证程序。这些职业女性可以选择在专业里面继续做研究发展，也可以考虑走到管理层面。

作为企业的领导者，特别是高层领导者，一定要左手"简单"，右手"多元"，这样才能让管理游刃有余，让企业的凝聚力不断加强。

第15章 拧成一股绳，团队总能赢

团队作战，人人可胜

组建企业团队，发扬团队精神，不仅能使团队的目标实现得更快更好，也能让团队里的每一个人都得到充分发展。"不让一个队员落后"的原则真正体现了团队文化中"共同进步"的目标。

无论是在政府机关还是在企事业单位工作，我们经常会看到一些"独行侠"们在拼命地工作，但他们的工作业绩却是平平的。为什么会是这样的呢？也许这些"独行侠"们也觉得奇怪：我比别人付出的多，为什么我的业绩一般，甚至有时还差点丢掉饭碗了。答案是："独行侠"们的工作是1加1小于2，而团队作战则会让1加1大于2。这个答案可能令人茅塞顿开，原来个人要和团队并肩作战，团队合作是至关重要的。

万科前老总王石曾说过："我的灵感来自团队。我给外界的错觉是因为个人能量非常大而成就了万科的今天，其实不是这样。我对万科的价值是选择了一个行业，树立了一个品牌，培养了一个团队。"后者的价值最大，团队的力量是企业家最大的资本，由于聚集了一批优秀的职业经理人，富有激情的万科团队推动着万科与时俱进。

20世纪六七十年代日本经济的腾飞创造了世界经济发展史上的神话。以美国为首的西方国家对日本企业展开了深入研究，以寻求日本经济奇迹的秘密。研究发现，日本地狭、物少、人多，其经济的腾飞虽说有内外各方面的原因，但从根本上说还是日本企业本身的竞争能力使然。而企业的竞争力虽然也源于各方面的因素，但是结合日本的现实情况来看，对人力资源的有效开发才是最终的制胜因素。比较而言，假如以日本最优秀的员工与欧美最优秀的员工做一对一的对抗赛，日本的员工多半不能取胜，那么，日本人力资源开发的优势到底在哪里？更深入的探讨表明，日本的员工一对一虽然不占优势，但如果以班组和部门为单位比赛，日本的员工总是会占上风。日本的员工对企业有一种强烈的归属感，他们工作勤奋认真，可以说将全身心都投入到了企业事务上，而欧美的员工就难做到这一点。欧美的企业是由少数领导者来主导的，凡事"照我说的办"，而日本企业则充分发挥全体员工的智慧，充分调动其能动性。在个人主义盛行、鼓励个人奋斗的欧美社会，组织内部常产生内耗，不能形成1加1大于2的团体竞争力。而在日本，组织成员极富协作精神，他们能结成坚强的团队，产生强大的竞争力。可以说，日本企业的优势主要源于其团队竞争力，其中更重要的是日本企业内的团队精神。

通过对日本竞争力源泉的研究，欧美人士猛然醒悟：单打独斗不可能获得当今时代的成功，依靠个人奋斗的个人英雄主义时代已一去不复返，光靠领导者殚精竭虑而没有员工的积极参与，光提高员工的个人能力而没有有效的团队协作，在竞争日益加剧的今天已没有生命力了。正如美国管理学家詹姆斯·马克所说"要想取得今后的成功，就应充分运用人力资源，尤其要尽力形成强大的团队合力。"为此，欧美企业大力学习日本的团队建设经验，建立起一个个的团队，努力培养团队精神。因此，自20世纪70年代起，团队精神在西方逐渐风起云涌，大行其道；跨入20世纪90年代，团队精神不仅经久不衰，反而更加流行。目前团队精神之风正席卷全球。例如，中国台湾的台塑集团40余年一直注重建设"塑造高纯度、高忠诚度、高热忱度的台塑人"的团队文化，使企业在短短几十年时间从一个濒临破产的小企业成为世界塑胶业的领袖企业。又如，日本丰田汽车公司一直强调以老带新、以强带弱的"互助运动"和鼓励职工参与"亲睦团体"的企业团体精神，使丰田形成了优良的企业文化，实现了"有路必有丰田车"的丰田战略目标。

一个优秀团队的凝聚力和竞争力是不容忽视的，没有一个企业希望自己的员工是一盘散沙，个个都去单打独斗。

行为是人和环境的"函数"，团体是非正式团队，是处于均衡状态的力量的"力场"，个人的活动和情绪构成了团体行为。

卡尔森是一位享誉国际的企业家。正是由于他的出色管理，蜚声世界的

第15章 拧成一股绳，团队总能赢

美国联合航空公司在几年之内由每年亏损4 600万美元到盈利上亿美元。卡尔森认为上面的权力是由下面的员工给予的，只有企业的所有员工成为一个有力的团体，才是对企业领导者的最有力支持，没有这种支持，领导者就等于一个没有任何权力的光杆司令。卡尔森的名言是："一家企业的领导者和一位政治家差不多，都有选民。全体员工也许不会真的到投票处去投票，但是每个员工确实以兢兢业业或消极怠工的方式来参加选举。"

号称"经营之神"的松下幸之助更是在1945年就提出："公司要发挥全体员工的勤奋精神"，他不断向员工灌输所谓"全员经营""群智经营"的思想。这种思想认为："松下的经营，是用全体员工的精神、肉体和资本结成一体的综合力量进行的。"为打造坚强团队，直至20世纪60年代，松下公司还在每年正月的一天，由松下幸之助带领全体员工，头戴头巾，挥舞着旗帜，把货物送出。在目送几百辆货车壮观地驶出厂区的过程中，每一个员工都会升腾出由衷的自豪感，为自己是这一团体的成员感到骄傲。

在给全体员工树立一种团体意识的同时，松下公司更是花大力气发挥每一个员工的力量和智慧。为达到这一目的，公司建立提案奖金制度，不惜花重金在全体员工中征集建设性意见。虽然现在公司每年颁发的奖金在百万以上，但正如公司劳工关系处处长所指出的："以现金来说，这种提案奖金制度每年所节省的钱超过所发奖金的13倍以上。"不过，松下公司建立这一制度的最重要目的，并不在节省成本上，而是希望每个员工都参加管理，每个员工在他的工作领域内都被认为是"总裁"。正是因为松下公司充分认识到群体力量的重要，并在经营过程中处处体现这一思想，松下公司的每一个员工都把工厂视为自己的家，把自己看作工厂的主人。因此，纵使公司不公开提倡，各类提案仍会源源而来，员工在家里、在火车上，甚至在厕所里，随时随地都会思索提案。试想，有了这样的"全民动员"，松下公司又怎能不成为称霸世界的超强企业呢？

古人云：人心齐，泰山移。团队不仅强调个人的业务成果，更强调团队的整体业绩。团队强调通过队员奋斗得到胜利果实，这些果实超过个人业绩的总和。所以，团队组建后如何最大化地发挥团队精神是决定企业利益和效益的根本所在。

知识型员工重在引领

一个称职的领导者应当知道怎样引领知识型员工发展。例如，通过具体事例引导他们仔细思考自己擅长什么，看重什么，如何学习和追求发展。这种自我认识对知识型员工取得工作绩效和正确评价自我是十分重要的。因此，德鲁克建议，应当引领知识型员工，而不是管理知识型员工。

彼得·德鲁克先生在《21世纪对管理的挑战》一书中指出："知识工作者的生产力是21世纪对管理最大的挑战，在发达国家这是它们生存的需要，舍此就别无他法能维持其领导地位和维持其生活水平。"他认为，20世纪最重要的，也是最独特的对管理的贡献是制造业中手工工作者的生产力提高了50倍。21世纪对管理最重要的贡献同样地将是提高知识工作与知识工作者的生产力。20世纪企业最值钱的资产是它的生产设备，而21世纪企业最值钱的资产则将是知识工作者及其生产力。

随着知识经济时代的到来，知识成为企业资源要素中最重要的要素之一，而知识的创造、利用与增值最终要靠知识的载体——知识型员工来实现。

企业中的知识型员工一般指从事生产、创造、扩展和应用知识的活动，为企业带来知识资本增值，并以此为职业的人员。知识型员工不同于普通员工的本质特征是拥有知识资本这一生产资料，也就是说知识型员工是知识所有者。

让知识型员工参与他们分工业务或利益直接相关的决策，可以充分表达

第15章 拧成一股绳，团队总能赢

企业对他们的信任和尊重。知识型员工由于拥有专业知识和技能，往往最了解问题的状况、改进的方式，以及客户的真实想法。一旦员工对企业事务有了更强的参与感和更多的自主性，他们对工作的责任感就会大大增加。仅仅通过授权，企业就可以用很低的成本得到更高的效率。

德鲁克在剖析管理行为的实质时深刻指出，人们从内心深处是反对被管理的。这一观点尤其适用于知识型员工，因为知识型员工对于自己所从事工作的了解要比他们的领导者深刻得多。对于知识型员工而言，监督是一座特殊的"地狱"。他们在各种繁杂的规章制度束缚和"监工头"式的监督严管下，可能丧失所有的激情和创造力。

引领而不是管理，意味着要为知识型员工创造更为宽松、开放的工作环境，具体包括自主工作的权力，弹性工作制，自由发表意见的氛围，容忍员工犯错误，创造充满乐趣和关爱的工作环境等。

知识型员工并非完美无缺；相反，许多知识型人才因个性强烈而可能发生行为失误。对知识型员工实行宽容式管理，就应当允许他们犯错误。在西门子，知识型员工有充分施展才华的机会，工作一段时间后，如果表现出色，都会被提升。即使本部门没有空缺，也会被安排到其他部门。优秀员工可以根据自己的能力和志向，设定自己的发展轨迹，一级一级地向前发展；对那些一时不能胜任工作的员工，西门子也不会把他们打入另类。而是在尽可能的情况下，换一个岗位，让他们试一试。许多时候，不称职的员工通过调整，找到自己的位置，干得跟别人一样出色了。

但这并不意味着西门子公司员工都很优秀，不犯错误。西门子（中国）有限公司人力资源总监说："我们允许下属犯错误，如果那个人在几次犯错误之后变得'茁壮'了，那对公司是很有价值的。"犯了错误就能在个人发展的道路上不再犯相同的错误。只要领导者对犯错误的员工进行正确的引领，他们总是会找到正确的方向的。

爱立信移动通信有限公司也坚持同样的态度，"员工一旦进入公司后，我们就会尽力去帮助他发展，即便他犯了什么错误，我们会先追究经理的责任。如果他不太胜任，我们也会为他提供培训或是进行岗位调换，直至胜任为止。"实践证明，容忍犯错误的态度给予了知识型员工最大的心理宽容度，增进了员工对公司的信赖和忠诚感，正确的引领也有助于其创造性潜力的发挥。

随着知识经济的发展，知识型员工的涌现，不断给传统的管理理论和方式带来挑战，在人力资本的作用日益大于物质资本的作用的今天，通过管理来激发知识型员工的创造欲和发展他们的创新能力显得尤为重要。知识型员工的工作努力与价值创造，受到其自身特点和需求的影响，要使努力的结果达到目标的实现，就必须使目标管理变得更为人性化和柔性化，同时，这也是现代管理理论和方式的发展方向。

好的管理能促进被领导者的自我管理

促进员工自我管理的方法，就是处处从员工利益出发，为他们解决实际问题，给他们提供发展自己的机会，给他们以尊重，营造愉快的工作氛围。做到了这些，员工自然就和企业融为一体了，也就达到了员工的自我管理。

在管理的过程中，我们常常过多地强调了"约束"和"压制"，事实上这样的管理往往适得其反。如果人的积极性未能充分调动起来，规矩越多，管理成本越高。聪明的领导者懂得在"尊重"和"激励"上下工夫，了解员工的需要，然后满足他。只有这样，才能激起员工对企业和自己工作的认同，激发起他们的自我管理，从而变消极为积极。真正的管理，就是没有管理。

领导者很难及时、全面掌握被领导者的情况，导致领导者的工作脱离或滞后于一线业务。如果员工抵制，更会升级为领导者和被领导者的一场博弈游戏。其实，管理工作就如一个人挑担，挑的东西就是管理要做的工作。领导者和被领导者就如左右肩，只有合理安排好左右肩的责任和作用，才会使得整体的挑担更轻松。否则，单方努力必然招致失败或者徒然地增加巨额的管理成本。因此，员工参与管理的程度直接影响管理的成本和效率。

日本京都制陶的"变形虫"管理就是一种自我管理，在不改变原来的科层组织的情况下，京都制陶组成了若干独立核算的小组，强化了员工的主人翁意识。

美国明尼苏达3M公司从不干涉员工的工作环境，3M的创新从下而上，由员工决定创新方向。3M的创新不是依循精密的计划，员工可以从事非公司指定的工作，组织可以向个人让步。这种自我管理或自组织方式使3M获得了巨大的成功。

"做软件，到微软。"这是每一位在微软中国研究开发中心工作的人经常自豪地讲的一句话。去微软做软件，可以说是每一个做软件的人梦寐以求的事。为什么？因为除了过硬的技术外，微软能为自己的员工提供最大的实现自己创意的空间，能使员工的自我发展和自我实现价值得到最完美的实现。

微软的企业文化强调充分发挥人的主动性，让员工有很强的责任感，同时给他们做事情的权力与自由。简单地说，微软的工作方式是"给员工一个抽象的任务，要员工具体地完成"。对于这一点，微软中国研发中心的桌面应用部经理毛永刚深有体会。毛永刚说："1997年他刚被招进微软中国研究开发中心时负责做Word。当时他只有一个大概的资料，没有人告诉他该怎么做，该用什么工具。和美国总部交流沟通，得到的答复是一切都要靠自己去做。就如要测试一件产品，却没有硬性规定测试的程序和步骤，完全要根据自己对产品的理解，考虑产品的设计和用户的使用习惯等，发现许多新的问题。"这样，员工就能发挥最大的主动性，设计出最满意的产品。

微软是个公平的公司，这里几乎没有特权。盖茨只是这两年才有了自己的一个停车位。以前他来晚了没地方，就得自己到处去找停车位。正是这种公平和富有挑战性的工作环境，促成了微软员工巨大的工作热情，这种热情就是管理员工的最大工具。在微软，员工基本上都是自己管理自己。

增强员工的自发控制可以大大提高管理的效率，这一点已经受到了国内许多企业的重视。青岛澳柯玛集团在这一点上就作出了不错的成绩。

作为国有特大型企业，澳柯玛始终恪守人本管理的原则，成功地建立起了以"善待员工，厚爱企业"为核心的企业文化，大大加快了企业的发展，同时调动了员工爱岗敬业的积极性，有效地促进了员工们的自我管理。

"善待员工，厚爱企业"，良性互动让企业与员工的心贴近了，企业发展步伐由此更快了。如今，澳柯玛每年销售收入的增幅都在20%左右，员工人均年工资收入超过12万元，远高于当地平均水平。

作为组织、股东、董事会和高层领导者应当真心感激每一位员工的劳动付出。真心感激并不单指提高薪酬和福利待遇，它更包括了解员工的真实的人性需求并设法予以满足。例如，员工会想，企业对我有新的期望吗？企业是不是认为我是一个有用的人并且注意到了我？我应当怎么做，才能得到赞赏和认可？作为领导者，有一条素质非常非常重要，就是必须去发掘员工的人性需求，并找到适宜的方法和工具去满足这些需求。

促进员工自我管理的方法，就是处处从员工利益出发，为他们解决实际问题，给他们提供发展自己的机会，给他们以尊重，营造愉快的工作氛围。做到了这些，员工自然就和企业融为一体了，也就达到了员工的自我管理。

第16章

消费者永远对,一手抓管理一手抓服务

对待消费者,如果我们老是抬杠、反驳,也许偶尔能获胜;但那是空洞的胜利,因为我们永远得不到对方的好感。有时候,如果我们能正确对待消费者的错误,实际上是另一种为消费者服务的方式。牢记服务工作中的这句老话:"消费者永远是对的"。

管得少才能管得好

及时升级服务理念

理念支配人的行为，服务理念决定着企业的服务面貌。市场经济的发展带来了企业服务竞争的升级，迫切要求企业迅速更新理念，在现代服务理念支配下，把服务问题提到战略高度上来认识，在服务上不断追求高目标，提升服务品位，创造服务特色。

全面周到的服务是赢得消费者信任与支持的重要途径，只有协助消费者去赢得、保持竞争优势，取得最佳经济效益，才能保证企业长久的发展与赢利。

服务竞争所带来的并不是手到擒来的商业机会，而是一种全新的理念，要想在服务竞争中占据优势地位，首先得改变企业传统的服务观念。

所谓服务理念，是指人们从事服务活动的主导思想意识，反映人们对服务活动的理性认识。服务理念是在一定经济、文化环境的影响下，在人们长期营销服务的实践中逐渐形成的。

近几年来，随着科学技术的迅速发展，消费需求变化速度加快，产销矛盾和市场竞争加剧，消费者地位不断提高，以消费者为中心的市场营销观念开始形成。一方面，企业源于经济动机，开始把有关的生产、销售、广告、服务等都集中到"满足消费者需要"这一目标上来，整体推进企业的生产和营销活动；另一方面，很多企业开始认识到，服务是奉献与获取经济利益的统一这一新的服务理念。

把消费者视为企业的主宰，既是由企业的经济属性，即企业谋求更高盈利的原始经营动机决定的，也是由企业的社会性质决定的，是奉献与获取经济利益相统一的服务理念的具体体现。

企业应尊重消费者的权利，尊重消费者在接受服务时的安全权、知情权、选择权、公平权、被赔偿权、受尊重权、监督权等，认真履行应尽的义务，并且根据消费者的需要决定企业的经营方向，根据消费者的需要选择企业的经营战略，确立"消费者满意"的服务标准，增设服务项目，改善服务环境，建立全面服务质量管理保证体系，使企业各部门都围绕着"消费者满意"这个目标而开展工作，最终促使企业服务质量得以全面提高。

一汽轿车销售有限公司自1998年9月成立以来，以其"红旗"轿车民族品牌的优势、出色的营销策略和服务体系，每年都超额完成轿车销售任务。2002年针对私人购车的发展趋势，公司总经理王法长，根据一汽集团关于加快实施以消费者为中心的营销战略，提出了"管家式"服务的新理念，目标用3年时间，打造出一汽轿车服务品牌。

所谓"管家式"服务，就是要突破以往服务站只负责维修的局限，而把服务的内容扩展到与车辆有关的一切服务活动。通过开展多元化、个性化、人性化的服务，做到消费者购买和使用一汽轿车没有后顾之忧。通俗地讲就是：消费者是"主人"，一汽是"管家"；"主人"想不到的，"管家"要替"主人"想到，"主人"想到但做不到的事情，"管家"要替"主人"做到。目的就是向消费者传递这样一个信息："你只管开车加油，其他烦心事都由我们的服务体系去做。"

"红旗"轿车遍布全国的服务站有265家，西藏服务站也于2002年4月开业。公司要求员工在维修、救援、保养过程中，学习海尔精神，不抽消费者一支烟，不收纳消费者任何酬谢的物品；在正常的维修服务工作中，要注意一些小细节，如修车时要穿上鞋套，给车子座椅套上座套，穿上干净的工作服；出现交通事故时协助处理保险、索赔等事宜，以及免费送油、车辆反锁救援等，处处体现为消费者着想。通过消费者应答中心系统，对消费者实行台台跟踪服务，消费者发生索赔后，从他离开服务站开始，3天内再与消费者取得联系，了解消费者的意见和抱怨，并由服务站或商务代表处为消费者提供进一步服务，直到消费者满意为止；对索赔期外的消费者每年保持两次联系，如进行生日问候，在特殊情况下，及时进行沟通；在快要到索赔期或保养期时，对消费者要及时提醒；如果消费者两个月没有被服务站联系上，就要主动想办法联系上。

2001年7月，"红旗"明仕投放市场。2002年4月，又推出明仕Ⅱ代，为了满足消费者个性优化要求，明仕Ⅱ代的技术改进有16处，新增设备13件。但增值不增价，物超所值的价值再加上新增的配置，私人消费者踊跃购买。在销售形势一路飙升的情况下，他们宁肯牺牲企业部分利益，首次在全国推出4次免费保养的新举措，首保里程从7 500公里缩短为3 000公里。由1次保养改为4次保养，公司每年要增加1 000万元的费用，每次保养要对车辆进行一次全面检查，把隐患消灭在萌芽之中，避免质量问题给消费者带来的麻烦，提高用户对"红旗"轿车的认可。

代办车辆保险、理赔工作是国外售后服务中的一项司空见惯的内容，在国内却没有一个品牌能够做到。国内是交保费容易，进行理赔麻烦，特别是异地保险理赔更是难上加难。他们与保险公司签约，实行代办车辆保险、理赔工作，其中条款完全是让利消费者，方便消费者。这项举措不仅是国内同行业的首例，更重要的是为"管家式"服务增加全新内涵，如2002年4月1日一汽轿车在北京与太平洋保险公司签约，规定：①车辆受险后，保险公司必须在规定时间赶到出事现场，也可以由服务站授权处理，最大限度地节省消费者成本、时间，同时迅速疏通交通堵塞；②出事故后，由服务站为消费者理赔；③异地受险后，也由受险地服务站替消费者理赔；④在受险车维修期间，为消费者提供代用车；⑤在交保规定、保险年度内，保险公司给消费者增加免费保养次数；⑥取得保险公司的政策支持，使消费者主动到服务站维修，使用正规厂家的备件，可以避免用户使用非正规厂家的备件而带来的风险。

"红旗"轿车的"管家式"服务是轿车售后服务工作中的重大创新。在国内也是首开先河。新闻界称王法长总经理是"服务老总"。他坚信，服务的付出，最终也能大比例收到市场的回报。2002年，"红旗"轿车销售2.4万辆，同比增长8.7%。其品牌价值已高达44.06亿元，在中华商标协会、新华社、中央电视台等43家报刊媒体单位协办的中国商标大赛上，"红旗"品牌荣获"2001年中国十大公众认知商标"第一名；在中国社会调查所6月26日公布的中国最受公众欢迎的汽车排行榜中，"红旗"名列榜首；此外，"红旗"品牌还分别名列十大高档车品牌、十大中档车品牌、公众心目中十大购车首选品牌的前五位，尽显民族品牌的独特魅力。

总之，强化现代服务理念，及时升级企业服务理念，是企业赢得市场竞争的重要途径。

服务也是一种营销

服务营销，不但能为消费者提供良好的销售服务，实现售前、售中、售后的服务链接，而且还能够起到树立品牌、实现与消费者面对面的沟通、直接和高效地宣传企业形象的功能。

在商业竞争中价格是主要的因素，但是价格低的商业企业并不意味着能够获得消费者的首选。理性的消费者能够接受以相对较高的成本获得更好的商品和服务。优秀的商业企业在营销过程中能够以优秀的服务和较高档的商品获得市场竞争的优势。服务营销是商业企业中重要的战略思路。商业企业是商品的集散地，同时也是提供服务的场所，在一定的意义上说，商业企业起到传统生产企业无法完成的服务角色。在信息时代，商业企业的利润主要来源不再是信息差，而是所提供的服务，消费者通过商家所提供的服务使所购买的产品增值。

美国南佛罗里达大学营销学助理教授詹姆斯·柯蓝分析道，"例如，风味药品或礼品卡之类的促销活动也许会改变消费者的购物习惯。目前的药品零售行业面临着各种挑战。要让消费者分清药店的服务或产品，需要下很大的工夫。其中，促销功不可没，它能让消费者改变消费习惯，特别是让消费者能再回来。而促销带来的客流量也是药店所追求的。不过，促销也不可能一劳永逸，药店的销售业绩与行业趋势的关系更为密切。通过促销让消费者走进来后，药店还要用服务和便利性打动他们，让他们养成在这里购买药品的习惯。"

在南卡罗来纳州的Palmetto市，口碑不错的Faith药店就是通过免费送货服务来吸引消费者的，该项服务深受老年消费者的青睐。店长莉莲·奥克帕雷克坦承："人们很在乎免费送货这项便民措施，药店也是因此而备受关注的。"

Faith药店的街对面有一家沃尔玛药品超市，而药店的消费群却未受影响。事实上，沃尔玛的存在反而给药店带来了更多的顾客。因为在沃尔玛购买处方药，消费者往往得等上1小时，而在Faith药店只需5~10分钟就能搞定。

"就算药店推出了香蕉味的处方药，也不代表消费者会上门买药。"沃尔格林药剂师珍妮·帕伦特强调，"还有很多人不知道药店能提供此项服务，因此药店需要更大力地宣扬。"或许，这就是以服务促销售的真谛所在。

服务是企业在市场竞争中获胜的重要手段，是区别于不同企业本质的区别。置身于不同的商业企业中，能感受到明显不同的购物气氛，这种气氛是企业文化上的差异，也是企业服务思想上的差异。服务营销是企业营销思路的重要方面。优秀的企业应具有特色的服务方式和服务理念。沃尔玛以"乡土"理念和超越消费者期望的服务态度获得经营的成功。伊藤洋华堂以日式严谨的热情获得消费者的满意，相对而言，中国的企业在服务理念方面缺少独有的特色，存在被动提供服务的现象。优秀的企业在服务理念方面需要和当地的文化及人文结合,形成具有"乡土"特色和企业文化特色的服务营销。

下面这个故事,就很好地阐明了服务营销的精髓所在。

在奥地利首都维也纳有专门为50岁以上老人服务的购物场所,其标志为"50+"超市。

"50+"超市创意很简单,但又很独到。超市货架之间的距离比普通超市大得多,老人可以慢慢地在货架间选货而不会显得拥挤;货架间设有靠背座椅;购物推车装有刹车装置,后半截还设置了一个座位,老人如果累了还可以随时坐在上面歇息;货物名称和价格标签比别的超市也要大,而且更加醒目;货架上还放着放大镜,以方便老人看清物品上的产地、标准和有效期等。如果老人忘了带老花镜,可以到入口处的服务台去临时借一副老花镜戴上。最重要的是,超市只雇佣50岁以上的员工。对此,一家"50+"超市经理布丽吉特·伊布尔说:"这受到消费者的欢迎,增加了他们的信任感。"从中获益的不仅仅是消费者,雇佣的12名员工又可以重新获得了工作,他们十分珍惜这份工作,积极性特别高。

"50+"超市由于替老人想得特别周到,深受老人的欢迎。同时被其他年龄层(带孩子的年轻母亲)所接受。"50+"超市商品的价格与其他没有特殊老年人服务的所有超市一样,营业额却比同等规模的普通超市多了20%。

消费者永远是对的

开发出满足市场需求的产品当然是第一位的,但有时企业并不知道市场需求是什么,在那里冥思苦想,最后开发出的东西可能无人问津。所以必须强化售后服务,以售后服务密切联系市场,获得需求信息,售后服务的完结就是新产品开发的起始。

生产与服务是相辅相成的，但从以上意义来说，好的服务才能指出生产的正确方向。

"消费者永远是对的"这句话是伴随着市场经济的迅速发展、消费者运动的日益高涨，由西方业界提出来的，是"消费者就是上帝"的具体化。

"消费者永远是对的"，从字面意义上看显得绝对化，因为消费者也是人，人非圣贤，孰能无过，消费者在接受服务的过程中，也不可避免地会说错话，做错事，也就是说消费者不可能"永远"是对的。但是，这里倡导的"用户永远是对的"这种服务思想，其内涵显然不是从具体的一时一事角度来界定的，而是从抽象意义上来界定的。在企业为消费者服务的过程中，企业是服务者，消费者是被服务者，服务者为被服务者提供服务，自然应该以被服务者的需要和意志为转移，况且，这里所说的"消费者"也不是指单个具体的人，而是把消费者作为一个整体来看待。企业为整体的消费者服务，不应该挑剔个别消费者的个别不当言行，更不能因为个别消费者的个别不当言行影响到企业对整体消费者的根本看法。

在市场竞争日益激烈的今天，要想始终抓住消费者的心，就必须解放思想，不断创新，敢于否定自我，海尔集团恰恰做到了这一点。也正是因为做到了这些，海尔的服务才得到了消费者的最高评价，海尔的销售和生产才提升到了一个新的高度。

"一站到位""零距离服务""差别化服务""星级服务""海尔全程管家365"，海尔的全方位服务内容不断创新提升，也使得"消费者永远是对的""真诚到永远"的服务宗旨牢牢地根植于消费者的心中。

海尔人信奉：世界上并不一定有十全十美的产品，但能通过百分之百的服务让消费者满意。"真诚到永远"的海尔宗旨，是靠海尔人的实际努力拼打出来的，是靠海尔人的诚心来打动消费者的；"真诚到永远"不是靠口号喊出来的，而是依赖于海尔人成千上万次行动一点一滴地积累起来的承诺，

第16章 消费者永远对，一手抓管理一手抓服务

是靠海尔人的辛勤付出换来的。

"诚"字怎样写？海尔集团的领导做了一个很好的解释：一个"言"字加一个成功的"成"字，就是"诚"，要让说出的承诺兑现，付诸实施，并要见成效。海尔以诚取信，以诚取胜，诚心诚意地尽自己所要尽的义务，诚心诚意地承担所承诺的责任。

海尔的高级领导者们把服务问题当成"实事"问题来处理，也就是说，服务是值得他们立即躬亲过问的问题。对外，他们真正把服务作为开拓市场的中心工作；对内，他们要把海尔在服务上的理念和内部发生的生动的服务故事传扬开去，激励和感染员工为用户奉献真诚。

早在1989年，海尔就对所有维修人员规定，上门维修不许抽烟、喝酒、吃饭，任何人不许收受礼物。后来干脆规定，维修人员自带矿泉水。

为了实现消费者满意度最大化的服务宗旨，海尔在服务环节不考虑成本，考虑的只是坚定不移地、不折不扣地贯彻执行既定的服务规范和服务标准。海尔售后服务中心规定：发往全国各地维修点的配件必须以最快的速度送达，无论是上门送货、上门安装，还是上门维修，必须讲究速度，即使出现意想不到的困难也要努力克服。在这方面，令人感动和称许的事例不胜枚举。福州有位消费者的海尔冰箱出了故障，给海尔打电话，希望能在半个月内上门维修。岂料第二天，一位胸前佩戴海尔徽章的服务人员就出现在消费者的家中。当用户得知他是连夜乘飞机赶来之时，含泪在维修回执上写下了这样两句话：我要告诉所有的人，我买的是海尔冰箱。

海尔人有一个共识，即"消费者是衣食父母"，只有不断地给消费者提供最满意的产品和服务，消费者才会给企业回报最好的效益，员工的收益才会水涨船高，因此，海尔人在服务中坚持"消费者永远是对的"。当我们走进海尔的售后服务中心，首先映入眼帘的就是"如果你满意，请告诉你的亲朋好友；如果你不满意，请你告诉总经理"，而海尔总经理的回答是"消费者永远是对的"。

有一次，售后服务中心接到一位消费者来信，询问冷柜长时间不停机

是怎么回事，但不知是一时疏忽还是对此事不太上心，书上没有联系地址，只简单地写了"浮山"两字。遇到类似情况，一般企业的常规做法是等有了更详细的信息后再处理，而海尔售后服务中心的员工坚持"消费者永远是对的"服务宗旨，立即派人前往落实。一名服务人员带着消费者的来信和维修工具来到浮山，在密密麻麻的住宅间，一个街道一个街道地打听，直到日落，才在户籍民警的帮助下找到了来信的消费者。经过检查发现原来是因为消费者未认真阅读说明书，冷冻食品太多所致。服务人员毫无怨言，耐心地向消费者介绍了使用知识，直到消费者满意为止。

服务机制的完善与否直接代表着企业体制的先进程度，服务环节的完善与否直接反映着企业的经营水平和经营能力。可以说，服务是企业全部经营活动的出发点和归宿。服务决定消费，并由此决定生产，这是一个积极的双重因果循环关系。坚持"消费者永远是对的"服务宗旨，才能赢得消费者的信任与青睐。

服务的真谛就是简单

中国企业的服务意识在增强，彩虹服务、管家式服务、阳光服务、微笑服务、五星级服务等层出不穷，但服务本身离不开简单。

"服务是人与人之间的游戏"，这个游戏企业能否做好，取决于企业对服务理解的深度。从根本上来说，服务就是满足他人需求，就是为他人提供最大的便利，也就是说通过服务让消费者生活得更简单、更轻松、更惬意、更潇洒、更具有现代化。

因此，在一定意义上讲，服务就是简单，简单就是生活，简单就是真理。简单就是"容易理解、使用或处理"，就是把最复杂、最繁琐、最专业、最容易出错的工作揽过来，由商家自己来办、由商家设计的程序来解决，而提供给消费者的应该是一刷就通、一按就行、一看就懂、一签（签上自己的名字）即可的完美的方案和简单便利的服务。实践证明，简单清晰的策略、方便快捷的操作、让人惬意的全方位服务，是时代的要求和社会的进步，也是企业成功的法宝，同时也是企业服务能力的展现。

简单就是为消费者减少服务成本，创造最大价值。这是企业服务意识、消费者意识核心的思维模式的展现。企业天天在讲以消费者为中心，消费者的需求就是简单，就是让感到头疼的事变得相当简单和舒心。企业服务的目的是什么，就是着眼这些需求，为消费者提供最大的价值，就是要经营消费者，最大限度地减少消费者成本，提高消费者让渡价值，让消费者觉得买企业的东西是物有所值。一是减少物质成本，提高工艺，增大科技含量，提供物美价廉的产品，让消费者花最少的钱得到最多的回报，帮助消费者省钱；二是减少时间成本，简化服务流程，提高服务技能和效率，提高消费者享受服务的效率，让消费者在最短的时间里轻松地享受到最好的服务；三是减少精神成本，以温馨舒心的环境氛围，以周到快捷的亲情化服务，让消费者消除疲劳和烦恼，得到精神上的满足、愉悦和享受，让消费者心动回味。这时的消费者往往会忽略价格的高低，更注重后两种成本的大小。

人们常说："白给我都不要"。是因为白给的不是自己钟爱的东西，反而增加了不少烦恼，他也觉得不"值"，不值得他"掉价购买"。其实，是否想把事情弄简单，是检验企业是否有现代服务意识的重要"试金石"。看一个企业是否把事情搞简单，看他是否把复杂的流程自己处理，而送给消费者的界面比较简单，就可以判定出它的理念和机制是不是真正以消费者为中心。我们都会有这样的经历：到某个墙上贴着各种热情服务标语的单位、机关、医院办事时，本以为能享受到名副其实的服务，结果往往会到不同的窗口去填看不懂、看不清的各种表格，还要签字、盖章、划价交费，而且经常跑错窗口、排错队，常常楼上楼下、忽左忽右地折腾，搞得人晕头转向、疲

管得少才能管得好

忿不堪、心烦意乱，总之，就是感到很麻烦。我们常常会问：为什么不能做到一个窗口一步到位服务呢？因此，我们可以这样判断，让消费者享受简单服务的企业是一个消费者意识很强的企业，是真正的以消费者为中心的受消费者欢迎的企业。

联想推出"唯一编码"识别客户，从而更好地为消费者服务。消费者在买联想电脑后，如果有维修服务要求时，只要知道"唯一编码"即可，而不用详细描述电脑配置等信息，联想的工作人员就可以根据唯一编码在系统中查出产品的相关信息，并安排相应的资源满足消费者的需求。

实践证明，简单清晰的策略、方便快捷的操作、让人惬意的全方位服务，是企业成功的法宝，同时也是企业服务能力的展现。

服务就是顾客可以触摸。

北京一家街道办事处使用"一指通紧急呼叫系统"，让居民提前享受到了超便捷的数字型社区生活。该设备只有普通电话机一半大小，上面有白、绿、红三个按钮，分别标注医疗、家政、报警的字样，居民一按钮，通过高科技网络，相对应的社区医院、社区服务中心或社区派出所就能立刻接收到信号，迅速提供相应的服务。

兰州机场最近新增了两台设备，一台是磁卡电话售卡机，把100元钱向里一放，就自动蹦出相应面额的磁卡，减少了收钱验币的手续，方便惬意。另一台则是售票机，乘客拿着机票、证件经过服务员检验后，往机器里插进50元钱，机器里蹦出一张卡，乘客再拿着这张卡插到另一个插孔，机子打出一张机场建设费的票，比原来的一道工序多了两道工序，很简单的凭票购机场费的手续越搞越复杂，搞得人们怨声载道，这种服务是残缺的、费力不讨好的，是缺乏服务意识的。

企业以简单服务的观念经销自己的产品，定会使消费者对企业的服务感到满意，让消费者真正地认可，从而在激烈的市场竞争中不断发展，将是企业全新的经营战略和成功的保障。

第16章 消费者永远对，一手抓管理一手抓服务

在投诉中让服务完美

消费者投诉就像一位医生，在免费为企业提供诊断，让企业能够充分了解自身的不足与问题所在，以便领导者对症下药，改进技术和服务，避免引起更大的失误，从而树立良好的企业形象，吸引更多的消费者成为本企业的忠诚消费者。

20世纪70年代，美国一个名叫洛伦兹的气象学家提出了著名的"蝴蝶效应"理论。举例而言，假设在南美洲亚马逊河流域热带雨林中一只蝴蝶偶尔扇动几下翅膀，所引起的微弱气流对地球大气的影响可能随时间增长而不是减弱，甚至可能在两周后在美国得克萨斯州引起一场龙卷风。一个微小的变化经过不断地放大，最终的效应是不可想象的！

企业在提供产品或服务过程中，遇到消费者的投诉是非常正常的现象，关键是投诉后如何对待。一般来说，投诉的目的不外乎有四种，即：倾听、尊重、解决和补偿。综观所处理过的消费者投诉，无一不是由最初的最简单的小事发展而来。一个消费者会把他的不满告诉身边的5个人，而这5个人又会把这件事情告诉身边的10个人，这句服务行业中的知名理论也足可以证明最初企业在服务的第一阶段的一丁点的失误会产生多大的效应。当年，如日中天的三株因为一场官司就顷刻倒下，一蹶不振。看似偶然，实际结果产生有其必然，正所谓"千里之堤，溃于蚁穴"。

企业与消费者的关系是水与舟的关系，水可以载舟也可以覆舟，关键是企业怎样看待消费者。菲利普·科特勒关于产品的三个层次理论：核心产品——核心利益或服务，回答消费者真正要买什么；有形产品——包括质量、特色、式样；延伸产品——安装、送货、售后服务。产品由核心产品、有形产品、外延产品三个部分组成。今天，产品日趋同化，消费者需要获得的是产品之外的满足感而不是单纯的满意，而且品牌并非简单的视觉符号或

传播，它来自于消费者的感受和认同。

什么是企业的生命？企业重视投诉就是重视生命。很多企业口头上认为消费者是自己的衣食父母，却没有相应的行为即关注客户的感受、提供方便的服务；或是嘴巴说服务，实际却是按兵不动。那么，其结果也是可想而知。

提出投诉并对企业所进行服务和补救的结果感到满意的消费者，其成为企业忠实消费者的可能性比感到不满意且未采取任何措施的消费者要大得多。那些对服务不满也不提任何抱怨的消费者，常常会不声不响地改变其主意，在未来的产品选择方面十有八九再不会做重复选择。而且，企业付出营销成本去开挖一个新消费者，与维护一个老消费者付出的成本相比是其4~5倍，而且老消费者更可以带来无尽的口碑效应。

"消费者并非永远是对的，但是当企业试图证明消费者是错误的，企业就是错误的。"尽管有些消费者的表现并非理性和客观，但面对新阶段出现的新问题，企业应该更多地同情理解，更多地检讨反思自身的不足。

在万科核心价值观当中，有一条是"与消费者一起成长，让万科在投诉中完美"，也正是这一条，极大地提高了万科的服务信誉。

尊重消费者、善待消费者，持续提供超越消费者期望的产品和服务，引导积极、健康向上的现代生活方式，这是万科一直坚持和倡导的理念。

万科十分重视消费者的投诉情况。随着万科自身专业能力的提高，管理流程的完善，消费者服务意识的加强，工程质量、服务质量等刚性消费者投诉的比重呈现下降的趋势。

消费者对万科"积极投诉、友善沟通"的态度，从一个侧面反映了消费者对于万科的期望，希望万科做得更加完美。

消费者是企业依存的基础，是利润的本源。企业的价值观如果没有和员工的价值观紧密地联系在一起，口号往往只是一句空话。

俗话说："没有最好，只有更好。"在消费者服务领域，由于每个消费者都是一个独一无二的利益集合体，在不同的时间和空间要求的内容都在改变，所以，每个消费者所要求的服务标准和期望值都是不同的，做好消费者服务不可能是一劳永逸的事情。服务只有在不断的消费者投诉和自我感知中不断前进和发展，直到更加完善，趋近于完美。

因此，消费者投诉，往往蕴含着非常有价值的信息，是沟通企业和消费者之间的桥梁。企业领导者要想让服务完美并成熟的话，就需要细心地听每一个来自消费者的投诉，耐心地处理好每一个消费者的投诉。

在消费者投诉中发现、总结、提炼出企业的工作不足，从而指导企业的消费者服务工作，从各方面改进企业的消费者服务流程，从细微之处了解和关心消费者，在服务人员和消费者之间产生良性互动，在企业与消费者中创造双赢的局面。

第17章

搞好财务管理，利润滚滚而来

很多企业领导者在财务管理活动中，重价值实物管理，轻价值综合管理；重生产成本管理，轻资金成本控制；重当期收益，轻风险控制；重事后分析，轻事前预防等，这造成了企业财务管理无章、无序，给财务工作埋下了隐患。管好财务，企业才能正常运转。

管得少才能管得好

抓好开源与节流

在商业社会中，企业要想不断发展，无非就是开源与节流两招，而两者都非易事。开支管理不仅是节约成本，更是企业借以规范企业管理、提高经营效率和效力的重要工具。为了尽可能节省开支，企业需要一个全面的企业支出管理解决方案，来管理所有的支出。

企业的利润来自两个方面：一是来自于外部，即依靠经营和拓展市场得到的利润，是我们常说的通过开源得到的利润，这是企业发展的一个轮子；二是来自于内部，即依靠管理节约运行成本和提高效率得到的利润，是我们常说的通过节流得到的利润，这是企业发展的另一个轮子。企业要发展，这两个轮子必须有效运转且密切配合。任何一个轮子不能有效运转或两个轮子不能密切配合都会严重影响企业的正常发展。有时经营的轮子是主动轮，管理的轮子是从动轮，即由经营带动管理的提升；有时是反过来的，即由管理驱动经营发展。不论哪个轮子是主动轮，两个轮子都必须协调配合，不然企业要么由于发展太快，管理跟不上，导致企业轰然倒塌，如三株、巨人、秦池、爱多等名噪一时的企业就是由于管理没有跟上发展的速度导致失败的；要么是精耕细作的管理，不发展壮大，像过去一些百年老店，几十年、上百年就那么大，但管得好，"活"下来了。

19世纪七八十年代，丰田汽车公司面对以美国福特汽车为代表的大量生产方式，无法形成有效的竞争力。为此，丰田根据自身的特点，逐步创立了一种独特的多品种、小批量、低消耗、高质量的准时制生产方式，经过长时间的实践和理论研究，成为"二战"后最有效和最有发展前途的管理方式之一，在学术界和企业界引起广泛关注。值得注意的是：准时制生产方式在理论上提出"彻底消除浪费"，而在实践上则是通过技术手段针对生产过程建立一套优化的"管理系统"。也正是这一系统，让丰田公司在开源与节流两个方面为公司赢得了利润。

经营的轮子和管理的轮子单独运转，是解决不了企业正常有序发展问题的，两个轮子必须协调配合。一方面，企业的不同发展阶段和不同目标追求，对管理的需求是不同的，管理轮子必须适合企业的发展阶段并支持发展目标的实现，即适合企业经营的轮子；另一方面，企业如果有较强的管理经验和能力，在进入新业务时才有可能成功，即管理轮子的有效转动能带动经营轮子的有效运转。俗话说："没有最好的管理，只有最适合的管理"，同理，没有最先进的经营手段，只有最适合的经营手段。

企业的经营基本都以开源和节流作为主要工作，两者对企业发展起着重要的推动作用，但企业在经营过程中，要把握好两者的关系，企业发展到不同时期，开源和节流分量也就不同。

企业处在导入期和成长期时，要把开源作为重点，使企业能够快速达到一定的规模。此时，企业更需要创业的冲劲和不受限制的思维、想法，要给予员工更多的授权，"敢干"是这个阶段的最显著的企业特征。企业的员工基本处于年轻化，虽然经验欠缺，但具有很强的爆发力，有强烈内在的成功欲望，只要给予适当权利和鼓励，企业往往会收到意想不到的效果，企业的成长也会是非常规的。

当企业处在成熟期时，业务相对平稳，企业达到了相当的规模，员工就会缺少激情，懈怠和骄傲、浪费的情况会时常表现出来，这时，更多的是通过严格的管理来达到企业的目标，节流成为企业发展的重点，因为企业具有相当的规模,哪怕浪费1%,那后果也是很惊人的。

但并不是强调一点时,要放弃另一点,两者是相辅相成的,只是侧重点不同,在导入期和成长期时,如果过分强调节流,很容易让员工缩手缩脚,人为地设置很多条条框框,什么东西都要省,不敢花钱做投入,使员工工作起来不敢放手,只在领导者的条条框框下执行,不敢越雷池一步,其结果可想而知,最终让员工没有了创意和冲劲,成了摆设,企业就因此缺少了生气、活力,成功的可能性微乎其微。

所以,企业领导者应该根据企业发展的不同阶段和情况,安排好开源和节流的工作,让开源和节流真正能够推动企业的发展,使企业创造更大的价值。

节约就是利润

对于企业来说,节约的都是利润。控制好成本,把本来需要支出的部分节省下来,实际上就等于是赚到的利润,这同时也成了一个新兴的利润点。

对企业来说,最重要的是盈利。采用什么样的管理,主要看它是否能为企业带来价值。据不完全统计,中国小企业的平均寿命为3~4年,企业集团的平均寿命也只有7~8年,究其原因,主要是企业采取粗放式管理,在精细化方面做得不够。近几年,市场趋于饱和,市场竞争日趋激烈,这样一来就对企业管理水平提出了新要求,越来越多的企业意识到粗放式管理的诸多弊端和其对企业发展的不良后果,所以,都加强了对企业的管理,纷纷向更为科学、有效的精细化管理转变。

强生(中国)有限公司从2001年开始便开展了流程优化项目,要求在生产的各个环节努力降低原材料和能源的消耗。例如,回收利用生产工艺末端的冷凝水作为锅炉的进水,充分利用冷凝水余热,不仅减少了用水,同时也降低了

第17章 搞好财务管理，利润滚滚而来

锅炉的能耗，还大大减少了因燃烧而产生的废气排放。公司还通过减轻瓶子重量、取消一些不必要的包装材料，对生产中产生的边角料加以利用，在不影响产品质量的情况下节约了包装材料的使用。公司负责人表示，努力节约资源已经成了企业管理的一个部分，他们还将在生产中不断寻找可以节约利用的资源。

"世界船王"包玉刚说："在经营中，每节约一分钱，就会使利润增加一分，节约与利润是成正比的。"这位曾经拥有全球最大规模船队的大老板，生前十分"吝啬"。他给身边的高级员工写条子做指示，用的都是纸质粗劣的纸，而且都是写一张一行的窄纸条。当然，包玉刚经营上更是精打细算。他努力提高旧船的操作等级以取得更高的租金，并降低燃油和人员的费用。美国有位叫保罗·盖蒂的亿万富翁也说过这样的话："全心全意地注意即使是最细枝末节的地方，不失去替他自己或工作的公司减低费用的机会，这是致富的诀窍。"生产经营的利润，就是看产出与投入之间的比例，产出越多，而投入越少，利润就越大，节省投入也即降低成本。而唯有节约才能使成本得到最大限度的控制。否则，用之无节，犹如漏后不堵，必致财源流失。

进入21世纪，所有的企业都感到了生存的压力。尽管经济还在高速增长，但企业的利润却越来越低了。在这样一个充满竞争的时代，所有的企业即将或已经面临微利时代的挑战，微利时代的到来是一种必然，企业之间的竞争已经不仅是业务能力的竞争。尤其是经济全球化使企业之间的竞争越来越激烈的今天，谁拥有了成本优势，谁就能在竞争中胜出，就能获得最大的利润。所以，节约是企业必须掌握的一门技能，因为它关系着企业的成败。

《财富》杂志从1955年开始评选世界500强企业的时候，沃尔玛还不存在。半个世纪后，沃尔玛成为雄踞世界500强榜首的零售业巨头。沃尔玛创始人萨姆虽然成了亿万富翁，但他节俭的习惯却一点也没有变。他没购置过豪宅，一直住在本顿维尔，经常开着自己的旧货车进出小镇。镇上的人都知道，萨姆是个"抠门"的老头，每次理发都只花5美元——当地理发的最低价。但是，这个"小气鬼"却向美国5所大学捐出了数亿美元，并在全国范围内设立了多项奖学金。

如今，美国大企业一般都有豪华的办公室，现任沃尔玛总裁吉姆·沃尔顿的办公室却只有20平方米，公司董事会主席罗伯逊·沃尔顿的办公室则只有12平方米，而且他们办公室内的陈设也都十分简单。罗伯逊还继承了父亲的传统，他深居简出，开老式车。一位理发师说："我给沃尔顿理发都85次了，他从来没多给过我1美分。"在沃尔玛网站上，没有一张罗伯逊的照片，以至于很多人把沃尔玛形容成"穷人"开店"穷人买"。

沃尔玛的总裁有一天视察下面一个商场，发现一名员工在包装物品的时候，把多余的包装带剪断随手扔掉，他看到后马上把它拾起来，然后对那位员工说："请注意，这不是一段多余的包装带，这是一段利润，我们的零售利润很薄，赚取的也许就是这一点利润，请你注意节约，好吗？"

奉行"斤斤计较"的成本管理理念

降低成本无止境。领导者必须充分认识到，降低成本的潜力是无穷无尽的，内容是丰富多彩的，方式是多种多样的，它贯穿于生产经营活动的始终。这就需要企业各级领导者树立强烈地降低成本意识，并努力在工作中去实践。

任何一个企业一旦赢得了总成本领先的地位，就可以获得更强的竞争力，更大的利润空间，以及那些对价格敏感的消费者的忠诚。在微利竞争时代，遵循"绝不多花一分钱，绝不多浪费一分钟，绝不多雇佣一名员工"的原则，奉行"斤斤计较"的成本管理理念已经成了企业获得竞争优势的杀手锏。

石油大王洛克菲勒在创业初期，不像现在这样财大气粗，他对成本的有效控制帮助他完成了原始资本的积累。

在经营当中，洛克菲勒曾经说过一句很有意义的话："紧紧地看好你的

第17章 搞好财务管理，利润滚滚而来

钱包，不要让你的金钱随意出去，不要怕别人说你吝啬。当你的钱每花出去一分，都要有两分钱的利润，才可以花出去。"

洛克菲勒曾在一家企业做记账员，几次在送交商行的单据上查出了错漏之处，为企业节省了数笔可观的支出，因此深得老板的赏识。后来，洛克菲勒在自己的企业中，更是注重成本的节约，提炼加工原油的成本也要计算到第3位小数点。为此，他每天早上一上班，就要求企业各部门将一份有关净值的报表送上来。经过多年的商业训练，洛克菲勒已经能够准确地查阅报上来的成本开支、销售以及损益等各项数字，以此来考核部门的工作。

曾经有一次，他质问一个炼油厂的经理："为什么你们提炼1加仑原油要花1分8厘2毫，而东部的一个炼油厂干同样的工作只要9厘1毫？"洛克菲勒甚至连一个价值极微的油桶塞子他也不放过，他曾给炼油厂写过这样一封信："上个月你厂汇报手头有1 119个塞子，本月初送去你厂10 000个，一个月你厂使用9 527个，而现在报告剩余912个，那么其他的680个塞子哪里去了？"洞察入微，刨根究底，不容别人打半点马虎眼，正如后人对他的评价：洛克菲勒是统计分析、成本会计和单位计价的一名先驱，是今天大企业的"一块拱顶石"。

正是由于洛克菲勒奉行了"斤斤计较"的成本管理理念，才使他的企业在竞争激烈的石油业蓬勃发展，逐渐壮大起来，最终拥有了垄断美国石油业的巨大资本。

企业管理的一个根本任务，就是不断降低成本。成本是企业市场竞争成败和能否取得经济效益的关键，是企业提高竞争能力的核心所在。因此必须推行"斤斤计较"的成本管理理念。单纯地靠提高价格来消化成本，在微利时代是不可行的，风险也比较大。努力地降低成本才是最佳选择。

温州一个生产小礼品的厂家，单个产品的平均利润空间为3元，所以成本控制就显得尤为重要。于是，该厂运用精细财产管理，逐项分析，逐项改善成本控制。在具体实践中，他们将各项成本，特别是可控成本，分门别类细化到最末端，然后在总量控制的基础上，将各成本项目考核指标层层分解，

落实到人或物，对责任人或单位进行考核。例如，将电话费细化到每一部电话，办公费细化到每一位员工，制定出各部门、各处室、各项费用甚至每位员工的支出限额。

在这些措施的基础上，结合各部门的特点，该厂推出了三套成本考核方案：对车间厂房实行每小时消耗指标和全年生产费用支出指标考核；对行政办公部门费用开支实行刚性约束，"限额支报、超支不补"；对市场部门的费用开支实行"以收定支"的方法，进行弹性预算管理，费用额度随实现的销售收入浮动，即实施了控制，又保护了生产积极性。这些措施使生产过程中的物耗和费用得到有效控制，促使各部门自觉建立"购、存、领、耗"全过程的成本管理制度，杜绝了人为浪费现象，并在全体员工中牢固树立了成本观念。目前该厂从一支笔、一张纸，到几十万元的生产项目；从主要生产部门到后勤管理部门，各项成本费用都处于有效控制中。

可以说这个厂家正在奉行"斤斤计较"的成本管理理念，所以才能保证该厂在狭小的利润空间里得以生存。

企业只有严格控制并不断降低生产经营成本，员工只有将这种降低成本的意识落实到实践中去，才能在竞争中取胜，在变化不定的市场上盈利和生存。

成本控制在于过程

成本是企业管理的集中表现，生产经营的每一个环节、企业每一名员工的素质以及某项管理决策等，都对成本的形成和水平造成影响，因此，必须从成本控制体系、控制制度和控制方法等方面不断地完善与加强。

在推行现代企业制度的企业里，要提高企业的经济效益，降低产品成本是一个重要的途径。要降低产品成本，一个很重要的方法就是开展成本控制活动。成本控制就是利用会计所提供的各种信息资料，计算实际或预计脱离目标的差异，找出产生差异的原因，并采取措施，消除不利差异，保证目标实现的过程。

美国学者迈克尔·波特提出了价值链概念，从而将成本的全过程控制延伸到企业外部——供应商和客户。波特认为：每一个企业都是在设计、生产、销售、发送和辅助其产品的过程中进行种种活动的集合体。所有这些活动可以用一个价值链来表明。

企业的价值链活动包括基本活动和辅助活动。基本活动包括内部后勤、生产作业、市场销售、外部后勤、服务等；而辅助活动则包括采购、技术研发、人力资源管理、企业基础设施等。这些互不相同但又相互联系的生产经营活动，构成了一个创造价值的动态过程，即价值链。迈克尔·波特认为，价值链并不是一些独立活动的集合，而是相互依存活动所共同构成的一个系统。价值链上每一个价值活动的进行方式与其他价值活动的进行方式相互联系。

因此，企业在进行价值创造中成本控制起着很大的作用。提高利润率的秘诀在于成本控制，成本控制的意义在于把钱花得恰到好处，将每一种资源用到最需要它的地方，而不是片面地从降低成本乃至力求避免某些费用的发生入手，强调节约和节省。所以，领导者需要学习现代企业应有的成本控制战略和方法，提高生产力，缩短生产周期，增加产量并确保产品质量。

成本控制不仅从建厂、设计开始，而且在生产过程、销售过程均要实行。在产品销售时要利用期货市场交易，控制材料、能源进货成本，同时注意规避价格风险，不能使产品价值实现功亏一篑，以实现企业的正常利润，实现价值耗费与补偿的统一。

1.建立完善成本控制体系

由于成本控制对象不同，其控制可区分为产品成本控制、作业成本控制、责任成本控制、质量成本控制、资本成本控制、环境成本控制等。建立和完善成本控制体系，首先要依据不同行业、不同管理要求、不同的生产组织体系，确定成本控制对象。然后按照成本控制对象，建立和完善相应的成本控制体系。

2. 强化成本预算约束

企业在实行全面预算管理过程中，成本预算是根据销售预算、生产预算及利润目标经综合平衡后而形成的。为了使预算编制的先进合理，确保预算完成，需要建立各项成本费用的预算标准，并落实到相关部门和责任者。同时还能够根据市场环境和企业内部变化适时作出修订。为了适应市场环境的变化，应当尽可能建立弹性成本预算，并对费用预算实施定期的零基预算调整，确保成本预算发挥应有的作用。

3. 推行质量成本控制

质量成本是为了保证必要的产品质量、服务质量而发生的成本费用。质量控制理念不是单纯地降低成本和片面地追求企业暂时的利益，而是以企业长远发展和市场竞争的视角，将成本控制与保证必要的产品质量联系起来，保证企业的市场竞争优势。

4. 实行成本定额管理

定额管理是成本控制中最普遍而又最有效的管理方式。它是利用定额(材料消耗定额、劳动定额、定员、费用定额等)控制成本的各项消耗，达到降低成本的目的。

实施成本定额控制可以和职责、考核、奖惩结合起来，从而使成本管理真正落实到全体员工和产品形成的全过程中。与此相配套的还有"配套发料制"。它是装配式企业在产品投产前，按产品投产批量及其消耗定额，由仓库全部配齐后一次全部发给生产单位。如生产过程中发生丢失、损坏等情况，需要另写申请单，报有关部门批准后处理。这样可有效控制浪费和丢失。

5.实行全员和全过程的成本控制

企业在全员管理的活动中,需要按照员工的岗位责任和职责,设计出相应的成本目标。在实施全员成本控制过程中,首先要划分成本控制实体,应根据企业生产工艺的特点、各类人员和职能部门的职权范围,将企业内部划分为若干不同层次的责任实体,形成一个纵横相交的控制体系。

在落实控制责任时,首先根据费用的性质和责任实体职责,将成本费用划分为可控费用和不可控费用。可控与不可控是相对而言。从这一责任实体看某项费用是不可控的;而对另一责任实体而言就可能是可控的。就某一企业来看,其内部的各项费用都应该是可控的。就某一个责任实体而言,负责控制的成本费用,只能是自身发生的可控费用,否则难以负责控制。

方向正确等于成功了一半,成本控制也一样。成本控制的目的是为了不断地降低成本,获取更大的利润。所以,制定目标成本时首先要考虑企业的盈利目标,同时又要考虑有竞争力的销售价格。由于成本形成于生产全过程,费用发生在每一个环节、每一件事情、每一项活动上,因此,要把目标成本层层分解到各个部门甚至个人。

成本控制之所以要贯穿于企业生产的全过程,是因为企业的生产过程其实就是成本费用的形成过程,既然成本费用是在生产经营的全过程中形成的,要想降低成本费用,控制活动就要贯穿于企业生产经营的全过程。所以,全过程的控制,其实就是我们通常所说的全面控制。只有实施全面的成本控制,才能对生产经营过程的每个环节都进行控制,不至于有所遗漏,从而取得最佳的成本控制效果。

预算管理很关键

唐朝文学家韩愈讲:"凡事预则立,不预则废",在现代管理实践中也莫不如此。新经济时代瞬息万变，一家企业的领导者如果未能充分认识到预算的意义，不懂得如何科学地编制预算，或者空有预算而不善加利用，这将直接影响企业的效益和发展。

让职能部门和所属单位的子目标与企业整体目标趋同，使得投资者的战略决策与领导者的管理行为相一致。这种管理格局无疑需要企业管理有一条主线，将企业各职能部门的管理工作和所属单位的生产经营活动贯穿起来，从而提高企业整体的管理效率和经济效益。发达国家成功企业的经验证明，这条主线就是预算管理。

在国外，预算管理已经经过很长时间的应用和发展。在美国，90%以上的企业都要求实施预算管理；欧洲一些国家甚至要求100%的企业都实施预算管理。因此，实行预算管理是企业管理的迫切需要，搞好企业预算管理并在管理中产生效益，是检验现代企业管理科学化的重要标志之一。

然而，很多企业领导者认为，预算管理似乎只是财务部门的事情。全面预算管理是企业体系化的管理活动，不是财务部门的一项工作任务，是对企业综合的、全面的管理。

西方市场经济发达国家企业的预算管理实施得较早，也比较成熟，其中一些技术性的方法，在我国企业实施预算管理中已经得到借鉴；一些非技术性的东西，我们则不能直接借鉴，这需要我们在实施预算管理时要根据我国的具体情况进行发挥和创造。随着经济体制改革的深入，我国许多企业，尤其是许多大中型国有企业已经实施了企业预算管理。从已经实施预算管理的企业情况来看，预算管理的实施取得了一定的成效。但是，也还存在着一些问题，诸如缺乏全员参与意识，没有有效的激励配套措施，缺乏规范操作等，导致一些企业预算管理的效果不太理想。

企业预算管理有两项职能，即管理决策职能和管理控制职能，不同职能对预算管理体系的设计提出了不同要求。例如，在销售预算的制定过程中，根据专业分工所造成的各专业部门之间信息的不对称性,销售部门掌握着企业未来销售情况,如果预算仅仅是为了发挥管理决策功能(如以销定产),销售部门就会毫无保留地拿出其掌握的信息,与各部门共享;但如果预算的目标之一是发挥管理控制职能(如作为业绩评价标准),销售部门就可能会有意低估未来的销售收入,从而有利于其业绩评价。然而,低估会相应造成生产计划的减少,企业生产就不能达到效率最高的状态。又如,在根据预算划拨各部门资金时,各部门为了在资金使用上有较大的自由,并且能控制更多的资金,可能会虚夸本部门的资金需求量,从而造成资金的浪费,这显然也有悖于预算管理进行沟通协调的本意。

因此,为了解决上述职能之间和部门之间的矛盾,在预算管理实践中,一方面,应当让各部门参与到预算的制定中来,促进信息最大范围的流动,使预算编制的沟通更为细致,增加预算的科学性和可操作性。另一方面,过去很多企业只是由财务部门完成预算并进行实施,降低了预算的权威性,造成企业预算软约束,解决这一问题则需让企业最高领导者参与制定预算并拥有最后决策权,唯有如此才能从整个企业的大局出发,制定出切实可行的预算方案。

预算管理的关键点有以下几个方面:

首先,预算的总目标来自企业的战略目标,这点是刚性的,分歧不多,例如,企业未来几年的目标市场份额和目标利润。预算目标设定的难点是子公司、分支机构或部门预算目标的设定,最佳实践是"上下博弈",在多次讨论中使预算目标的分解趋于"可接受",因此,第二年的预算目标最迟在前一年第四季度初就开始;预算目标的分解过程也是反思经营计划、分清责权利、合理配置资源以及达成共识的过程。

其次,预算管理一定要强调事中管理的过程,深入分析预算差异产生的原因,并提出改进措施,这主要是预算执行部门的工作,使预算管理真正与企业的经营管理密切结合,财务部门只是协助分析和负责监督。

再次,预算必须有弹性,增强市场的适应力,核心是原则性与灵活性的平衡，这需要建立一个严格的预算调整流程，预算执行部门须有详细的申请预算调整理由，关键控制点是集团负责人审批。

最后，预算管理要与绩效考核密切联系，从而提高人们对预算的重视程度，进而使预算管理产生好的效果，如果这点不解决，那么，他们的预算管理持续改进的动力都不会有。

全面预算管理作为对现代企业成熟与发展起过重大推动作用的管理系统，是企业内部管理控制的一种主要方法。这一方法自从20世纪20年代在美国的通用电气、杜邦、通用汽车公司产生之后，很快就成了大型工商企业的标准作业程序。从最初的计划、协调，发展到现在的兼具控制、激励、评价等诸多功能的一种综合贯彻企业经营战略的管理工具，全面预算管理在企业内部控制中日益发挥核心作用。正如著名管理学家戴维·奥利所说的，全面预算管理是为数不多的几个能把企业的所有关键问题融合于一个体系之中的管理控制方法之一。

第18章

最有效的防御，是从根本上阻止危机

危机管理的一个特征是"事态已经发展到不可控制的程度""一旦发生危机，时间因素非常关键，减小损失将是主要任务。"因此，危机管理的任务是尽可能控制事态，在危机中把损失控制在一定的范围内，在事态失控后，要争取重新控制住。

深深地根植危机意识

截止到现在,许多的跨国企业和国内知名企业都曾陷入危机中,例如,雀巢的碘超标事件,肯德基的苏丹红事件,以及光明牛奶的返厂加工再销售事件,都使一个又一个的知名企业严重地陷入企业的危机之中。

孟子云:"生于忧患,死于安乐。"人如此,企业发展也不例外。如果一个企业的领导者,一直沉溺于过去的辉煌,没有忧患意识和危机意识,顺境面前盲目乐观、因循守旧、不思进取,时间一长,就会被习惯性思维所控制,丧失锐气。而整个企业就可能对生存环境的变化浑然不觉,从而失去竞争力,等意识到变化来临,已无力应变,最终被市场所淘汰。

全世界最成功的企业之一,微软总裁比尔·盖茨讲,"微软离破产只有180天;海尔总裁张瑞敏讲,'战战兢兢,如履薄冰'";华为的总裁任正非大谈危机管理。这一切都不是危言耸听,因为只有真正看到风险的企业才能生存下来,而且还不一定都能存在下去。这些优秀而成功的企业的领导者已经意识到危机存在,作为发展中的企业更应该看到危机的存在。如果连自己面对的危机都意识不到,那么,企业死亡就是迟早的事情了。

我们可以联想到海洋的鱼类,为什么鲨鱼是海洋中的霸王,其实鲨鱼除了尖利的牙齿以外,没有什么优势条件,鲨鱼没有鱼瞟、鱼鳞等优越生存条件,但是鲨鱼一天到晚总是在游动,所以鲨鱼的体质更强健,它可以捕捉到

第18章 最有效的防御，是从根本上阻止危机

更多鱼。如果鲨鱼停止了游泳，那么，鲨鱼肯定成为别人的盘中餐。

2003年春夏之季，突如其来的非典型肺炎危机对政府、企业和我们的每一个人来说都是一场非常严峻的考验。而在此次非典的侵袭下，许多企业往往过多地依靠政府来解决危机，而自身却没办法，使得正常的经营秩序遭到破坏。在非典型肺炎的阴影慢慢散去以后，企业应该重新审视自身对突发事件的应变能力。企业同样也需要建立危机事件的应变机制。一套完善的危机处理机制，在危机发生后，可以迅速启动，以保证企业的正常经营，把危机可能造成的损失降到最低。

2004年的阜阳毒奶粉事件就首先暴露出企业危机在中国的另一面，但是并没有因此而引起各个企业的重视，以至于近几年接连出现多起事件，引发了消费者对品牌的信任危机，从而也使企业深深地陷入危机之中。

电脑界的蓝色巨人IBM当年的"惨败"就是一个生动的实例。当大型电脑为IBM带来丰厚利润，使IBM品尝到辉煌的甜头后，整个IBM都沉浸在绝对安逸氛围里，危机感尽失。在市场环境慢慢发生变化，越来越多的人青睐于小型电脑时，IBM却对市场出现的新情况不予理睬，麻木不仁，没有意识到市场危机的降临。或者说，在企业不断成长的过程中，IBM没有注意到企业危机管理的重要性，依然沉醉于大型主机电脑铸就的辉煌中，按部就班，继续加大大型主机电脑的市场比重，最终自己打倒了自己。

可见，危机感不但是医治人类惰性和盲目性的良药，也是促成变革的最大动力之一。富于前瞻性的危机预测以及危机解决，可以有效引导员工，强化凝聚力，有效提高企业竞争力。

在看到一个又一个的企业危机的出现以后，领导者就应该回想，自己的企业将这样的危机管理放在什么样的位置，有没有建立相应的危机管理体系呢？要杜绝和减少这样的问题出现后给企业带来的损失，需要做到以下几点。

1. 领导者树立危机意识

企业领导者在作出任何一项决定的时候，需要分析会给企业带来什么样

的危害，关注其优势和劣势、机会和威胁，确定给企业带来的伤害是暂时的还是潜在的。做到心中明明白白，尽量清楚威胁点，不要含糊的只知道有威胁，却不明白究竟会造成什么样的威胁。

领导者不但自己要树立危机意识，也要构建团队的危机意识。也许领导者没有发现某个隐藏的危机，但是企业的某个员工却能及时地发现。要提倡员工敢于将企业内存在的危机大胆地讲出来，哪怕他讲的严重违反了领导者的意愿，哪怕是错误的，都必须认真的倾听，并加以鼓励，树立团队的危机意识。

2. 及时解决危机的意识

在发现危机以后必须及时将还处在萌芽状态的危机解决、处理掉。不能采取拖的方式，让其自由发展逐渐扩大。

3. 理清危机思路的意识

企业的有些危机的出现不是因为发现危机没有及时解决，也不是因为不知道是危机，而是企业自己因为利润或者其他的原因，自己制造的危机。例如，有些企业为了降低成本，提高市场竞争力，就采取不正当的方式来盲目地降低成本，但是最后给企业带来的却是致命的伤害，多年的品牌经营在消费者的心目中一朝尽失。

"人无远虑，必有近忧"。在这个竞争残酷的时代，一切都是瞬息万变的，任何企业都不能保证自己在任何时候都立于不败之地，居安思危、未雨绸缪才是高明之举。当代管理学家已经公认，有效的组织现在已不强调"有反应能力"，而应强调"超前管理"。环境可增强组织的"抗逆"能力，这就要求领导者在日常的员工管理中，注重培养员工的危机意识，发挥员工主动性、创造性。如果企业满足眼前的一时辉煌，没有看到潜伏的危机，最后的结果只能是昙花一现，被市场所抛弃。

第18章 最有效的防御，是从根本上阻止危机

变危机为良机

危机是大多数企业领导者所不愿意见到的，但是任何一个企业都不可能一直处在"太平盛世"中，一旦危机来临，领导者要善于居危思进，变危机为良机。

所谓"居危"，就是要看到市场竞争的激烈性和残酷性，进一步增强紧迫感和危机感，要识危机、知危机；所谓"思进"，就是要有"置之死地而后生"的经营胆略，要主动出击，想方设法变危机为良机，变危机为商机。

具体来讲，一是要有与时俱进的意识。要牢固树立与时俱进的营销观、发展观、管理观、改革观，创新思维、创新管理、创新技术工艺、创新工作方法，调整工作重点，开创新的局面。二是要有知难而进的勇气。企业上下一定要发扬敢于吃苦、敢于拼搏和敢于胜利的精神，做好应对和克服各种困难的思想准备，做到越是困难越向前，"明知山有虎，偏向虎山行"，以积极的主人翁姿态主动为企业分忧解难，献计献策，把蕴藏的智慧和创造力在生产经营中充分地发挥出来。三是要有居危思进的运筹。当前企业面临生存的危机，何去何从，主动权应该操持在企业自己手中，最主要的是如何面对挑战，变压力为动力，化危机为生机。四是要有携手前进的精神。越是困难的时候，越要讲团结、讲协作，只有同心同德、众志成城，就没有迈不过的坎，闯不过的关。

"思进"重在变危机为良机，变危机为商机。企业要善于应对危机，变不利为有利。一是要善于化解危机。任何企业都可能受到不确定危机的影响，企业要在危机发生时将消费者的利益放在第一位，积极维护消费者的利益，才能把损失减少到最小。二是要想尽办法减少市场损失。企业产品出现危机，市场会受到一定冲击，企业此时要想方设法减少产品市场的流失。三是要借此促进企业产品更新换代。产品出现危机或受禁令限制，说明产品还

存在较大的不足,为此,企业要在注重改善产品不足的同时,促进产品更新换代。四是要善于发现和抓住产品危机中的商机。一些产品出现市场危机,其实也为其他产品提供了市场机会。所以,企业要善于发现和抓住这样的危机和商机。总之,企业面对危机要永远积极主动,当环境变得不利时,保持信心、把危机作为学习的机会,就会从中吸取教训,把坏事变成好事。

  1988年4月27日,美国阿波罗航空公司一架波音737客机从檀香山起飞后不久,巨大的爆炸气浪把前舱顶掀开一个足有6平方米的大洞,使机舱里的地板变形到后舱看不见前舱。可是驾驶员还是把飞机降落在附近机场,除一名空中小姐在爆炸时被气浪从舱顶抛出而殉职外,89名乘客全都平安生还。一时世界震惊,众说纷纭。

  在常人看来,这一不幸事故的发生,对波音公司是一个沉重的打击,因为这严重影响了波音公司飞机的声誉。

  然而波音公司却不这样看,他们并没有因此而沉默,反而一反常态大肆宣传事故的原因:飞机太旧、金属疲劳。这架飞机已工作了20年,起落过9万次,大大超过了保险系数,但还能使乘客全部生还,正说明波音公司的飞机质量之高,值得信赖。

  这颇具说服力的宣传工作使公司不仅没有因此不幸而陷入困境,反而名声大振,声誉更佳,事故后的第一个月就收到订单达70亿美元。

  决策当头,处变不惊,冷静分析,千方百计寻找突破口,正是波音公司反败为胜的秘诀。

  危机给领导者提供了一个千载难逢的机会,变危机为良机,企业才能立于不败之地。

  深圳某高速球生产企业,以出货快、出货量大见长,过去只重视市场,却对技术研发重视不够。在事业蒸蒸日上时,突然遭遇"退货门"事件,因为产品质量问题,客户纷纷退货,导致企业几乎到了关门的境地。

  企业老总看着仓库里堆积如山的退货,心情十分沉重。经过反思,他毅然作出一个重要决定：立即将企业的技术部升级为研发中心，增加研发力量，引进高级技术人才，加大研发投入，攻克技术难关，重树市场信誉。

这时，正好赶上一年一度的行业大展举行，他们在参展时细心留意和观摩同行展出的产品，并花钱在展会上买回国内外几乎所有竞争对手和同行的产品，展会一结束，便立即组织研发中心全体研发人员昼夜加班，逐个拆机研究其他企业的产品，找出它们各自的优点和缺点。

功夫不负有心人，通过兼收并蓄，最后他们终于攻克技术难关，一举推出自己的高端一体化高速球，重新树立了其在高速球行业的信誉和地位。

当然，并不是每一次危机中企业都能处理得天衣无缝。如果危机非常棘手无法处理或处理失败，企业必定会蒙受巨大损失，包括经济损失和声誉损失。

危机，是危也是机，方法得当还能变成良机。当危机降临时，一些企业倒下了，一些企业却成为浴火重生的凤凰。这些鲜活而又生动的例子，在让人产生无限感慨的同时，也给企业带来了深刻的启迪和警示。实际上，企业有可能遇到的危机远远不止这些，因此值得企业重视。

借助危机使企业再造

事实一再证明，企业领导者如果能把"青蛙之死"引起的危机启示运用得恰到好处，就会在企业内部产生一种"健康的担心"和紧迫感，最大限度地发挥"危机驱动"作用，产生巨大的动力，使企业成为那只警惕的"青蛙"，时刻警觉内外环境的变化，以便在危机到来之前，及时"跳出"。

对于企业领导者来说，危机不是一种意外，而是一种必然，企业的成长正是在不断地战胜危机中实现的。

20世纪70年代，出现了石油危机，由此而引发了全球性的经济大萧条，日本的日立公司身陷其中。公司首次出现了严重亏损，困难重重。为了扭转这种颓势，日本日立公司作出了一项惊人的人事管理决策。

1974年下半年，全公司所属工厂66%的员工共67.5万名暂时离厂回家待命，公司发给每个员工原工资的97%~98%作为生活费。

这项决策对日本日立公司来说，是一项人事管理的权宜之计，它虽然节省不了什么经费开支，但它可以使员工产生一种危机感，产生一种忧患意识。

1975年1月，日本日立公司又将这项决策实施到4 000多名管理干部头上，对他们实行了幅度更大的削减工资措施，从而使他们也产生了忧患意识。

同年4月，日立公司又将所录用的工人上班时间推迟了20天，促使新员工一进入公司便产生了忧患意识，产生一种危机感、紧迫感。这样做同时也让其他老员工加深了忧患意识。

日立公司采取了上述一系列管理措施之后，全公司包括新老员工都开始更加奋发地努力工作，都绞尽脑汁为公司的振兴出谋划策。就这样，在忧患意识的诱发下，全体员工共同努力，公司取得了令人十分满意的业绩。1975年3月，日立公司的结算利润只有187亿日元，比1974年同期减少了33%。而实施忧患意识管理之后，仅仅过了半年，它的结算利润便翻了一番，达到了300多亿日元。

企业领导者在企业发展过程中，如果能从改变员工的惰性这个角度入手，适时地制造危机，利用危机去攻击、刺激员工，并让员工克服、战胜危机，对企业的发展来说，不失为一个好事。危机虽然可怕，但却是让员工展现自我，挖掘员工潜能的最有效的"武器"。

每个企业在生存和发展的过程中，会遇到诸多因素影响乃至干扰企业的正常运营，这些因素共同构成了企业经营中的风险因素。

面对风险，有的企业遭到失败，但有的企业却把它转化为企业的发展动力，让它激励员工的士气，增强他们的义务感和责任感，调动每个员工的积极性，催其奋进，促其创新。难道危机就是这样的可怕吗？其实不然，没有危机才是可怕的，为什么说没有危机才是可怕的？因为大自然中的生存法则足以让我们理解这样的道理。

清晨非洲草原上的羚羊从睡梦中醒来，它就意识到危机存在，意识到新的比赛就要开始，对手仍然是跑得最快的狮子，要想生存下来，就必须在速度上超越对手。另一方面，狮子思想负担也很重，假如跑不过最慢的羚羊，那么最终的命运也是一样。所以说，面对新的一天，太阳升起来的时候，意识到危机存在，那么，为了生存下去最好的办法就是跑得快一点。

由此可见，无论是强大的狮子和弱小的羚羊，在物竞天择的自然界中都面临着生存的危机。要想逃避死亡的追逐，首先就是要战胜心理的危机，战胜自己，必须要越跑越快。如果意识不到存在着这样的危机，稍一松懈，就会失败，绝对不会再有重赛的机会。

有了危机，就必须看到危机，想办法解决危机，这才是企业实现健康性可持续发展的必由之路，危机正是企业获得快速发展的源源不尽的动力。这就好比人一样，只有战胜了疾病侵扰的人才是真正健康的人。企业的发展是以速度制胜，如果失去了速度，那么企业就会成为别人的目标，这就是"快鱼"吃"慢鱼"的道理。

企业怎样才能快？其实，这就像人一样，一方面是自身素质问题，另一方面是思想意识问题。人的身体素质是基本条件，但是思想意识却是决定条件。决定着成败的关键是人的思想，如果思想没有准备的话，就根本别谈成功。所以说，企业要想发展快，尽快缩短与国际知名企业的差距，就必须从思想上有着根本的转变。企业领导者和员工必须有一种忧患意识、危机意识。

总之，任何理论没有实际的行动支持都是脆弱的，所以，既然企业能够意识到危机，那么，企业就必须以百倍、千倍乃至万倍的努力去战胜一切危机。

作为企业领导者，该如何打造企业的危机意识？如何把危机意识灌输给手下的员工，共同应对危机局面呢？

危机管理的具体方法有以下几点：

第一点，必须将目前的危机状况告诉企业全体员工，目的在于使员工有大难临头的危机感。

第二点，必须有"不战必亡"的态度，断绝员工的其他念头。

第三点，激发员工的情绪，使大家无所畏惧，同时也便于大家能齐心协力，爆发出潜在的超常能量。

第四点，寻找危机突破口，将力量集中于此，让员工憋足了劲，一旦爆发出来，定能突破难关。

美国技术企业在打造、灌输危机意识方面可谓独树一帜。其总裁威廉·韦斯认为，如果一位企业领导者不能向他的员工们灌输危机意识，表明危机确实存在，那么，他很快就会失去信誉，因而就会失去效率和效益。为让那些认为身居大企业就可以高枕无忧的人紧张起来，他在企业上层推行"末日管理"计划，启用了两名大胆推行改革的高级领导人员为副董事长，免去了4名倾向于循序渐进、在其位不谋其政的高级领导者的职务，以警示高层人员：如果你在位置上感觉很舒服，很快就会有人要觊觎你的位置，分享你的"午餐"了。对于一线员工，威廉·韦斯广泛宣传"由于某些小单位忽视产品质量，导致失去消费者的危机"。并一再提示员工，如果不把产品质量、生产成本以及消费者时刻放在突出位置，企业的末日就会来临。让他们知道企业是在激烈竞争中生存的，不进则退，退则一败涂地，从而使危机意识贯穿于整个企业，推动企业向前发展。

常规之外的企业危机公关

当危机来临的时候，有的企业能够从容应对，而有的企业则显得无所适

第18章 最有效的防御，是从根本上阻止危机

从，仓促应对，甚至一些企业选择捂着藏着的心态，试图侥幸过关，体现出危机管理意识的淡薄和对危机后果估计的严重不足，甚至对法律的漠视。而后者，往往为之付出了惨重的代价。

危机事件当头时，企业该怎么办？有的企业就此倒下，而有的企业利用危机的轰动效应，采取积极有效的危机公关策略，转危为安，从"危机"中找到新的发展"契机"。

百事可乐靠美好形象占领印度市场，由于没采取相应公关，可口可乐错失占领印度市场的良机；强生公司一种止痛药混有有毒物质，致7人死亡，强生用出色的公关平息了风波等，"全球工业500强总经理调查"发现，这些企业被危机困扰时间，平均8周半，无公关计划比有公关计划的公司长25倍；危机后遗症波及时间，平均8周，无公关计划比有公关计划的公司长25倍。仅凭过硬的产品质量还不够，灵活的企业公关与高超的危机公关技巧，同等重要。中国企业，尤其是中小企业，公关意识不强，错失了许多商机。

以因特网为代表的新经济的兴起，使每一个人都处于信息极度畅通的年代，"蝴蝶效应"越发明显，任何一个地区发生的任何一个事件，都存在以即时性的速度被别的地区所知晓和掌握的可能性。对一个企业而言，哪怕一个很小的事件，如果处理不当都存在着引起轩然大波的可能，而其持续性、爆发性、危害性更越发严重。尤其身处中国这样一个经济飞速发展、与世界经济关联越发紧密、市场经济日臻完善的世界最大的新兴市场，企业在持续性地触摸着时代脉搏律动的同时，更真切地感受着越来越多的企业危机在一个个扑面而来。

从近两年来的企业情况看，在应对危机方面，跨国公司整体要优于中国国内的企业。国内企业在危机管理应对的及时性、应对方法的合适性、估计后果的严重性方面都还存在着很大的不足。国内企业在危机管理上依然处于复苏阶段，只是在近两年方才在危机意识方面呈迅速提升态势，同时个别优

秀的企业已经从危机管理中品尝到了甜头。跨国公司在危机来临的时候，整体则体现出成熟、沉稳而应对周全的特点，也对公关危机事件比较重视，处理得恰到好处。像红牛、宜家、肯德基、丰田、默克、索尼等国际公司，它们已经形成了一套良好的应对公关危机的运营体系，何时该做什么事情，由什么层面的人去做，该掌握怎样的分寸，都有较好的拿捏，故而能够顺利度过危机，甚至把危机直接消灭在萌芽状态。个别企业更是可以借助危机进一步传播和提升企业和品牌的形象，由此获得人们的尊重。

那么，如何化解危机、做好公关呢？

第一，将公众和消费者的利益放在第一位。

企业要在危机发生时将公众和消费者的利益放在第一位，并采取行动，维护公众和消费者的利益。公众和消费者都是企业服务的对象，失去了他们的支持，企业也就失去了生存的必要。

第二，快速反应，查明原因。

企业应在获悉危机发生后立即启动危机管理机制，并做好准备工作，相关资源亦应协调到位。

第三，成立公关小组。

当危机出现的时候千万不要惊慌，首要的问题就是赶快成立危机公关小组。一般情况下，危机公关小组的组成由企业的公关部成员和企业涉及危机的高层领导者直接组成。在这里要千万注意的是，在危机情况下，一定要把握住宣传口径的一致，作为企业的直接领导者和公关部成员千万不能随意发表言论，以免给媒体和大众落下口实。

脑白金的危机始于《智囊》2001年12期揭示了其营销本质之后，《南方周末》和南方许多报纸先后做了深入报道，但是史玉柱始终没有在媒体上乱讲话，而是采取低调的方式将脑白金的问题推到民营企业需要宽容的社会形象等方面，给人一种受了委屈的感觉，最终平息了这场危机。

第四，积极面对媒体和公众。

第18章 最有效的防御，是从根本上阻止危机

当危机发生时，媒体一般会介入影响公众，企业要有勇气面对危机，以负责的任形象展现自己的态度。

第五，企业要勇于承担责任。

危机事件发生后，企业如果诚意承担责任，让公众感到企业正处理危机和矫正影响，公众也会谅解企业。

第六，利用法律武器。

杭州海康威视数字技术有限公司于2002年4月发布视音频压缩板卡DS-4004M，同年9月就被大规模仿制，并很快形成"浩劫"之势，只要海康威视的产品销售到哪里，仿制侵权就跟到哪里。侵权仿制的厂家多达六七家。从2002年9月至2003年10月短短的1年时间，这一个型号侵权仿制产品的销售额就达上亿元，占这一时期硬压缩板卡市场的25%左右。由于压缩板卡是DVR的核心，直接牵涉到8亿元以上的市场规模，给海康威视造成了极大的经济损失。如果任其发展下去，海康威视的科研成果将会很快被淹没在非法仿制的海洋里而化为乌有。

面对危机，海康威视毅然拿起法律武器，用法律的手段来维护自己的权益。他们先后聘请了7位律师，花费了数百万元，分别在北京、上海、深圳等地进行了法律诉讼。

与此同时，海康威视坚持"打假"与"甩假"并重，加大新产品开发力度，不断推出功能更强大的更新换代产品，从而把仿冒和造假者远远"甩"在后面，稳定了市场，同时也稳固了自己的行业地位。

生活中太多的常规使我们大多数人对突发事件缺乏必要重视。每天生活在严密的"常规经济学"中，您应该记得给自己的公司制定一件有备无患的危机保护外套。国际上的危机管理意识越来越强，越来越多的企业已经意识到了危机公关管理的重要性。一个良好的风险控制体系是市场经济下成熟企业的重要标志。企业管理者应当对危机公关给予更大的重视，以在竞争激烈的市场中立于不败之地。

应急管理保障企业安全

企业特别是民营企业随时都会意外发生危机。工厂出现工伤、死亡、失火、爆炸、被媒体曝光不合格；企业突发交通事故、机构突遭抢劫；企业财务卷款潜逃；税务部门抓住企业逃税避税的把柄；商标域名突然被人抢注；进出口突遇合同诈骗，等等。因此，应急管理是企业安全保障的最好的屏障。

随着2006年1月8日国务院的《国家突发公共事件总体应急预案》出台，中国应急预案框架体系初步形成。是否已制定应急能力和防灾减灾应急预案，标志着社会、企业、社区、家庭安全文化的程度。作为企业的领导者，应当具备一定的安全减灾文化素养和良好的心理素质及应急管理知识。

应急概念是对应于特重大事故灾害的危险问题提出的。危险包括人的危险、物的危险和责任危险三大类。首先，人的危险可分为生命危险和健康危险；物的危险指威胁财产和火灾、雷电、台风、洪水等事故；责任危险是产生于法律上的损害赔偿责任，一般又称为第三者责任险。其中，危险是由意外事故、意外事故发生的可能性及蕴藏意外事故发生可能性的危险状态构成。

要想做好应急管理，企业领导者须从以下几个方面下足工夫：

第一，将应急意识贯彻企业管理的各个环节，是做好企业应急管理工作的前提，所以，首先要树立应急的意识，将应急管理和企业管理的各个环节紧密地结合起来，尽管风险是无处不在，无时不有，但是只要企业所有员工都有风险的意识，做好应对风险的准备，许多的风险隐患是在未然的时候就可以把它消除，许多的事故是可以防止，或者出了事故以后可以减轻它的损失。

第二，提前制定好完善的应急预案。完善的应急预案指面对突发事件，如自然灾害、重特大事故灾害、环境公害等，它一般应建立在综合防灾规划之上。应包括以下几个重要的子系统：完善的应急政治管理指挥系统；强有力的应急工程救援保障体系；综合协调、应对自如的相互支持系统；充分应对的保障供应体系；体现综合救援的应急队伍等。

例如，2004年2月5日晚7时45分，北京市密云县密虹公园举办的密云县第二届迎春灯展，因一游人在公园桥上跌倒，引起身后游人拥挤，由于没有制定应急预案和疏散避难对策，造成踩死挤伤游人特大恶性事故，致使37人死亡，37人受伤，而被列入2004年十大灾难事故之首。

如果企业的应急预案做得好，可行、科学，预案规定的各项内容得到很好的落实，那么就可以做到有效地预防。很多企业可能都会有一个体会，一个最差的预案也比没有预案要好几百倍，有一个预案，脑子里就会有这个概念，再加上平时经过演练，一旦事情发生以后，企业就可以做到临事不乱，不然的话就摸不着头脑，一个好的预案是多少个企业、多少年经验的结晶，有的是用"血"的代价换来的，所以，在做预案的时候，既要总结自己的经验，还要总结别人的教训来制定好预案。如果没有预案，事情发生以后又处理不好，到时候后悔就晚了。

第三，企业的预案平时要做到专兼结合，这是企业应急队伍建设的有效形式，大企业要有专业的应急队伍，中小企业也应有兼职的应急队伍。各个企业平时根据自己的特点，在容易发生事故的方面配备自己的专业队伍，要懂业务、懂技术、懂处置。同时还要有兼职，因为企业不可能像国家养军队那样平时什么事都不做，一个岗位应有多种职能，这样在事情发生以后第一时间就能够做到有效的控制和处置。

第四，先进的科学技术，包括方法、装备、器材，是应急管理工作的保障。因为有些企业是搞研究的，对应急管理的一些方法、方式、体制要进行研究，处置突发事件还要有针对性，增加投入，置办一些必要的设备、处置的装备和防止的装备。化工的、污染的事件，没有专业的设备不但无法保护人民群众，连应急人员的安全都无法保护。企业搞救援，当然既要保护事件的对象，也要保护好救援的人员。

第五，认真做好隐患排查、监管工作，特别是各类生产经营企业都要针对生产经营场所、危险建（构）筑物以及周边环境等，认真组织开展事故隐患排查监管工作，落实安全保障措施。要切实加强风险管理、重大危险源管理与监控，认真做好事故隐患排查整改工作。对重大事故隐患要采取停产、停业整改或停止使用等措施，防止发生突发事件。对重大危险源应建立登记建档制度，加强事故灾难预测预警工作。要定期对重大危险源和重点部位进行分析和评估，对可能导致生产事故的信息要及时预警。重组改制企业要特别重视矛盾纠纷的化解和其他影响社会安全稳定的隐患排查工作，防范发生群体性事件。

第六，企业应加强应急管理培训和宣传教育工作。要将应急管理和应急救援培训纳入企业教育培训体系，进一步加大教育培训力度。企业要加强培训管理，提高培训质量。要加强对从业人员的应急救援培训，特别是要加强重点岗位人员的培训，提高现场应急处置能力。

第七，武装法律武器，企业会在市场上遇到一些知识产权被侵犯，商品被恶意替换引发危机等，这就需要企业有一个健全的法律保障体系，能够在最短的时间内捍卫自己的权益，维护企业的形象，因此，这个法律武器不可不用，且必须要用得好、用得及时。

企业领导者应高度重视并切实做好企业应急管理工作。加强企业应急管理，是企业自身发展的内在要求和必须履行的社会责任。领导者应全面做好企业应急管理工作，提高事故防范和应急处置能力，避免和减少事故造成的人员伤亡和财产损失，抓紧制定完善相关制度措施，健全企业应急管理长效机制，为企业赢得一个安全有保障的发展环境。

第19章
秉持简单但有效的管理理念

每个企业的领导者都要秉持几个管理理念,以保证企业的发展壮大。最好的管理是那种交响乐团式的管理,一个指挥可以管理250个乐手。对企业而言,管理的层级越少越好,层级之间的关系越简单越高效。

简单管理理念

所谓简单管理就是在企业的运作过程中，准确找到并把握事物的规律，去伪存真，由此及彼，由表及里，将一个个复杂的工作简单化，然后高效地加以解决。

简单管理是一种把"复杂简单化"的思维方式，本质上它是一种执行文化，解决的是中国企业普遍存在的"知行不合一""理念天上飘，行为地上爬"的矛盾。

随着市场经济的不断发展，企业逐渐对自己的发展壮大越发感到迷茫，这种迷茫往往导致它在自身越来越庞大的同时，组织机构变得越来越臃肿，处理事务越发机械化和官僚化，管理越来越复杂，而效率却越来越低下。所有这一切都反映在一个逐渐提高的管理成本上，管理费用的增长比企业的利润甚至比销售量的增长还要快。这时候企业的领导者才开始逐渐认识到，企业"病"了，得了一种以"复杂"为症状的病。

2003年的某一天，海尔CEO张瑞敏在接受凤凰卫视财经记者采访时，再次谈到了他对GE前掌门人杰克·韦尔奇的景仰之情。张瑞敏表示：如果有可能，他希望向韦尔奇当面请教"大企业如何做小的问题"。显然，在中国企业管理界已是"宗师"级的张瑞敏对GE的研究甚深。

杰克·韦尔奇，被众多媒体誉为"20世纪最伟大的CEO""全球第一职业经理人"的商界传奇人物,自1981年担任通用电气公司董事长与首席执行官以来,在短短20年时间里,韦尔奇把GE从一个痼疾丛生的企业改变成一个健康高效、活力四射、充满竞争力的企业巨人。截止到2001年,GE市值高达4 500亿美元,增长了30多倍,排名从世界第10位跃居第2位,这一梦幻般的成就是如何取得的呢?所谓"大海航行靠舵手",正是杰克·韦尔奇优异的管理思想和领导艺术造就了"GE神话"。

杰克·韦尔奇的管理思想中有一条非常著名的论断,那就是"成功属于精简敏捷的组织"。用他一贯主张的速度原则表述便是:最少的监督,最少的决策拖延,最灵活的竞争。他认为企业不必复杂化,对他来说,使事情保持简单是商业活动的要旨之一。他说,他的目标是"将我们在GE所做的一切事情、所制造的一切东西'去复杂化'"。

世界是复杂的,但也是简单的,只是我们常常被自己的习惯性思维所禁锢,从而把简单的事情弄复杂了。如何将复杂的事情回归于简单,根除企业的"复杂病",这正是企业领导者亟待思考的问题。老子曾经反复讨论"道法自然"管理的精义,明确提出了管理的最高境界:"希言自然""无为而治""治大国若烹小鲜",治国尚如此,何况管理企业呢?两点之间直线最短,理性的企业管理就是在目标和实现这个目标的两点之间,找到一条既短又好的直线。杰克·韦尔奇说,"作为领导者必须具有表达清楚准确的自信,确信组织中的每一个人都能理解事业的目标。然而做到组织简化绝非易事,人们往往害怕简化,他们往往会担心,一旦他们处事简化,会被认为是头脑简单。事实恰恰相反,唯有头脑清醒、意志坚定的人才是最简化的"。

简单管理的核心是要形成一种自然秩序。任何一个群体或组织,总要围绕核心做一件事,由此决定了在各个环节上应该什么时候做什么和做到什么程度,这些用不着领导者指东道西。较为贴近的例子是一个交响乐团,号手也好,小提琴手也好,每个人都知道到哪个环节应该做什么,用不着指挥告诉他。也就是说,当组织中的每个岗位、每个环节、每个人都知道什么时候该做什么时，企业的自然秩序就形成了。

简单管理同时又是不简单的。简单管理在形式上追求简单，在内涵上则要求深刻、丰富，要求对事物的规律有深刻的认识和把握。要想把一件复杂的事情变得简单而有效，并不是一件容易的事情，更何况"管理"是个永远令领导者头疼的词汇。简单并不意味着放弃，如果企业为了追寻简单而放弃管理工作一个礼拜，那企业就可以永远休息，永远不用管理了。简单管理境界虽高，但关键是执行，尽管有了化繁为简、以简驭繁的思想和技巧，但是，如果没有执行，一切都是空谈。所以，为了实现企业最终的简单管理，企业需要一批有良好理解力、执行力和非常高的专业化能力的人，有了他们才能使企业的整体生产力向着更简单、更实用、更高效的方向迈进，要有一批能找出方法、找到工具并具备教育能力和耐心的中层领导者担负传承使命，才能让更多的员工把简单管理从口头念叨转化为行为中的自觉，从而更好、更多地把事情做对，日复一日，从寻常单调中获取成就感和工作者的尊严。

简单管理是一门事半功倍的大学问，是管理的最高境界。但需要指出的是，简单会带来巨大的成功，同时也伴随着巨大的风险，简单不是一味地"减少"，也并不意味着"放弃"，它需要认真地准备，认真地体会，认真地实践，认真地执行。如此，简单才会出效率，管理才能实现简约、集约和高效。

精确管理理念

所谓精确管理，就是以条令条例为依据，以提高"战斗力"为目的，运用现代管理模式和高新技术成果，对管理对象实施精细、准确、快捷的规范与控制。

精确管理的思路是：

（1）摒弃传统的粗放式管理模式，把提高管理效能作为管理创新的基本目标；

（2）把管理手段的信息化，作为计划、组织、协调、控制的"第一要素"；

（3）将网络技术、数理方法和微电子成果引入管理系统，推动管理机制的"动态"发展；

（4）建立科学的评价系统，对管理对象进行定量分析和量化管理。

精确管理的核心是信息化，它以信息技术为支撑，从管理理念到方法手段全面创新，呈现出区别于传统管理的崭新特征。

1. 采用数理方法，实现定性定量的精确化

例如，用具体、明确的量化标准，取代笼统、模糊的管理要求，改变了经验式的管理模式；将量化标准渗透到管理的各个环节，以量化的数据作为提出问题的依据、分析判断的基础、考察评估的尺度，使无形的管理变成有形的管理；利用量化的数据规范领导者的行为，并对管理进程进行导引、调节、控制，从而便于及时发现问题，及时矫正管理行为。

2. 运用电子技术，实现管理时空的精确化

精确管理将电子技术和以电子技术为基础的智能技术、虚拟技术等广泛运用到管理实践中，使之成为提高管理效果的"倍增器"。

3. 借助网络手段，实现管控实时的精确化

精确管理借助网络技术，通过实时的数据采集和网状的信息传递，彻底改变了数据的生成方式和以往的线性传递模式，缩短了决策时间，提高了反应速度。

内蒙古伊利集团发布公告，2005年前三季度实现主营业务收入90.60亿元，同比增长32.27%，上缴税收6.8亿元。收入、利润、税收等主要经营指标全部超过去年水平。

伊利集团董事长、总裁潘刚认为，精确管理是伊利快速发展的关键因素。伊利的精确管理要求把供应链中的每一个环节都作为关注的重点，将奶农、牧场、奶站、供应商、加工厂、经销商、服务商等都纳入质量控制系统。在已建立的全方位质量管理、质量控制体系下，完善质量预警体系；在集团内部实行管理到位、责任到人，各企业、各单位都必须严格按照"为消费者提供100%安全、100%健康优质产品"的质量目标，开展质量管理工作。潘刚说："伊利在哪个环节都输不起，不能出现一丁点疏漏，否则就是一场灾难。"

柔性管理理念

所谓柔性管理即是依据组织的共同价值和文化氛围进行的人格化的管理。其本质是一种以人为中心的人性化管理，它以人的心理和行为规律为基础，以人性化的工作方式和管理思维，在员工中形成一种潜在的说服力，从而把组织的意志和思想贯彻在员工的自觉行动中。

分析柔性管理，它具有以下特征。

1. 柔性管理具有内在驱动性

柔性管理的最大特点，在于它主要不是依靠权力影响即行政命令，而是依赖员工心理反应，依赖于从每个员工发自内心的主动性、积极性和创造性，从而在员工心理上产生内在驱动。

2. 柔性管理影响具有持久性

柔性管理要求员工把外在规定转变为内心的承诺，并最终转变为自觉的行动，这一转化过程是需要时间的，加之员工的个体差异、文化层次及周围环境等多种因素的影响，组织目标与个人目标之间有时难以协调，这时耐心、细致、切合实际的思想政治工作往往能够发挥有效的作用。

3. 柔性管理激励具有有效性

根据马斯洛需要层次理论，可将人的需求分为：生理需求、安全需求、社交需求、尊重需求和自我实现需求。一般来说，柔性管理主要满足的员工高层次的需求，因此具有有效的激励作用。

不论从管理理论还是从管理实践看，柔性管理与刚性管理的分歧无处不在，因其本质是相互对立的。刚性管理往往将其员工视作"经济人"或"机器的附件"，强调组织的权威和规章制度，美国式的管理模式总体属于这一类，他们重视战略、结构、体制等硬性因素，从而忽略了组织的共同价值、作风、人员、技巧等软性因素；而柔性管理则将其员工视为"社会人"，提高经济效益的关键在于满足员工的社会欲望，提高员工的士气，纪律的强制和物质的激励放在次要位置，亚洲式（如新加坡、韩国等）的企业管理，就比较重视企业思想、文化和精神的塑造。

柔性管理的内容主要包括以下几点。

1. 情感柔性

注重情感投资、树立领导风范，具有极强的感召力、亲和力、凝聚力；着力于企业文化建设和民主管理，重视人力资源开发与培养。

2. 组织柔性

发挥组织管理优势，敢于放权。由集权向分权过渡，由金字塔组织结构向扁平化组织结构过渡。

3. 服务柔性

大力推行领导者为员工服务，员工为企业服务，企业为社会服务、为消费者服务，情真意切、专心致志，建立起企业内部、社会、消费者的"情感链"。

4. 质量柔性

质量高于一切。抓质量首先要提高人的素质，因为人的素质是产品质量的重要保证，只有提高人的素质，才能抓好产品质量。

5. 战略柔性

在确定战略目标的前提下，增强战略的多变性，实行弹性预算，推行滚动计划。

6. 营销柔性

注重营销策划，利用各种灵活的营销方式，采取多种有效的组合来吸引消费者。攻市场应先攻心，只有打动消费者的心，才能有效地刺激消费。

7. 技术柔性

充分利用高新技术提高管理效率，如办公自动化、物流信息化、设备现代化等。

8. 心理柔性

注重视觉标志管理、看板管理、颜色管理等，科学运用心理学的原理和方法，激发工作热情，及时调整员工心态。

丰田公司采用柔性制造系统的生产方式，开发了"智能送板"，即用电脑控制安装用具，每个托板都编入程序，经过电脑把不同托板送入不同型号的生产线上。由于这种方式打破了近百年来在制造业上占统治地位的大规模流水生产方式，使生产能较好地适应外部条件的变化，使日本制造业在国际市场上占据着有利的竞争地位。

美国思科公司是1984年创办并快速发展起来的网络技术公司。思科目前在全球的员工已发展到3.4万人，年营业额达130亿美元。思科的成功秘诀在于创出了"每个员工的成功就是公司的成功"的柔性管理文化理念。思科确立了每个员工都是企业的股东和主人翁的经营思想，建立起让每个员工都能发挥出自己最大的价值，实现自己最大梦想的经营体制。公司鼓励员工的创新精神，肯定员工个人在团队中成功的思想；经常组织员工进行业务培训与国外员工到本土受训，增长员工成功的个人才能；提供一个能够发挥"领导者的成功特质"的环境，帮助员工实现设定的目标，等等。这些柔性管理的思想，使得思科在市场刚性竞争中持续超常发展。

相对于刚性管理，柔性管理具有以下的优点和作用：

（1）由于柔性管理注重满足员工的高层次需要，因而能从深层次激发员工的工作动机，增强员工的主人翁责任感，使其不仅仅是自觉地完成本职工作，而且往往愿意挖掘自身的潜能，发挥其天赋，取得超常规的工作成就。

（2）由于柔性管理注重培养团队精神，这就有利于在企业组织内部形成集体主义和相互协作的精神，有利于对各种违规现象形成一种"防患于未然"的保护机制。

（3）由于柔性管理"人本中心"的原则，使其成为刚性管理的"升华"和"润滑剂"，对于避免和缓解企业管理中存在的矛盾具有十分重要的作用。

（4）文化背景、传统观念的特殊性，使柔性管理在中国的企业管理中具有重要的指导意义和现实意义，科学地运用柔性管理经常能够收到良好的管理效益。

零缺陷管理理念

零缺陷管理的核心是第一次就把正确的事情做正确，包含了三个层次：正确的事、正确的做事和第一次做正确。因此，第一次就把事情做正确，三个因素缺一不可。

零缺陷管理的思想体系可以用一句话来概括："坐而论道，道而行之"。也就是说，理论来源于实践，同时要指导实践。只有付诸于实践，才可能取得理论与实践的高度一致。现实中有三类人：蜘蛛式、蚂蚁式和蜜蜂式。其中，蜘蛛式的人只会编制一张美丽的网后开始空想，蚂蚁式的人每天忙忙碌碌却从不思考，只有蜜蜂式的人既织网，又劳作，且不断有蜜酿出，最后一类人才是值得我们推崇的。

零缺陷管理思想体系可以深度概括为：一个中心、两个基本点和三个需要。

1. 一个中心

一个中心指的是零缺陷管理。零缺陷管理要求第一次就把事情做正确。每个人都坚持第一次做正确，不让缺陷发生或流至下道工序或其他岗位，那么工作中就可以减少很多处理缺陷和失误造成的成本，工作质量和工作效率也可以大幅度提高，经济效益也会显著增长。

2. 两个基本点

两个基本点指的是有用的和可靠的结果。有用的是一种结果导向的思维，企业做任何事情首先想到它有用，必须站在消费者的角度来审视最终的结果是否有用。但是，如果做的每件事情都有用，也未必可靠。因此，零缺陷管理追求既有用又可靠的结果。

3. 三个需要

任何组织的目的都是一个需要的解决方案，三个需要分别是指：消费者的需要、员工的需要和供应商的需要。任何一个组织首先要承担的是消费者。没有消费者，组织就没有存在的意义。这三个需要形成了一个价值链。因此，必须统一看待客户、员工和供应商的需要。

克劳斯比提出的零缺陷管理的原理主要有：零缺陷管理的质量定理、零缺陷管理完整性定理、零缺陷管理质量战略图、零缺陷管理的杠杆原理、零缺陷管理的精灵原理、克劳斯比"开车理论"、克劳斯比质量成本曲线、克劳斯比质量免费原理等。下面仅简单介绍零缺陷管理的质量定理、克劳斯比"开车理论"和克劳斯比质量免费原理。

1. 零缺陷管理的质量定理

在零缺陷管理中，质量的定义就是符合要求而不是好。"好、卓越"等描述都是主观和含糊的。预防产生质量，检验不能产生质量。检验是在过程结束后把不符合要求的挑选出来，而不是促进改进。

2. 克劳斯比"开车理论"

质量控制是科学地测量过程状态的基本的方法，就像汽车表盘上的仪器；质量保证则是过程和程序的参考与指南的集合；ISO9000是其中的一种，就像车中的驾驶手册；质量管理才是操作的哲学，怎么开车与开车的程序或测量其实是两码事。

3. 克劳斯比质量免费原理

克劳斯比有一句名言："质量是免费的"。过去质量之所以不能免费是由于"没有第一次把事情做正确"，产品不符合质量标准，从而形成了"缺陷"。美国许多企业常常耗用相当于营业总额的15%~20%去消除缺陷。

因此，在质量管理中既要保证质量又要降低成本，其结合点是要求每一个人"第一次就把事情做正确"，亦即人们在每一时刻、对每一作业都需满足工作过程的全部要求。只有这样，那些浪费在补救措施上的时间、金钱和精力才可以避免，这就是"质量是免费的"真实含义。

质量管理就是开车，首先控制系统必须是好的。要确保开车过程顺畅，还必须有良好的交通规则的支持，也就是保证体系必不可少。

控制系统做得再好、质量手册编得再精美、通过的认证再多，但如果没有人执行，那所做的一切都是徒劳的。因此，企业的高层领导者必须认识到执行的重要性，必须确保质量经理确实是在"开车"，而并不仅仅是编制一些文件。

近年来，大庆石化公司炼油厂通过实施零缺陷质量管理模式，使各项工作出现了可喜局面。这个厂产品出厂合格率达到100%，有53个牌号的产品被评为省级以上优质产品，产品销往除西藏、台湾以外的全国各省、市、自治区，并远销日本、韩国、俄罗斯、新加坡、澳大利亚、美国等20多个国家。

1．营造零缺陷质量文化氛围

2002年，面对企业亏损、员工士气低落、产品质量时有不合格事件发生，这个厂的领导者认识到只有营造一个良好的质量管理环境和质量文化氛围，才能得到员工的认同。厂里积极倡导"只有消费者满意的产品才是合格的产品"的质量理念，成立质量管理委员会，指定一名领导者负责质量管理工作。质量部门的一项重要职责是进行员工培训，通过零缺陷质量文化的导入和培训，提高员工的质量意识，自觉树立起"产品质量好坏是生产出来的不是靠检验出来的""上游产品是下游原料"的观念，使全厂上下形成了"质量就是效益"的共同理念。在去年开展的消费者评价满意度调查中，军队航空系统对这个厂生产的3号喷气燃料评价说：质量好，信誉高，是信得过的产品；质量管理到位，售后服务好。近两年来，这个厂产品质量终端消费者有效投诉率为零。

2．进行零缺陷产品生产

零缺陷的产品，需要零缺陷的生产。这个厂实施了分散与集中、全员自控与专门控制、内在质量控制与系统信息反馈相结合的零缺陷生产质量管理体系。厂里根据生产方案变化情况，加强上下游工序以及各种贮罐的质量跟踪调查，及时调节产品质量，使工作重点由"处理产品质量问题向处理质量可能出现的问题"转变。0号、+5号等轻柴油氧化安定性和总不溶物等关键指标与组分油的生产状况密切相关，这个厂生产部门加大了质量监控力度，当生产方案改变或操作波动时，一是及时安排化验车间加做二重催装置轻柴油和加氢精制柴油等关键轻柴油组分油的氧化安定性的样品；二是要求二重催、加氢车间加强馏出口油品外观颜色的观察,操作分析和调节;三是要求化验员密切注意馏出口油品的外观和有关分析数据,及时汇报有关单位;四是要求质检员随时掌握油品动态,及时配合调度室处理异常问题,确保了产品质量。

3. 推行零缺陷质量标准

追求零缺陷,要求企业员工在生产中不仅要做到"做正确就行",更要追求"一次做正确"。尤其是对打出去的名牌产品,更是要求高品质、零缺陷。用于军队的3号喷气燃料等产品利润低,但这个厂从不马虎行事,他们知道品牌效应无形中带来的间接效益远远大于此。对于名牌产品的质量问题,这个厂始终本着"长线产品做好、短线产品做精"的工作宗旨,严格按照产品质量标准组织生产。近年来,这个厂对汽、柴油等长线产品不断升级,使之符合市场需求和环保标准;短线产品如石蜡、液化石油气、丙烯、石油苯等,追求质量稳定、消费者满意。石蜡产品是拳头产品,由于生产流程长,上下游工序以及各种贮罐的质量跟踪成为确保成型产品的质量好坏的关键。在工作中,厂质量管理部门加强与生产车间、计划、调度等部门的联系,保证了优质石蜡出厂。去年,石蜡产品的主要指标——光安定性,虽达到国家质量要求,但不够稳定。厂技术人员本着精益求精的原则,成立了攻关小组进行研究,提高了石蜡的光安定性。

零缺陷质量标准,使"大庆牌"石蜡产品价格在高于其他企业的情况下,仍能成为抢手货。如今有62种产品通过采标认证。"大庆牌"石油苯、液化石油气两种产品以其良好的品质被授予"2003年全省用户满意产品",赢得了国内外消费者的青睐。

由于传统思想的影响,很多人对零缺陷管理的理解并不准确。企业必须认识到:零缺陷管理不是质量控制的方法,而是全企业的管理运行系统;不是头痛医头的手段,而是标本兼治的完整性方案;不是重在事后的补救,而是重在事前对问题的预防；不是"贴金"和"作秀"，而是结果导向的绩效突破法；不是仅仅控制内部过程，而是通过过程为消费者创造价值。

零缺陷管理不仅是质量部的管理方法，而且是一种企业的经营之道，不仅适用于制造企业，而且适用于所有类型的企业。零缺陷管理不仅是自下而上的驱动，最重要的是首先要自上而下的推动。只有深刻理解零缺陷管理，才能避免走入误区。

中国式管理理念

中国式管理是指以中国管理哲学来妥善运用西方现代管理科学，并充分考虑中国人的文化传统和心理行为特性，以达成更为良好的管理效果。

中国式管理其实就是合理化管理，它强调管理就是修己安人的历程。中国式管理以"安人"为最终目的，因而更具有包容性；以易经为理论基础，合理地应用"同中有异、异中有同"的人事现象；主张从个人的修身做起，然后才有资格来从事管理，而事业只是修身、齐家、治国的实际演练。

松下电器公司在旅游胜地建有松下电器商业学院，该学院将《大学》《论语》《孟子》《孝经》等四部儒家经典列为必修课程，将《中庸》中的"明明德、亲民、止于至善"作为学员的研修目标。具体来说，就是强调企业员工在商业道德实践中竭尽所能、身体力行，在人际交往中至诚无欺，为人处世力求完美，实践"商业之道在于德"的思想，以此建立人性化管理模式。

中国式管理不等于儒家式管理，儒家文化是中华文化的重要组成部分，但并不是全部。儒、道、墨、法，包括后来的佛教、基督教、伊斯兰教，并融入现代化的管理，中华文化已经成为人类文化的集大成者，而不单单是儒家文化的概念。

第19章 秉持简单但有效的管理理念

中国式管理简单地说就是合理的管理，所谓合理就是合乎规律。它跟西方管理典型的区别主要表现在：中国式管理真正倡导以人为本，从组织的打造和管理的结果来看，希望一个组织能像一个人一样，机动而灵活。西方管理侧重于把人组合起来，形成一个比较稳定的程序化的机器，然后去创造财富。但随着自由时代的到来，人越来越不适应企业将自己物化成生产工具，而需要更多的自动自发。

和谐管理理念

企业要做到和谐管理，就必然要深刻思索物质与精神矛盾、务实与理想矛盾、经验与创新矛盾、文化与制度矛盾、效率与公平矛盾这五大矛盾，切实地解决员工物质需求、调整员工心态、顺畅沟通的渠道，否则，和谐管理不过是一句空话而已。

企业的文化建设，先要解决物质基础问题，并由此引发出企业对员工业绩的评价、分配机制、激励机制等问题，只有解决了这些，才能让大家踏踏实实与和和气气地工作，说到底，企业的文化建设，不能回避价值评价和利益分配问题，这是物质基础。

高明的企业领导者，要做到和谐管理，必然要处理好企业管理中的五大矛盾。

1. 物质与精神矛盾

就中国文化的现实而言，企业需要的是在不回避人的利益驱动条件下，如何有效地激发人的精神驱动，或者是说让两者如何配合，更好地发挥人的动力。

2. 务实与理想矛盾

企业要务实，要追求利润，松下幸之助说："不赚钱的企业就是犯罪。"因为不赚钱的企业何谈服务社会、何谈为员工提供机会？但是追逐利润的企业，往往会陷入"唯利是图"的境地。崇高、远大的理想，这些好像不是企业的追求，但是如果企业细细思考一下，究竟一个企业的成功靠什么，就会明白理想和远景对于一个企业的重要作用。

3. 经验与创新矛盾

没有经验就不会有创新，但过于依赖经验又会阻碍创新，所以经验与创新是企业管理的一对矛盾。真正的成功必须依靠不断地创新，企业要实现和谐管理，必然需要注意经验与创新的有机结合，一方面要注重学习别人的先进经验，但更重要的是，必须要有自己的创新体系，否则不可能拥有持续的竞争力。

4. 文化与制度矛盾

企业文化的核心目的是要为企业建立自己的做人做事准则，而制度则是硬性的。从历史发展的角度来看，历史上任何一个强盛的民族，必然是建立在严厉的制度上的。一个企业也是这样，中国企业想要走向世界，必须拥有自己独特的企业文化和管理模式，没有自己的民族精神和企业精神不可能真正地实现国际化。

5. 效率与公平矛盾

企业要追求效率，员工更关注公平，这也是一对矛盾。有人说，企业都希望员工是雷锋，多奉献，少索取；员工都希望企业是慈善家，多给予，少要求。这两种观点显然都是不对的。所以作为企业领导者，要做的是尽量倾听员工的心声，降低这种不满意和不公平感，否则容易引起员工的消极情绪。

有些企业的文化建设，走的是自上而下的路线，由领导者提出，希望员工都百分之百的执行，而且在企业日常管理中，忽略了员工的需求和意见，结果导致领导者高高在上、文化浮在表面的现象。没有任何企业是完美的，企业关注的是员工的业绩，而员工关注的是自己个人价值的提升和个人需求的满足，所以如果企业只是关注业绩而忽略了员工的需求，那么员工的情绪就会堆积，这样的不满情绪到了一定程度就会爆发，那个时候往往要花很大的精力来抚平，甚至已经严重破坏了企业氛围，弄得两败俱伤。所以，要让企业和谐，就必然要让大家有说话和提意见的权利，有正常沟通的渠道，否则就无法和谐。

和谐思想可以说是儒家文化的精髓，包含中国传统文化的重要思想。和谐思想有很多精华的地方，提倡和谐，可以增强组织的责任感和使命感，提升企业氛围，但也不要形成企业内部的一团和气，回避矛盾，这样反而违背了和谐管理的真正内涵。

第20章
实施简单但有效的管理方法

　　一个企业,没有一定的管理方法是不可想象的。管理方法是管理理论、原理的自然延伸和具体化、实际化,是管理原理指导管理活动的必要桥梁,是实现管理目标的途径,它的作用是一切管理理论、原理本身所无法替代的。

管得少才能管得好

走动式管理法

　　走动式管理法主要是提醒领导者不能脱离经营实际,要有"和群众打成一片"的精神。实践证明,企业领导者多到生产一线去看看、听听、问问,这既有利于和一线的生产工人保持感情上的融洽和思想上的沟通,更有利于及早发现问题、解决问题。

　　西方工业发达国家的企业界,近年来颇为推崇走动式管理法。例如,日本某大企业偌大一座管理大楼,竟是一个"无座椅办公楼",除电脑操作员和员工食堂外,各级管理人员包括各部门经理的办公室均不见座椅,唯一配备一圈椅子的办公室是国际、国内业务洽谈室。对于如此不近人情的做法,总经理的解释是:本企业除了允许与用户洽谈业务时可以坐下来外,其余时间要求"白领"们多多到下面走动,以促使当面迅速拍板解决问题。

　　美国某著名大企业的老板也曾下令,要求把分布于全球66个国家的一万余家分店经理座椅上的靠背全部锯掉,使他们不能久坐,以迫使他们走动管理,以提高经营效率。

　　走动式管理法对于中国企业来说,其实也不是新鲜招术。提倡知识分子"与工人师傅"打成一片,科室人员到车间"沾一身油污",这与西方的走动式管理法还是有着异曲同工之妙的。

　　西式快餐连锁模式的发明者——麦当劳集团的第二任总裁雷克罗克,在走访了他的三十多家连锁店后,站在办公室的大落地玻璃窗前进入了沉思。此时,麦当劳正陷入了经营业绩的低谷时期,他的办公桌堆满了调查报告。过一会,雷克罗克紧锁的眉头舒展开了,他快步走到桌前奋笔疾书起来。大约过了三天,所有麦当劳店长的办公桌上都放置了一份文件,那是雷克罗克亲自下达的一个命令。这份命令很奇怪,它要求每一位店长用钢锯锯下他们办公椅靠背。面对这份奇怪的命令有些店长觉得很不理解,不过,他们仍然执行了这个命令,过了一个礼拜,这个命令的用意慢慢地明显了。原来,雷克罗克的用意是让每一位店长都不要舒服地坐在办公室里,而是要在店里走动,发现问题解决问题。麦当劳的店长们把这种在走动中完成的管理称为走动式管理法,并且将之发扬到了各个快餐行业中。经过这段小插曲,麦当劳的经营业绩也开始慢慢回升。

走动式管理法最直接的好处在于使领导者掌握企业经营的第一手资料,及时了解企业运作状况,便于领导者根据具体情况有的放矢地制定政策和管理制度,并可以随时解决一线操作中出现的问题,从而解决大企业效率低的难题。

在金字塔式的阶层制管理体制下,下级向上级汇报情况,往往是报喜不报忧,等到事态扩大到解决不了时才不得不向上级求救。这是企业经营中的隐患,走动式管理法显然可以使这一弊端得到克服。

同时,走动式管理法也是对员工有效的考核和激励办法,员工的工作业绩如何,去一线看一看自然一清二楚,而员工预计到领导者会经常走动,自然也不敢谎报信息,反而会努力把事情做好,以随时接受领导者的走动式检查。

对员工士气的有效激励是企业管理的重要环节,走动式管理法是发挥激励作用的有效手段。这样的领导者显然给员工树立起身体力行的形象,并且也表达了希望与大家沟通和交流的意愿。实际上形成了一种很好的信息沟通渠道,将报表上无法反映的情况反馈给领导者,使许多管理上的问题处理起来事半功倍。

部门领导人员之间的走动,也可以加强部门之间的沟通,共同提高工作效率,出色地完成工作。

正如一则故事所讲,一个著名企业的董事长在退休时把职位委托给一个年轻人,继任者向他请教管理的秘诀,他指着椅子说:"去走动吧,告诉你,这张椅子我很少去坐"。

另外,走动式管理法最适用于离第一线比较远的高层领导者,组织比较庞大的企业由于层级较多,高层领导者更需勤于走动,便于做好政策性的决定。至于其他层级的领导者离工作现场比较接近,平时就应该透过敏锐的观察,搜集必要的信息。走动式管理法是一种方法或技术,不是一种理论,强调高层领导者应及时搜集第一手的信息,至于其他经营管理事项,则仍应采取其他适当的方法或技术。

标杆管理法

标杆管理法是指企业将自己的产品、服务和经营管理方式,同行业内或其他行业的领袖企业进行比较和衡量,并在此基础上进行的一种持续不断的学习过程,学习的对象可以是行业内的强手,也可以是本企业内的先进单位,还可以是其他行业的领袖企业,通过学习提高自己产品质量和经营管理水平,增强企业竞争力。

标杆管理法起源于20世纪70年代末、80年代初。当时,日本成为了世界企业界的学习榜样。在美国学习日本的运动中,美国的施乐公司首先开辟了后来被他们命名为标杆管理法的管理方式。经过长期的实践,施乐公司将标杆管理法定义为:一个将产品、服务和实践与最强大的竞争对手或是行业领导者相比较的持续流程。其核心就是以行业最高标准或是以最大竞争对手的标准作为目标来改进自己的产品（包括服务）和工艺流程。简言之，就是"找出差距，制定目标，对照基准点，学习无止境。"

标杆管理法的显著特征是向业内或其他行业的最优企业学习，学习是手段，超越才是目的。通过学习，企业重新思考、定位、改进经营实践，不断完善自己，创造自己的最佳业绩，这实际上是模仿创新的过程。

标杆管理法可以分为以下几类。

1. 竞争标杆管理法——以竞争对象为基准的标杆管理法

竞争标杆管理法的目标是与有着相同市场的企业在产品、服务和工作流程等方面的绩效与实践进行比较，直接面对竞争者。这类标杆管理法的实施较困难，原因在于除了公共领域的信息容易接近外，其他关于竞争企业的信息不易获得。

2. 流程标杆管理法——以最佳工作流程为基准进行的标杆管理法

标杆管理法是类似的工作流程，而不是某项业务与操作职能或实践。这类标杆管理法可以跨不同类组织进行。它一般要求企业对整个工作流程和操作有很详细的了解。

3. 客户标杆管理法——在客户标杆管理中，标杆就是消费者的期望值法

客户标杆管理法，以客户的百分百满意为准则。

4. 财务标杆管理法——以标准财务比率测评的杰出组织的绩效为标杆法

财务标杆管理法，以准确与高效为原则。

标杆管理法的流程主要有以下几步。

1. 什么过程需要标杆管理法

这是标杆管理法的第一步，这一步的主要内容是决定向标杆学习什么，组成标杆管理小组。

（1）界定标杆学习的明确主题。必须确定哪些活动、哪些流程能产生最大效益，然后再确定学习、比较和改善的优先顺序。这是标杆管理法的基础。首先，需要注意的是，实施标杆管理法的过程中，要坚持系统优化的思想，不是追求企业局部的优化，而是着眼于企业整体的最优。其次，制定有效的实践准则，以避免实施中的盲目性。

（2）组成标杆管理小组。虽然个人也可以向标杆学习，但大多数标杆学习是团队行动。挑选、训练及管理标杆小组是下一阶段的任务。

将组织中来自各领域的员工召集起来，组成标杆小组；再通过小组找出问题并研究对策，标杆小组可能面临各种各样的问题，如服务差、产品研发周期长、对需求变化反应迟钝等；然后，使用帕累托分析，确定解决这些问题的优先次序；最后，小组一起研究改进流程，解决问题。

2. 选定标杆学习伙伴

即谁做得好，确定比较目标。比较目标就是能够为企业提供值得借鉴信息的企业或个人。

标杆学习伙伴可以分为两类：

（1）内部学习标杆。

（2）外部学习标杆。

寻找标杆伙伴时，应注意优先次序：

应首先在一个大的组织内部寻找；其次在被认为处于行业领导地位的外部企业中寻找；再次是竞争对手，这适宜在技术领域使用。

3. 收集分析信息

在这个阶段，标杆小组必须选择明确收集方法，而负责收集信息的人必须对这些方法很熟悉。标杆小组在联络标杆伙伴后，依据既定的规范收集信息，然后再对信息摘要进行分析。接下来是依据最初的消费者需求，分析标杆学习信息，从而提出行动建议。

4. 评价与提高

这一阶段是通过对比分析绩效差距，对现有流程进行评价，制定目标实施改进。

1976年以后一直保持着世界复印机市场实际垄断地位的施乐公司，遇到了国内外特别是日本竞争者的全方位挑战，如佳能、NEC等公司以施乐的成本价销售产品且能够获利，产品开发周期、开发人员也比施乐短或少50%，于是施乐的市场份额从82%直线下降到35%。面对着竞争威胁，施乐公司从生产成本、周期时间、营销成本、零售价格等领域中，找出一些明确的衡量标准或项目，然后将施乐公司在这些项目的表现，与佳能等主要的竞争对手进行比较，找出了其中的差距，弄清了这些公司的运作机理，全面调整了经营战略、战术，改进了业务流程，很快收到了成效，把失去的市场份额重新夺了回来，在提高交付订货的工作水平和处理低值货品浪费大的问题上，同样应用标杆管理法，以交付速度比施乐快3倍的比恩公司为标杆，并选择14个经营同类产品的公司逐一考察，找出了问题的症结并采取措施，使仓储成本下降了10%，年节省低值品费用数千万美元。

自从施乐公司利用标杆管理法获得了巨大成功后，标杆管理法就不胫而走，为越来越多的企业，尤其是美国企业所采用。标杆管理法是一种能引发新观点、激起创新的管理工具，它对大企业或小企业都同样有用。

企业在运用标杆管理法时，要注意以下几个问题。

1. 标杆管理法可以运用到企业的各个方面

标杆管理法并非只能运用到企业的战略定位、位次竞争等整体运行中，在企业的许多具体层面也可以使用，并且标杆管理法并非只能运用于大型企业，小企业也可以结合自己的发展情况适当运用。

2. 对标企业应当选择某方面领先的企业

标杆管理法不同于一般的学习或模仿，学习的对象只要比自己企业优秀即可，而标杆管理法的对象应当是某行业或某方面的佼佼者。因为只有这些行业中优秀的领军者才能指引行业的发展方向，最大可能地为企业提供借鉴优势。

3. 进行标杆管理法不能顾此失彼

每个企业都有自己的特点，无论是采取全方位对标还是局部对标，都应当考虑自身的特点。尤其是在局部对标中，不能为了追求某个目标而影响其他方面。

4. 可以借鉴其他行业的经验

不同行业之间的管理具有不同特点。但管理的核心是相通的。某些行业中先进企业的经验是不可复制的，但不同行业的经验有时却可以加以利用，例如，许多行业曾经借鉴家电、百货等较成熟行业的销售经验。因此，标杆管理法可以不局限于本行业内部，在特定方面可以引用"外援"。

供应链管理法

供应链管理法就是指在满足一定的消费者服务水平的条件下，为了使整个供应链系统成本达到最小而把供应商、制造商、仓库、配送中心和渠道商等有效地组织在一起，来进行的产品制造、转运、分销及销售的管理方法。

所谓供应链，其实就是由供应商、制造商、仓库、配送中心和渠道商等构成的物流网络。同一企业可能构成这个网络的不同组成节点，但更多的情况下是由不同的企业构成这个网络中的不同节点。例如，在某个供应链中，同一企业可能既在制造商、仓库节点，又在配送中心节点等占有位置。在分工越细，专业要求越高的供应链中，不同节点基本上由不同的企业组成。在供应链各成员单位间流动的原材料、在制品库存和产成品等就构成了供应链上的货物流。

供应链管理法包含着丰富内涵：

（1）供应链管理法把产品在满足消费者需求的过程中，对成本有影响的各个成员单位都考虑在内了，包括从原材料供应商、制造商到仓库再经过配送中心到渠道商。不过，实际上在供应链分析中，有必要考虑供应商的上游，因为它们对供应链的业绩也是有影响的。

（2）供应链管理法的目的在于追求整个供应链的整体效率和整个系统费用的有效性，总是力图使系统总成本降至最低。因此，供应链管理法的重点不在于简单地使某个供应链成员的运输成本达到最小或减少库存，而在于通过采用系统方法来协调供应链成员以使整个供应链总成本最低，使整个供应链系统处于最流畅的运作中。

（3）供应链管理法是围绕把供应商、制造商、仓库、配送中心和渠道商有机结合成一体来展开的，因此它包括企业许多层次上的活动，包括战略层次、战术层次和作业层次等。

尽管在实际的物流管理中，只有通过供应链的有机整合，企业才能显著地降低成本和提高服务水平，但是在实践中供应链的整合是非常困难的，这是因为：供应链中的不同成员存在着不同的、相互冲突的目标。例如，供应商一般希望制造商进行稳定数量的大量采购，而交货期可以灵活变动；与供应商愿望相反，尽管大多数制造商愿意实施长期生产运转，但它们必须顾及消费者的需求及其变化并作出积极响应，这就要求制造商灵活地选择采购策略。因此，供应商的目标与制造商的目标之间就不可避免地存在矛盾。

（4）供应链是一个动态的系统，随着时间而不断地变化。事实上，不仅消费者需求和供应商能力随着时间而变化，而且供应链成员之间的关系也会随着时间而变化。例如，随着消费者购买力的提高，供应商和制造商均面临着更大的压力来生产更多品种、更具个性化的高质量产品，进而最终生产定制化的产品。

研究表明，有效的供应链管理法总是能够使供应链上的企业获得并保持稳定持久的竞争优势，进而提高供应链的整体竞争力。统计数据显示，供应链管理法的有效实施可以使企业总成本下降20%左右，供应链上的节点企业按时交货率提高15%以上，订货到生产的周期时间缩短20%~30%，供应链上的节点企业生产率增值提高15%以上，已经有越来越多的企业认识到实施供应链管理法所带来的巨大好处。

我们可以来看一下戴尔的直线定购模式。直线定购模式是根据消费者的具体需求而不是根据市场的预测制定生产计划的。直线定购模式并不等于直销，直线定购模式的真正核心在于直销背后的一系列包括采购、生产、配送等环节在内的快速反应，利用一切先进的通讯方法和自己的消费者保持联系，了解每一个消费者的独特需求，细分产品。许多企业的生产过程都是优先于销售，在接到订单前早已经生产好了产品，等着消费者来购买，这样很容易造成产品的库存积压，而戴尔的方式则是先了解消费者的需求，然后再生产。

在戴尔直线定购模式的背后，是其出色的供应链管理，它能在收到消费者个人化需求的订单后，立即向不同的供应商采购材料，迅速转入生产，再交给快递企业分发送货。在整个过程中，戴尔能保证企业的实际材料库存量始终保持在最低水平，从而使产品的价格更具有竞争力。整条供应链管理法的关键：一是客户服务，一是物料配送。戴尔充分利用了互联网，通过互联网能够和每一个消费者都保持一对一的详尽对话，尽可能多地搜集到消费者信息和消费者要求；消费者也能通过互联网发送各自的订单，提出自己的服务要求。在戴尔内部，有一个专门处理消费者信息的系统，它能对不同的消费者信息进行分类，对消费者的订单进行处理并且自动传递到采购和生产部门。通过电子网络，戴尔和上游配件制造商组成了一个虚拟企业，在这个虚拟企业中，供应商变成了戴尔的一个零件提供部门，互相之间联系紧密。当戴尔接到消费者从网上发出的购买电脑的电子订单以后，企业的配置中心会把整张订单分解成一张张的零件采购订单，通过网络发给配件供应商，各个供应商在收到订单以后，马上会组织生产，在指定的期限内发货给戴尔，收到零件以后，戴尔只需在生产车间进行组装，就可以把成品包装发送了。

从戴尔的做法中，我们可以看到现代供应链管理法对比传统供应链管理法，其内容发生了很大变化，这个变化首先是理念和关注点的变化。传统的供应链管理法强调的是它的效能，强调怎样节约成本；新的供应链管理法则强调它的敏捷性，关注怎样提高响应消费者的速度。传统的供应链管理法强调大规模生产；新的供应链管理法则强调大规模定制，为消费者定制产品或服务，还包括为消费者提供各种信息。传统的供应链管理法强调的是企业内部的协调；新的供应链管理法则更强调与上下游企业的整合（外部协调）。

六西格玛管理法

六西格玛管理法作为一种全新的管理模式，充分体现着量化科学管理的思想理念。六西格玛管理法是企业走向精细化科学管理的一个质量目标，这个质量目标是企业内各个部门共同努力才能够整体实现的。

六西格玛质量策略是建立在测量、试验和统计学基础上的现代质量管理方法。由摩托罗拉公司于1987年首创，作为全面满足消费者需求的关键经营战略，经过十多年的发展，逐渐被众多一流企业所采用。

20世纪80年代至90年代初期，摩托罗拉是众多市场不断被日本竞争对手吞食的西方公司之一。当时摩托罗拉的领导者承认其产品质量低劣。1987年，当时摩托罗拉通信部门的经理乔治·费希尔提出了一种质量管理新方法，就是六西格玛管理法。在公司主席鲍伯·高尔文的支持下，六西格玛管理法在公司范围内得到推广。

实施六西格玛管理法仅仅两年，摩托罗拉就获得了马可姆·波里奇国家质量奖。从实施六西格玛管理法的1987—1997年，销售额增长5倍，利润平均每年增长20%；带来的节约额累计达140亿美元；股票价格平均每年上涨21.3%。

希腊字母 σ（英文Sigma，大写为Σ）是统计学里的一个单位，表示与平均值的标准偏差。六西格玛质量水平表示在生产或服务过程中，有百万次出现缺陷的机会仅出现3.4个缺陷，即达到99.9997%合格率。实行六西格玛质量计划要求管理层全面介入，并由经过特殊培训的内部六西格玛质量计划的专职人员和项目负责人组织实施，以实现减少偏差，提高过程能力的短期目标和达到六西格玛的世界一流水平的长期目标。

摩托罗拉和通用电气等公司推行六西格玛管理法的成就，也是业务部门内部成百上千个影响产品设计、生产、服务的全方位改进努力的结果。六西格玛管理法影响了几十个管理流程和交易流程。例如，在消费者支持和产品派送上，对消费者需求的更好理解和对评估体系的改进，使企业能够迈出更大的步伐来追求服务的改进和产品的及时派送。

六西格玛管理法最核心的内涵可以概括为六个方面：第一，以消费者为关注重心是六西格玛管理法的灵魂。第二，基于事实和数据驱动的管理方法。基于事实和数据，也就是注重统计方法和工具的运用，而不是基于经验和个人的主观臆断，这可以说是六西格玛管理法核心战斗力的源泉。第三，聚焦于流程改进。流程不是具体的工作任务或目标，是六西格玛管理法的关键，这一点确保了六西格玛管理法的持续性。第四，有预见的积极管理。第五，无边界合作。这是对传统组织成本的否定，它能够使得六西格玛管理法以项目制的方式在一个传统的组织结构内突破式前进，以点带面地创造一种新文化。第六，追求完美，容忍失误。这不仅是六西格玛管理法能够成功实施的外部保障，更是六西格玛管理法能够创造的一种新文化，正是这种新的文化内涵使得六西格玛管理法超越了一种单纯的管理技术，它代表的是人们一种对新秩序的渴望。

六西格玛管理法的与众不同之处在于：它不是一种商业时尚，而是一个能提高业务领导者能力和绩效的灵活系统。要想在企业内部成功实施六西格玛管理法，必须注意以下几点：

（1）辨别核心流程和关键消费者，以便对企业中最为关键的一些跨部门活动及其与外部消费者之间的界面有一个清晰、全面的整体了解。

（2）定义消费者需求，以便根据实际消费者数据设立绩效评估标准，从而精确评估流程的效率和能力，并预测消费者的满意度。

（3）评估企业当前绩效，以便根据可定义的消费者需求，精确评估每个工作流程的绩效，并建立起专门评估关键产出或服务特征的评估体系。

（4）辨别优先次序、分析和实施改进，以便区分高潜力的改进机会，找到基于流程的、为事实分析和创造性思维所支持的解决方法。

（5）扩展并整合六西格玛管理法系统，以便实施持续的业务活动，促进绩效的改善，确保对产品、服务流程和工作程序的持续评估、再检查和更新。